복음과 영적 전쟁

이 소중한 책을

특별히 ______________________ 님께

드립니다.

복음과 영적 전쟁

모든 일에 넉넉히 이기게 하는
복음의 능력 10가지

이순희 목사 지음

나침반

깊은 내면을 치료하고 영적 전쟁에서 승리하게 하는 복음의 능력

복음은 우리를 향한 하나님의 전능하신 사랑입니다.

복음으로 나타난 하나님의 사랑은 우리를 살리고 회복시키며, 새롭게 할 뿐 아니라 영생을 누리게 합니다. 그러므로 그리스도인은 마땅히 위대한 복음의 선물을 받고 기뻐해야 하고, 자유로워야 하며, 행복해야 합니다. 복음으로 하나님의 뜻을 이루고, 영혼을 살리며, 성령의 열매를 맺어야 합니다. 코로나로 인해 모두가 힘든 시대에 살고 있지만, 환경을 초월하는 진리의 적용을 받아야 합니다.

저의 설교는 주님이 주신 은혜에 대한 반응이며, 성령의 조명으로 깨달은 복음의 능력입니다. 이 설교를 접하는 분마다 영을 깨우는 복음의 은혜를 알고, 복음의 치유와 변화, 능력을 체험하기를 바랍니다. 깊은 내면을 치료하고 영적 싸움에서 승리하게 하는 복음의 능력을 경험하고 삶에서 성령의 열매를 맺으시기를 기도합니다.

이 책이 나오기까지 변함없이 저의 사역을 위해 희생하며 인내해 준 사랑하는 남편 김광옥 장로님과 멋진 두 아들 성훈, 성민에게 깊은 감사의 마음을 전합니다. 또 이 설교집을 위해 물질적으로 후원해 주신 조주옥 사모님께 감사를 드리며, 편집과 교정을 맡아준 출판부 배지희 목사와 부원들에게 감사를 전합니다. 또한 복음의 은혜를 의지하여 하나님의 뜻을 이루고자 물심양면으로 동역해 주시는 영혼의샘 세계선교센터와 백송교회의 모든 성도님들에게 감사의 인사를 드립니다.

위대한 복음의 능력을 나누며

목양실에서 이순희

목차

출간을 기뻐하며 1

생생한 체험과 복음에 대한 확신

하나님의 복음의 핵심은 이 땅에 하나님의 나라를 세우는 것이며 그것의 실체는 다름 아니라 예수 그리스도의 현존에 있습니다. 그러므로 예수 그리스도의 임하심과 그의 복음을 진실하게 전달하는 것에는 영적 전쟁이 중요해지게 됩니다. 영적 전쟁은 다름 아니라 성령의 능력으로 하나님의 말씀에 순종하도록 만드는 우리의 영적 훈련과정과 긴밀하게 연관되어 있기 때문입니다. 그것은 무엇보다도 모든 사악한 악의 세력과의 전투적 자세를 요청하는 일입니다.

이순희 목사님께서 이번에 자신의 영적 체험을 전제로 하여 『복음과 영적 전쟁』이라는 귀한 저서를 내놓게 되었습니다. 웨슬리의 성결의 체험은 여러 가지 훈련의 과정이며 또한 끊임없이 사악한 악의 세력을 극복하려는 과정이었습니다. 이 목사님의 생생한 체험과 복음에 대한 확신이 이 책에서 잘 드러날 것이라고 확신하며 오늘날 성결의 메시지를 다시 회복해야 하는 우리들에게도 큰 도움을 줄 수 있는 소중한 자산이 될 것이라고 생각하여 발간에 맞추어 일독을 권합니다.

황덕형 목사
(서울신학대학교 총장)

내적치유와 영적 전쟁에서의 승리

복음은 살아있는 하나님의 능력입니다.

복음은 바로 지금 여기에서 우리의 영혼을 살리고 인생을 변화시키며 천국을 경험하게 하는 생생한 힘입니다. 그리스도인은 아무것도 가지고 있지 않아도 오직 복음의 능력으로 어두운 세상 속에서 빛을 발하며 하나님의 뜻을 이룰 수 있습니다. 그런데 오늘날 너무도 많은 성도들이 살아있는 복음의 능력을 체험하지 못하고 죄와 상처의 올무에 매여 병든 마음, 병든 영혼, 병든 육체로 살아가고 있습니다.

이순희 목사님의 "복음과 영적 전쟁"에 수록된 말씀들은 모두 심도 있는 성경 연구와 이 목사님의 영적 체험을 바탕으로 이루어진 것으로 실제적인 내적치유와 영적 전쟁에서의 승리를 경험하게 하는 말씀입니다. 영적인 갈급함을 해결하지 못해 답답한 그리스도인이라면 반드시 읽고 지침으로 삼아야 하는 말씀입니다. 여러분의 영혼을 깨우치고 생활의 변화를 일으키는 소중한 자산이 될 것이라고 확신하여 발간에 맞추어 자신 있게 추천하는 바입니다.

원팔연 목사
(한국OMS 이사장, 전 기독교대한성결교회 총회장, 전주바울교회 원로 목사)

복음과 영적 전쟁

제1장

영을 깨우는 복음

요한복음 3장 1–8절

"그런데 바리새인 중에 니고데모라 하는 사람이 있으니 유대인의 지도자라 그가 밤에 예수께 와서 이르되 랍비여 우리가 당신은 하나님께로부터 오신 선생인 줄 아나이다 하나님이 함께 하시지 아니하시면 당신이 행하시는 이 표적을 아무도 할 수 없음이니이다 예수께서 대답하여 이르시되 진실로 진실로 네게 이르노니 사람이 거듭나지 아니하면 하나님의 나라를 볼 수 없느니라 니고데모가 이르되 사람이 늙으면 어떻게 날 수 있사옵나이까 두 번째 모태에 들어갔다가 날 수 있사옵나이까 예수께서 대답하시되 진실로 진실로 네게 이르노니 사람이 물과 성령으로 나지 아니하면 하나님의 나라에 들어갈 수 없느니라 육으로 난 것은 육이요 영으로 난 것은 영이니 내가 네게 거듭나야 하겠다 하는 말을 놀랍게 여기지 말라 바람이 임의로 불매 네가 그 소리는 들어도 어디서 와서 어디로 가는지 알지 못하나니 성령으로 난 사람도 다 그러하니라"

1
영을 깨우는 복음

복음은 헬라어로 '유앙겔리온(εὐαγγέλιον)'으로, '기쁘고 좋은 소식'이라는 뜻입니다.

성도에게 최대의 복음은 예수 그리스도입니다.

하나님의 독생자 예수 그리스도는 온 인류를 위한 길이요 진리요 생명입니다. 성육신하심으로 이 땅에 오신 예수 그리스도는 "온 백성에게 미칠 큰 기쁨의 좋은 소식"이 되었습니다(눅 2:10-11).

팀 켈러[1)]는 "복음은 하나님께서 예수 그리스도를 통하여 우리를 구원하셨다는 소식이다. 즉, 처음부터 끝까지 하나님의 일하심이다. 여기에 인간이 어떤 기여를 할 여지는 전혀 없다. 복음에 대해서 인간이 할 수 있는 일은 오직 하나님의 일하심을 믿고, 그 일하심을 믿는다는 말이 삶에서 어떤 뜻인지를 숙고하고, 또 그대로 살아가는 것뿐이다"라고 했습니다. 복음을 통해 우리는 하나님의 사랑과 능력의 진수를 경험하게 됩니다. 복음은 겸손과 낮아짐, 비움과 순종, 사랑과 섬김을 통한 구원의 복된 소식입니다.

예수 그리스도의 복음 안에는 완전한 신유, 완전한 능력, 완전한 지혜가 담겨 있습니다.

복음을 만나는 사람은 영혼육의 신유를 경험하고 전인의 회복을 누리게 됩니다. 복음을 깨달은 사람은 옛사람의 옷을 벗고 새사람의 옷을 입으며 이전과는 다른, 완전히 새로운 삶을 살게 됩니다(엡 4:22-24). 뿐만 아니라 복음을 체험한 사람은 인생을 살면서 만나는 모든 문제를 탁월한 하늘의 지혜로 해결하고 범사에 넉넉히 이기며 살아갑니다. 그러므로 우리는 복음의 진수를 깨닫고 복음의 능력으로 살아야 합니다.

"내가 복음을 부끄러워하지 아니하노니 이 복음은 모든 믿는 자에게 구원을 주시는 하나님의 능력이 됨이라 먼저는 유대인에게요 그리고 헬라인에게로다 복음에는 하나님의 의가 나타나서 믿음으로 믿음에 이르게 하나니 기록된 바 오직 의인은 믿음으로 말미암아 살리라 함과 같으니라"(롬 1:16-17)

종교개혁자 마틴 루터[2]는 한때 고행을 통해 진리에 이르려 했습니다. 로마의 라테란 성당을 찾아가 빌라도의 계단을 손과 무릎으로 오르며 처절하게 기도를 하기도 했고, 채찍으로 자신을 때리며 죄의 문제를 해결하려 했습니다. 그렇게 헤매던 중 루터는 로마서의 말씀으로 복음이 무엇인지를 깨닫게 되고 위대한 종교개혁의 역사를 써 내려갔습니다.

그런데 오늘날 많은 성도들이 '복음'이라는 단어는 빈번하게 사용하지만, '복음'의 깊이와 무게를 제대로 이해하지 못합니다.

'복음성가, 복음주의, 복음전파' 등의 용어는 익숙하게 듣고 말하지만, '복음의 능력'은 체험하지 못합니다.

많은 경우에 복음을 "내가 듣기에 좋은 소식, 기쁜 소식"으로 착각합니다. 내가 들었을 때 좋으면 은혜로운 복음이라 여기고, 듣기에 불편하면 은혜를 받지 못합니다. 그래서 어떤 사람은 이런 복음을 "내가 복음"이라고 표현하기도 했습니다.

우리가 사는 이 시대에는 복음 안에 담겨있는 무한한 힘과 지혜를 깨닫지 못하면서도 스스로 복음을 알고 있다고 여기거나 아는 척하는 사람들이 참으로 많습니다.

오랫동안 신앙생활을 하고 신학을 공부하며 많은 성경적 지식을 가지고 있어도 복음에 대해 무지한 사람들이 많습니다.

그 이유는 복음이 영에 속한 것이기 때문입니다.

육에 속한 사람들은 아무리 많은 공부를 하고 훈련을 받아도 영에 속한 복음을 깨달을 수 없습니다. 그래서 찰스 스펄전[3]은 "우리는 복음의 진리를 느끼는 것 외에 다른 방법으로 복음을 배울 수 없다. 어떤 과학은 머리로 배울 수 있으나, 십자가에 못 박히신 그리스도의 과학은 마음으로만 배울 수 있다"라고 말했습니다.

"우리가 세상의 영을 받지 아니하고 오직 하나님으로부터 온 영을 받았으니 이는 우리로 하여금 하나님께서 우리에게 은혜로 주신 것들을 알게 하려 하심이라 우리가 이것을 말하거니와 사람의 지혜가 가르친 말로 아니하고 오직 성령께서 가르치신 것으로 하니 영적인 일은 영적인 것으로 분별하느니라 육에 속한 사람은 하나님의 성령의 일들을 받지 아니하나니 이는 그것들이 그에게는 어리석게 보임이요, 또 그는 그것들을 알 수도 없나니 그러한 일은 영적으로 분별되기 때문이라" (고전 2:12-14)

예수 그리스도 안에 담긴 복음의 보화는 '감추어져'있습니다(골 2:2-3). 감추어진 것은 아무나 발견할 수가 없고 어느 누구도 쉽게 찾아낼 수가 없습니다. 보는 눈이 있다고 해서 볼 수 있는 것이 아니며, 들을 귀가 있다고 해서 들을 수 있는 것이 아니라는 것입니다.

감추인 복음의 보화는 육의 눈, 육의 생각, 육의 노력으로는 결단코 찾을 수 없습니다. 복음의 보화를 발견하기 위해서는 하나님의 영을 받아 영의 눈을 열어야 합니다(엡 1:17-19).

영의 귀를 열면 성경 한 구절 안에서도 깊이 있는 복음의 능력을 경험할 수 있습니다. 영의 눈을 열면 모든 말씀 안에서 복음의 지혜를 깨닫고, 환경 안에서, 자연 만물 안에서, 사건과 상황 속에서 나타난 복음의 흔적을 발견할 수 있습니다. 그래서 마틴 루터는 "하나님은 성경에만 복음을 기록하신 것이 아니라 나무들과 꽃들, 구름들과 별들에도 기록하셨다"라고 말했습니다.

우리는 복음을 위한 영적 감각을 깨우고 복음의 능력을 누려야 합니다.

복음의 진정한 의미를 깨달으며 영을 깨우는 복음, 죄를 이기는 복음, 상처를 씻는 복음을 체험하고, 자유를 이루는 복음, 하늘 문을 여는 복음, 열매를 맺는 복음을 경험해야 합니다. 복음은 그 자체가 천국의 능력입니다.

복음이 있는 곳에는 반드시 하나님 나라의 능력이 나타납니다.

"하나님의 나라는 말에 있지 아니하고 오직 능력에 있음이라"(고전 4:20)

"십자가의 도가 멸망하는 자들에게는 미련한 것이요 구원을 받는 우리에게는 하나님의 능력이라"(고전 1:18)

예수 그리스도의 복음은 현란한 이론이나 세련된 철학이 아니라 인생을 새롭게 만들고 세상을 변화시키는 능력입니다. 복음은 그 자체로 실제적이며 실천적인 결과를 가져옵니다. 복음을 만나 믿으면 우리의 모든 것이 새로워집니다.

복음을 만나 믿을 때 우리의 지난 과거의 상처, 죄악, 후회, 근심, 두려움은 영적 성숙을 이루는 약재료로 승화되고, 삶에 대한 우리의 가치관과 태도는 완전하게 새로워집니다. 복음을 통과한 고난과 역경은 영적 유익으로 바뀌고, 복음의 적용을 받은 인생은 새 영, 새 마음을 부여받아 새로운 피조물로 살게 됩니다.

"그런즉 누구든지 그리스도 안에 있으면 새로운 피조물이라 이전 것은 지나갔으니 보라 새 것이 되었도다"(고후 5:17)

복음을 깨달은 인생 위에는 하늘 문이 열리고, 하늘의 능력이 부어집니다. 그래서 우리는 복음을 깨닫는 만큼 천국 시민으로서의 삶을 살면서 영적 권능을 나타내게 됩니다. 복음을 체험한 깊이만큼 마귀의 간계를 물리치고 악한 영과의 싸움에서 승리하게 됩니다. 복음으로 인해 우리는 모든 죄를 이기고 하늘에 속한 삶을 살며 천국의 유업을 이어받을 수 있게 되었습니다.

"우리를 구원하시되 우리가 행한 바 의로운 행위로 말미암지 아니하고 오직 그의 긍휼하심을 따라 중생의 씻음과 성령의 새롭게 하심으로 하셨나니 우리 구주 예수 그리스도로 말미암아 우리에게 그 성령을 풍성히 부어 주사 우리로 그의 은혜를 힘입어 의롭다 하심을 얻어 영생의 소망을 따라 상속자가 되게 하려 하심이라"(딛 3:5-7)

그러므로 우리는 그 어떤 것보다 복음으로 인해 기뻐해야 합니다. 그 누구보다 복음을 의지해야 하며, 그 어떤 일보다 복음 전파에 우선순위를 두어야 합니다. 뿐만 아니라 우리는 복음으로 말미암아 영을 깨워야 합니다. 영적인 갈급함이 있는 사람에게 허락되는 복음의 은혜는 일차적으로 영을 깨우는 역할을 합니다.

참된 '나'는 육이 아니라 영입니다. 우리는 영을 깨울 때 진정한 자기를 발견하게 되고, 가장 진실하고 자연스러운 삶을 살며 복음의 진리를 따라 살아갈 수 있습니다.

"그러므로 우리가 낙심하지 아니하노니 우리의 겉사람은 낡아지나 우리의 속사람은 날로 새로워지도다 우리가 잠시 받는 환난의 경한 것이 지극히 크고 영원한 영광의 중한 것을 우리에게 이루게 함이니 우리가 주목하는 것은 보이는 것이 아니요 보이지 않는 것이니 보이는 것은 잠깐이요 보이지 않는 것은 영원함이라"(고후 4:16-18)

우리의 육 안에 있는 영, 즉 속사람은 인생의 과거와 현재 그리고 미래를 결정짓는 본질적이고 영구적인 존재입니다.

원래 사람의 영은 하나님의 형상과 모양대로 창조되었습니다. 뿐만 아니라 사람의 영은 성부 성자 성령 삼위일체 하나님의 호흡을 따라 숨을 쉬고, 하나님의 말씀을 먹으며, 하나님의 임재를 누릴 때 충만한 생명력을 누리도록 지음 받았습니다(마 4:4).

하나님이 처음 창조하신 인간인 아담은 하나님의 호흡을 받아 생령이 되었고, 하나님이 주시는 복과 권세를 누리며 충만한 삶을 살았습니다.

"여호와 하나님이 땅의 흙으로 사람을 지으시고 생기를 그 코에 불어넣으시니 사람이 생령이 되니라"(창 2:7)

'생령'이라는 말은 '살아있는 영'이라는 뜻입니다.

생령이었던 아담은 진정한 행복과 평강, 기쁨과 능력을 누리며 에덴 속에서 천국을 누렸습니다. 하지만 아담과 하와는 사탄의 유혹에 넘어가 선악과를 먹음으로 창조주 하나님의 통치를 거부하고 전능하신 하나님을 배반하였으며 산 영혼에서 죽은 영혼이 되는 운명을 맞이해야 했습니다(창 2:16-17).

선악과를 먹는 범죄를 통해 영적인 죽음을 맞이한 인간은 상당한 영의 능력을 상실했습니다.

죄로 인해 상실된 영의 능력 :

1. 죄로 인해 하나님의 존재를 아는 직관의 능력을 상실했습니다.

갓 태어난 아기가 본능적으로 엄마를 찾듯이 인간의 영은 근본적으로 하나님을 찾도록 지음 받았습니다. 인간의 영혼 안에는 하나님의 존재를 아는 직관의 능력이 있었습니다. 하지만 죄가 들어와서 인간의 영혼이 죽은 이후로 상당한 영의 직관력이 마비되었습니다. 그래서 상당히 많은 사람들이 하나님의 존재를 찾지 않게 되었고, 하나님의 존재를 느끼지 못하게 되었습니다. 죄가 하나님의 존재를 알 수 있는 능력을 마비시켰기 때문입니다.

하나님의 존재를 느끼지 못하는 사람들은 다른 것을 통해 자신의 허전함을 채우려 합니다. 하나님이 그들 안에 하나님을 알 수 있는 능력을 주셨어도, 허망한 생각과 미련한 마음으로 하나님의 존재를 인정하지 못합니다.

"이는 하나님을 알 만한 것이 그들 속에 보임이라 하나님께서 이를 그들에게 보이셨느니라 창세로부터 그의 보이지 아니하는 것들 곧 그의 영원하신 능력과 신성이 그가 만드신 만물에 분명히 보여 알려졌나니 그러므로 그들이 핑계하지 못할지니라 하나님을 알되 하나님을 영화롭게도 아니하며 감사하지도 아니하고 오히려 그 생각이 허망하여지며 미련한 마음이 어두워졌나니 스스로 지혜 있다 하나 어리석게 되어 썩어지지 아니하는 하나님의 영광을 썩어질 사람과 새와 짐승과 기어다니는 동물 모양의 우상으로 바꾸었느니라"(롬 1:19-23)

2. 죄로 인해 하나님의 뜻을 알고 수행하는 능력을 상실했습니다.

범죄하기 전의 아담은 하나님의 뜻을 아는 일에 어려움이 없었고, 하나님이 맡기신 일을 탁월하게 수행했습니다.

"여호와 하나님이 흙으로 각종 들짐승과 공중의 각종 새를 지으시고 아담이 무엇이라고 부르나 보시려고 그것들을 그에게로 이끌어 가시니 아담이 각 생물을 부르는 것이 곧 그 이름이 되었더라"(창 2:19)

그러나 범죄한 인간은 하나님의 뜻을 아는 영혼의 능력이 타락했기 때문에 하나님의 뜻을 제대로 알기가 힘듭니다. 그래서 하나님의 뜻이 아닌 자신의 생각과 판단대로 일을 수행합니다. 하나님의 뜻이 아닌 자신의 이기적인 목적으로 일을 합니다. 하나님은 태초부터 지금까지 말씀하시는 하나님이십니다. 그래서 하나님의 사람은 하나님의 음성을 들을 수 있습니다.

"내 양은 내 음성을 들으며 나는 그들을 알며 그들은 나를 따르느니라 내가 그들에게 영생을 주노니 영원히 멸망하지 아니할 것이요 또 그들을 내 손에서 빼앗을 자가 없느니라 그들을 주신 내 아버지는 만물보다 크시매 아무도 아버지 손에서 빼앗을 수 없느니라"(요 10:27-29)

그러므로 우리는 복음의 능력으로 우리의 죽은 영혼을 깨워서 하나님의 뜻을 아는 능력을 회복 받아야 합니다. 복음으로 나타나는 진리는 죽은 영혼을 살리고, 영혼의 모든 능력을 완전하게 회복시키는 권세입니다.

우리는 영이 살아난 만큼 영이 민감해져 아주 세미한 하나님의 음성도 들을 수 있습니다. 말씀으로, 음성으로, 환상으로, 꿈으로 또 다양한 채널을 통해 말씀하시는 하나님의 음성을 들을 수 있습니다.

인도의 성자라고 불리는 썬다싱[4]은 이렇게 말했습니다.

"하나님이 우리 영혼에 말씀하시면, 우리는 즉시 그 의미를 이해하게 됩니다. 우리가 침묵의 시간을 가지고 있을 때 하나님께서는 우리 영혼에 말씀하시는데, 그는 아무런 말도 없이 직접 우리의 마음속에 그의 생각을 넣어 주십니다. 때때로 그것은 도저히 말로 표현할 수 없는 생각이기도 합니다."

그러나 영적 생명력을 완전히 회복 받지 못한 사람은 음성을 들어도 하나님으로 가장한 마귀의 음성을 듣고, 환상을 봐도 자기 욕심에 미혹된 환상을 봅니다. 그러므로 우리는 하나님의 음성을 듣고, 하나님의 뜻을 알기 위해서 먼저 영혼의 생명력을 회복 받아야 합니다.

3. 죄로 인해 하나님과 친밀감을 누리는 사귐의 능력을 상실했습니다.

범죄하기 전에 인간은 하나님을 찬양하고 하나님께 기도하며 예배하는 일에 전혀 어려움이 없었습니다. 하나님과 사귀는 것이 창조의 목적이었기에 하나님과 교제하는 것은 지극히 자연스러운 일이었습니다(사 43:21). 하지만 범죄한 인간의 영혼의 타락은 찬양의 타락, 기도의 타락, 예배의 타락으로 이어지고 말았습니다.

죄로 인해 인간은 찬양한다고 해도 온전한 찬양을 하기가 힘들고, 기도한다고 해도 영의 기도를 하기가 어려워졌습니다. 죄로 인해 무익하고 쓸데없는 말을 많이 하는 중언부언하는 기도, 이기적인 기도, 보여주기 위한 기도, 두 마음의 기도, 욕심이 많은 기도 등 하나님이 기뻐하시지 않는 기도를 합니다.

"너희는 욕심을 내어도 얻지 못하여 살인하며 시기하여도 능히 취하지 못하므로 다투고 싸우는도다 너희가 얻지 못함은 구하지 아니하기 때문이요

구하여도 받지 못함은 정욕으로 쓰려고 잘못 구하기 때문이라"(약 4:2-3)

하나님은 영과 진리로 드리는 예배를 기뻐하시고 중심의 기도를 들으십니다.

"아버지께 참되게 예배하는 자들은 영과 진리로 예배할 때가 오나니 곧 이 때라 아버지께서는 자기에게 이렇게 예배하는 자들을 찾으시느니라 하나님은 영이시니 예배하는 자가 영과 진리로 예배할지니라"(요 4:23-24)

그러나 많은 성도들이 죄로 인해 예배를 드려도, 형식적인 예배, 억지로 드리는 예배, 마음이 없는 예배를 드립니다. 급기야는 하나님을 예배하지 않고 우상을 섬기며, 하나님과 세상을 겸하여 섬기는 두 마음의 상태에 놓이게 되었습니다. 그러므로 우리는 영을 깨워서 하나님과 친밀함을 누리는 교제의 능력을 회복 받아야 합니다. 영이 깨어날수록 찬양이 살고 기도가 살며 예배가 살아나게 됩니다.

"하나님이여 내 마음이 확정되었고 내 마음이 확정되었사오니 내가 노래하고 내가 찬송하리이다 내 영광아 깰지어다 비파야, 수금아, 깰지어다 내가 새벽을 깨우리로다"(시 57:7-8)

우리는 영혼을 깨우고 영혼의 능력을 회복해야 합니다. 영혼이 강건하면 하나님의 임재가 온몸으로 경험되어지고 하나님의 뜻을 알고 하나님과 소통할 수 있으며 하나님과 깊이 사귀며 살아갈 수 있습니다. 그러나 영을 깨우지 못하면 신앙생활을 하면서도 육신적인 삶을 살게 됩니다. 영을 깨우지 못하면 천국복음을 듣고 영성훈련을 받아도 이 세상의 풍조를 따르며 세상일에 얽매이게 됩니다.

"그는 허물과 죄로 죽었던 너희를 살리셨도다 그 때에 너희는 그 가운데서 행하여 이 세상 풍조를 따르고 공중의 권세 잡은 자를 따랐으니 곧 지금 불순종의 아들들 가운데서 역사하는 영이라 전에는 우리도 다 그 가운데서 우리 육체의 욕심을 따라 지내며 육체와 마음의 원하는 것을 하여 다른 이들과 같이 본질상 진노의 자녀이었더니 긍휼이 풍성하신 하나님이 우리를 사랑하신 그 큰 사랑을 인하여 허물로 죽은 우리를 그리스도와 함께 살리셨고 (너희는 은혜로 구원을 받은 것이라) 또 함께 일으키사 그리스도 예수 안에서 함께 하늘에 앉히시니"(엡 2:1-6)

영과 육은 대립관계에 있습니다.
육이 죽는 만큼 영이 살고, 영이 죽는 만큼 육이 삽니다.

"내가 이르노니 너희는 성령을 따라 행하라 그리하면 육체의 욕심을 이루지 아니하리라 육체의 소욕은 성령을 거스르고 성령은 육체를 거스르나니 이 둘이 서로 대적함으로 너희가 원하는 것을 하지 못하게 하려 함이니라" (갈 5:16-17)

그래서 영이 잠든 사람들은 육신의 소욕이 왕성하게 살아나 몸의 소욕에 지배를 받는 삶을 살게 됩니다.

이들은 세상 풍조를 따르며 세상 사람들이 좋아하는 것을 좋아하고, 세상 사람들이 싫어하는 것을 싫어합니다. 세속주의에 물들어 황금만능주의에 사로잡혀서 돈의 노예가 되어 살고, 치열한 경쟁의식 속에 다른 사람을 밟고서야 내가 살 수 있다는 잔인한 생각을 당연한 것으로 여기며 살아갑니다. 그래서 1등만이 최고이고 주위 사람들은 내가 1등이 되는데 적이 될 수 있는 경쟁상대로 보며 살아가기에 참된 인간관계를 맺기가 힘듭니다.

또 영이 잠든 사람들은 쾌락주의 가치관을 가지고 살아가기에 자기만 즐겁고 편하고 행복하면 그만이라고 여깁니다.

다른 사람이야 어떻게 되든 말든 관심이 없고 오직 자신과 자신의 가족밖에 모르고 살아갑니다.

이렇게 육신의 소욕을 따르는 사람들은 예수를 믿는다고 하면서도 실제적으로는 악한 영의 지배를 받고, 하나님의 나라와 의를 구하지 않고 자기 나라와 자기 뜻을 구합니다.

이 시간 영을 깨웁시다.

영을 깨워서 이 세상의 허망함을 알고 하나님의 완전한 사랑과 지혜를 갈망합시다. 영의 생각, 영의 마음, 영의 지각을 깨워서 하나님을 감각하고 하나님의 음성을 들으며 하나님과 소통합시다.

"그의 영광의 풍성함을 따라 그의 성령으로 말미암아 너희 속사람을 능력으로 강건하게 하시오며 믿음으로 말미암아 그리스도께서 너희 마음에 계시게 하시옵고 너희가 사랑 가운데서 뿌리가 박히고 터가 굳어져서 능히 모든 성도와 함께 지식에 넘치는 그리스도의 사랑을 알고 그 너비와 길이와 높이와 깊이가 어떠함을 깨달아 하나님의 모든 충만하신 것으로 너희에게 충만하게 하시기를 구하노라"(엡 3:16-19)

그런데 영혼을 온전하게 깨우는 일은 그리 쉬운 일이 아닙니다. 하나님의 영이 인간의 영혼에서 떠나 인간의 영혼이 죽음으로 인해 인간 내면에 빈공간이 형성되었기 때문입니다. 파스칼[5] 은 "인간의 마음속에는 세상 그 무엇으로도 채울 수 없는 빈 공간이 있다"라고 했고, "그 공간은 오직 하나님만이 채울 수 있다"라고 했습니다. 인간의 영혼에 자리한 무의식의 세계는 우리의 의식구조의 80% 이상을 차지하고 있는 내면세계입니다.

이 무의식의 세계에는 우리가 직간접적으로 경험하며 얻은 기억들이 가라앉아 있습니다. 뿐만 아니라 무의식의 세계에는 여러 가지 상처가 가라앉아 있고, 원인을 파악하기 힘든 두려움과 불안이 가득합니다(렘 17:9).

물론 영의 깊은 곳에 하나님이 허락하신 생명의 능력도 감추어져 있습니다. 우리는 영의 깊은 곳에서 하나님이 주신 지혜와 능력을 활용하며 천국 권세를 유통할 수 있습니다(잠 4:23).

그러나 악한 마귀의 수하인 어둠의 영들은 죄와 상처를 빌미로 인간의 무의식의 세계를 장악했습니다. 무의식의 깊은 세계에 침입한 어둠의 영들은 그곳에서 자신들의 세력을 확장시키면서 사탄의 견고한 진이 구축되도록 했습니다. 그래서 무의식에 가득 찬 상처의 조종을 받는 사람들은 상처의 법에 지배를 당하며 살아갑니다. 무의식에 가득 찬 죄의 조종을 받는 사람들은 죄의 노예가 되어 죄를 지으며 살아갑니다. 예수님은 이러한 인간의 무의식의 세계에서 나오는 것을 '속에서 나오는 악한 생각'이라고 정의하셨습니다.

"속에서 곧 사람의 마음에서 나오는 것은 악한 생각 곧 음란과 도둑질과 살인과 간음과 탐욕과 악독과 속임과 음탕과 질투와 비방과 교만과 우매함이니 이 모든 악한 것이 다 속에서 나와서 사람을 더럽게 하느니라"(막 7:21-23)

영혼의 깊은 곳, 무의식의 세계에서 나오는 악한 생각의 조종을 받는 사람은 자기 영혼을 더럽히고 괴롭게 하는 삶을 살게 됩니다. 스스로 죄의 굴레를 끊고 나오고 싶어도 자기 노력이나 인식의 개선만으로는 쉽게 해결할 수도 없습니다.

사도 바울도 자기 내면에 존재하는 악의 세력을 발견하고 이렇게 탄식했습니다.

"그러므로 내가 한 법을 깨달았노니 곧 선을 행하기 원하는 나에게 악이 함께 있는 것이로다 내 속사람으로는 하나님의 법을 즐거워하되 내 지체 속에서 한 다른 법이 내 마음의 법과 싸워 내 지체 속에 있는 죄의 법으로 나를 사로잡는 것을 보는도다 오호라 나는 곤고한 사람이로다 이 사망의 몸에서 누가 나를 건져내랴"(롬 7:21-24)

예를 든다면, '조해리의 창(Window)'이라는 이론이 있습니다. 이 이론은 미국의 심리학자 조셉 루프트(Joseph Luft)와 해리 잉햄(Harry Ingham)[6]의 이름을 따서 '조해리의 창(Johari's Window Model)'으로 불려집니다.

조해리의 창에 보면 나라는 존재 속에 여러 가지 내가 존재하는 것을 알 수 있습니다.

나라는 존재 속에 나도 알고 남도 아는 나,

나는 아는데 남은 모르는 나,

나는 모르는데 남이 알고 있는 나,

나도 모르고 남도 모르는 나가 있습니다.

조해리의 창을 구체적으로 말하면 다음과 같습니다.

첫째, 공개적 영역(open area)은 나도 알고 있고 다른 사람에게도 알려져 있는 나에 관한 정보를 의미합니다.

둘째, 맹목의 영역(blind area)은 나는 모르지만 다른 사람은 알고 있는 나의 정보를 뜻합니다. 사람은 이상한 행동, 습관, 특이한 말버릇, 독특한 성격과 같이 '남들은 알고 있지만 자신은 모르는 자신의 모습'이 있는데 이를 맹목의 영역이라고 할 수 있습니다.

셋째, 숨겨진 영역(hidden area)은 나는 알고 있지만 다른 사람에게는 알려지지 않은 정보를 의미합니다. 달리 말하면, 나의 약점이나 비밀처럼 다른 사람에게 숨기는 나의 부분을 뜻합니다.

마지막으로 미지의 영역(unknown area)은 나도 모르고 다른 사람도 알지 못하는 나의 부분을 의미합니다. 심층적이고 무의식의 정신세계처럼 우리 자신에게 알려져 있지 않은 부분이 미지의 영역에 해당합니다.

"하나님이여 나를 살피사 내 마음을 아시며 나를 시험하사 내 뜻을 아옵소서 내게 무슨 악한 행위가 있나 보시고 나를 영원한 길로 인도하소서"(시 139:23-24)

우리는 영을 깨우되 의식세계 뿐만 아니라 무의식세계까지 깨워서 복음으로 말미암는 온전한 치유를 받아야 합니다.

살아있는 복음의 능력은 우리 영혼의 깊은 세계까지 치료하는 능력입니다. 그래서 성경 곳곳에 하나님의 말씀을 '먹는다'는 표현을 썼습니다. 음식물을 섭취하면 위와 장을 통과하여 내면 깊은 곳으로 들어가듯이, 말씀을 섭취하여 영혼 깊은 곳에 다다르게 한다는 의미를 나타낸 것입니다.

"또 그가 내게 이르시되 인자야 너는 발견한 것을 먹으라 너는 이 두루마리를 먹고 가서 이스라엘 족속에게 말하라 하시기로 내가 입을 벌리니 그가 그 두루마리를 내게 먹이시며 내게 이르시되 인자야 내가 네게 주는 이 두루마리를 네 배에 넣으며 네 창자에 채우라 하시기에 내가 먹으니 그것이 내 입에서 달기가 꿀 같더라"(겔 3:1–3)

"주의 말씀의 맛이 내게 어찌 그리 단지요 내 입에 꿀보다 더 다니이다 주의 법도들로 말미암아 내가 명철하게 되었으므로 모든 거짓 행위를 미워하나이다 주의 말씀은 내 발에 등이요 내 길에 빛이니이다"(시 119:103–105)

사도 요한의 경우에는 하나님이 주신 말씀을 먹고 입에서는 꿀 같이 달았지만 먹은 후에 배에서 쓰게 되는 경험을 하기도 했습니다.

"내가 천사에게 나아가 작은 두루마리를 달라 한즉 천사가 이르되 갖다 먹어 버리라 네 배에는 쓰나 네 입에는 꿀 같이 달리라 하거늘 내가 천사의 손에서 작은 두루마리를 갖다 먹어 버리니 내 입에는 꿀 같이 다나 먹은 후에 내 배에서는 쓰게 되더라"(계 10:9–10)

입에서 달았던 말씀이 배에서 쓰게 된 것은 말씀으로 인해 내적으로 영적 전쟁이 일어났다는 것을 의미합니다. 복음의 빛이 들어가면 내면에 자리 잡고 있던 어둠이 떠나가야 하고, 복음의 진리가 들어가면 내면에 숨어있던 거짓이 떠나가야 하기 때문입니다.

"전에 율법을 깨닫지 못했을 때에는 내가 살았더니 계명이 이르매 죄는 살아나고 나는 죽었도다"(롬 7:9)

복음은 날카롭고 예리한 칼이 되어 우리 내면을 샅샅이 감찰하고 숨은 악을 드러냅니다. 이러한 복음이 이루는 성결은 단편적이거나 부분적이지 않습니다. 복음은 종합적이고 전체적인 성결을 만듭니다.

복음을 드러내는 하나님의 말씀은 예리한 검처럼 우리의 영혼을 찔러 쪼개어 깊이 숨어있는 질병과 죄, 상처를 드러내어 고칩니다. 그러므로 우리는 종합적으로 주어지는 복음의 처방을 받고 복음으로 성결을 이루어야 합니다.

어거스틴[7]은 "당신이 만일 하나님의 복음 가운데서 좋아하는 것만을 믿고 싫어하는 것을 거절한다면 당신이 믿는 것은 복음이 아니라 당신 자신이다"라고 했습니다.

"하나님의 말씀은 살아 있고 활력이 있어 좌우에 날선 어떤 검보다도 예리하여 혼과 영과 및 관절과 골수를 찔러 쪼개기까지 하며 또 마음의 생각과 뜻을 판단하나니 지으신 것이 하나도 그 앞에 나타나지 않음이 없고 우리의 결산을 받으실 이의 눈 앞에 만물이 벌거벗은 것 같이 드러나느니라"(히 4:12-13)

하나님의 말씀이 임하는 곳에는 숨은 죄가 드러나는 역사가 일어납니다. 그래서 진리를 깨닫는 사람은 자기 죄를 보게 됩니다. 이전에 죄라고 인식하지 못했던 것들이 죄임을 자각하게 되고, 자신의 부패성을 철저하게 깨닫게 됩니다. 결국 무의식 세계를 감찰하는 복음의 능력을 경험할수록 우리는 외식과 위선의 옷을 벗고 겉과 속이 같은 삶을 살게 됩니다. 복음의 생수로 마음 깊은 곳의 더러움을 씻어내고 투명한 삶을 살게 됩니다.

"화 있을진저 외식하는 서기관들과 바리새인들이여 잔과 대접의 겉은 깨끗이 하되 그 안에는 탐욕과 방탕으로 가득하게 하는도다 눈 먼 바리새인이여 너는 먼저 안을 깨끗이 하라 그리하면 겉도 깨끗하리라 화 있을진저 외식하는 서기관들과 바리새인들이여 회칠한 무덤 같으니 겉으로는 아름답게 보이나 그 안에는 죽은 사람의 뼈와 모든 더러운 것이 가득하도다 이와 같이 너희도 겉으로는 사람에게 옳게 보이되 안으로는 외식과 불법이 가득하도다"(마 23:25-28)

복음으로 말미암아 영이 깨어날수록 우리는 내적인 성결을 이루어 진실하고 정직한 삶을 살게 됩니다.

복음으로 말미암아 영이 깨어날수록 우리는 하나님을 인식하며 악한 영의 조종으로부터 벗어나게 됩니다.

복음으로 말미암아 영이 깨어날 때 우리는 범사에 예수 그리스도에게까지 자라게 되고 세상 풍조에 밀려 요동하지 않게 됩니다(엡 4:13-15).

본문에 나오는 니고데모라는 이름은 '니고'와 '데모'의 합성어입니다. '니고'는 '뛰어나다'라는 뜻이고, '데모'는 '사람'이라는 뜻입니다. 그러니까 니고데모는 '뛰어난 사람, 탁월한 사람'이라는 뜻입니다. 이렇게 그는 태어날 때부터 좋은 이름을 가지고 태어난 사람입니다.

거기다가 본문 1절은 '유대인의 지도자'라고 했는데 이는 바리새인을 가리키는 말입니다. 바리새인은 당시 유대 인구의 1%, 즉 6천명 밖에 되지 않는 최고의 종교지도자들이었습니다.

더욱이 니고데모는 70인으로 구성된 산헤드린 공의회의 회원이었습니다. 요즘이면 국회의원에 해당되는 신분입니다.

그의 이름 그대로 니고데모는 뛰어난 사람이었습니다.

좋은 가문에서 태어나서 학식과 명예와 부를 모두 가지고 있는 부러울 것 없는 사람이었습니다. 그런데 본문은 유대인의 지도자라고 하는 니고데모조차 중생의 진리에 대해 무지했음을 보여주고 있습니다.

우리는 예수님과 니고데모의 대화를 통해 하나님 나라는 '중생', 즉 '예수님의 보혈로 말미암아 죄가 사해져 성령에 의해 영적으로 새롭게 거듭나는 것'을 통해서만 들어갈 수 있다는 핵심 진리를 발견할 수 있습니다.

당시 유대인의 중심 세력이었던 바리새인들은 하나님 나라에 가기 위해 율법의 준수를 꼽았는데 그런 그가 영에 대한 갈급함이 있었기에 남의 눈을 피해서 밤중에 몰래 예수님을 찾아왔습니다.

니고데모의 눈에 비친 예수 그리스도는 하나님으로부터 오신 선생이었고, 자신을 하나님께로 인도할 수 있는 사람이었습니다. 니고데모는 지금까지 예수님을 지켜보면서 예수님 안에 복음의 능력이 있다는 것을 알았고 복음에 대한 갈급함을 가지고 예수님께 나아왔습니다. 그리고 예수님 앞에서 예수님에 대한 자기 나름대로의 믿음을 진술했습니다.

"그가 밤에 예수께 와서 이르되 랍비여 우리가 당신은 하나님께로부터 오신 선생인 줄 아나이다 하나님이 함께 하시지 아니하시면 당신이 행하시는 이 표적을 아무도 할 수 없음이니이다"(요 3:2)

여기서 '우리가 … 아나이다'에서 '아나이다'의 원문 뜻은 대충 아는 것이 아니라 자세히 아는 것을 뜻합니다. 니고데모는 예수에 대해서 정확하게 알고 있었습니다.

예수님이 하나님께로부터 오신 선생이라는 사실을 알고 있었습니다. 또한 예수님이 행하시는 많은 표적들 또한 하나님이 함께 하시지 아니하시면 할 수 없음도 알고 있었습니다. 이와 같은 고백은 니고데모가 예수 그리스도를 하나님으로부터 보내심을 받은 모세, 예레미야, 세례 요한과 같은 사람으로 이해하고 있음을 보여줍니다.

그러나 그의 인식은 한계를 벗어나지 못했습니다.

예수님이 특별하다는 것을 알았어도 그 안에 담긴 신성을 발견하지 못했고 메시아라는 사실도 알지 못했습니다. 그는 예수님을 단지 구약의 선지자 중 한 사람으로 생각했습니다.

만약 예수님을 정확히 알았다면 밤이 아닌 낮시간에 찾아와 질문했을 것입니다.

이러한 니고데모의 말에 예수님은 엉뚱한 대답을 하셨습니다.

"예수께서 대답하여 이르시되 진실로 진실로 네게 이르노니 사람이 거듭나지 아니하면 하나님의 나라를 볼 수 없느니라"(요 3:3)

이 말을 들은 니고데모는 전혀 무슨 말인지 이해하지 못하고 어떻게 사람이 두 번 태어날 수 있냐는 반응을 보였습니다. 사실 예수님은 니고데모가 예수님을 찾아온 목적이 무엇인가를 꿰뚫어 보셨습니다. 니고데모가 해결하지 못하고 있는 근본적인 문제가 영적인 것임을 알고 계셨습니다.

니고데모는 사회적으로, 정치적으로, 종교적으로 권력의 자리에 있었습니다.

그는 많은 것을 가졌고, 많은 것들을 누렸음에도 불구하고 그것들이 근원적인 질문에 대한 답을 주지는 못하였습니다.

그래서 그에게는 영적인 답답함이 있었습니다.

예수님은 이러한 니고데모의 마음을 알고 니고데모에게 '성령'과 '성령으로 난 사람'에 대해 설명해 주셨습니다.

> "예수께서 대답하시되 진실로 진실로 네게 이르노니 사람이 물과 성령으로 나지 아니하면 하나님의 나라에 들어갈 수 없느니라 육으로 난 것은 육이요 영으로 난 것은 영이니 내가 네게 거듭나야 하겠다 하는 말을 놀랍게 여기지 말라 바람이 임의로 불매 네가 그 소리는 들어도 어디서 와서 어디로 가는지 알지 못하나니 성령으로 난 사람도 다 그러하니라"(요 3:5-8)

예수님이 니고데모에게 "거듭나야 한다"라고 하신 것은 '물과 성령으로 영이 다시 태어나야 한다'는 뜻입니다.

여기서 물은 하나님의 말씀을 말하며 정결하게 하는 수단으로, 이어서 나오는 성령을 강조하는 단어입니다.

예수님은 성령으로 거듭나지 않은 사람은 하나님의 나라에 들어갈 수 없다고 말씀하심으로 니고데모의 영을 깨우기를 원하셨습니다. 그리고 이어서 "육으로 난 것은 육이요 영으로 난 것은 영이니"라고 말씀하심으로 부패한 죄악의 본성을 지니고 있는 육과 영원하고 궁극적인 존재로서의 영을 대조해서 설명하셨습니다.

육은 유한한 세상에 애착을 느끼고 육신의 정욕과 안목의 정욕, 이생의 자랑을 쫓는 속성으로 결국 사망으로 귀결되는 저차원적인 존재입니다. 그러나 영은 하나님의 뜻을 이해하고 하나님께 속한 생각과 행동을 만들어 생명과 평안을 누리게 하고 영원히 존재하는 고차원적인 존재입니다.

사도 바울은 그리스도의 영이 없으면 그리스도의 사람이 아니라고 단정 지음으로 거듭나지 않으면 하나님 나라에 들어갈 수 없다고 하신 예수님의 말씀과 맥을 같이 했습니다.

"육신을 따르는 자는 육신의 일을, 영을 따르는 자는 영의 일을 생각하나니 육신의 생각은 사망이요 영의 생각은 생명과 평안이니라 육신의 생각은 하나님과 원수가 되나니 이는 하나님의 법에 굴복하지 아니할 뿐 아니라 할 수도 없음이라 육신에 있는 자들은 하나님을 기쁘시게 할 수 없느니라 만일 너희 속에 하나님의 영이 거하시면 너희가 육신에 있지 아니하고 영에 있나니 누구든지 그리스도의 영이 없으면 그리스도의 사람이 아니라"(롬 8:5-9)

우리는 예수님이 니고데모에게 말씀하신 대로 성령으로 거듭나 영을 깨워야 합니다.

복음의 본질인 예수 그리스도는 영을 깨우는 능력입니다.

"그러므로 너희가 그리스도와 함께 다시 살리심을 받았으면 위의 것을 찾으라 거기는 그리스도께서 하나님 우편에 앉아 계시느니라 위의 것을 생각하고 땅의 것을 생각하지 말라 이는 너희가 죽었고 너희 생명이 그리스도와 함께 하나님 안에 감추어졌음이라 우리 생명이신 그리스도께서 나타나실 그 때에 너희도 그와 함께 영광 중에 나타나리라"(골 3:1-4)

영이 깨어나면 위의 것을 찾게 되고 천국에서의 삶을 준비하게 됩니다. 뿐만 아니라 영적인 감각이 깨어나 현세에서도 영적인 소통을 하게 됩니다.

인간의 육체에는 오감이 있어서 외적인 사물을 인식하듯이, 영혼에도 감각이 있어서 영적인 것을 인식하게 됩니다. 그러나 이런 영적 감각이 타락으로 말미암아 상실되었습니다. 하지만 성령으로 거듭나면 상실되었던 영적 감각이 다시금 회복됩니다. 그래서 하나님의 은혜를 맛보게 되고, 영적인 음성을 듣게 되며, 영안이 열려 새로운 세계를 보게 됩니다. 이럴 때 복음도 깊이 있게 이해할 수 있게 됩니다.

이 시간 우리는 영을 깨워 영에 속한 자가 되어야 합니다.

영이 깨어나면 인생의 주인이 바뀌고 능력의 원천이 바뀌며 삶의 종착지가 바뀝니다. 결국 영을 깨울 때 우리는 죄에 대하여 죽고 의에 대하여 살게 되는 경험을 하게 됩니다.

이렇게 거듭난 사람에게는 주님께서 새 마음을 주시고 굳은 마음을 제거하십니다.

> "또 새 영을 너희 속에 두고 새 마음을 너희에게 주되 너희 육신에서 굳은 마음을 제거하고 부드러운 마음을 줄 것이며 또 내 영을 너희 속에 두어 너희로 내 율례를 행하게 하리니 너희가 내 규례를 지켜 행할지라"(겔 36:26-27)

이와 같은 거듭남은 직분이나 공로로 이루어지는 것이 아닙니다. 우리는 오직 복음의 능력으로 영을 깨워야 합니다.

> "이는 혈통으로나 육정으로나 사람의 뜻으로 나지 아니하고 오직 하나님께로부터 난 자들이니라"(요 1:13)

우리는 영을 깨우고 성령의 인도를 따라 살아야 합니다.

영의 눈으로 주님의 일을 보고, 영의 귀로 주님의 음성을 들으며, 영의 행실로 성령께 순종해야 합니다.

영을 깨우지 못하고 성령의 인도를 받지 못하면 신앙생활을 하면서도 자꾸 묶고 묶이는 삶을 살게 됩니다. 율법에 묶이고, 죄에 묶이며, 상처와 악한 습관에 묶여서 자유를 상실한 감옥 속에 갇혀서 살게 됩니다. 이런 사람들은 자기만 묶는 것이 아니라 하나님도 종교, 의식, 율법과 같은 틀에 가두고 제한하려 합니다. 그래서 자신이 수용할 수 있는 범위가 아니면 하나님의 역사를 믿지 못하고 이해하지 못합니다.

영을 깨워야 성령의 역사를 깨닫고 체험할 수 있습니다.

영으로 성령의 인도를 받아 모든 인간적인 틀을 깨뜨리고 성령으로 말미암는 자유와 능력을 누리시기를 바랍니다.

"주는 영이시니 주의 영이 계신 곳에는 자유가 있느니라"(고후 3:17)

니고데모는 예수님이 말씀하신 '성령으로 난 사람'의 개념을 이해하지 못해서 반문했고 이를 통해 예수님께 꾸지람을 들었습니다.

"니고데모가 대답하여 이르되 어찌 그러한 일이 있을 수 있나이까 예수께서 그에게 대답하여 이르시되 너는 이스라엘의 선생으로서 이러한 것들을 알지 못하느냐 진실로 진실로 네게 이르노니 우리는 아는 것을 말하고 본 것을 증언하노라 그러나 너희가 우리의 증언을 받지 아니하는도다 내가 땅의 일을 말하여도 너희가 믿지 아니하거든 하물며 하늘의 일을 말하면 어떻게 믿겠느냐"(요 3:9-12)

예수님은 니고데모의 영적 무지를 질책하시면서 동시에

바리새인들을 위시한 유대인들의 영적 무지까지 책망하셨습니다. 이스라엘의 선생인 바리새인들이 영적으로 무지하니 유대인들이 모두 영적으로 무지하고 어리석음을 지적하신 것입니다. 그리고 아무리 대단한 지위에 오르고 많은 지식을 가져도 영이 깨어나지 않으면 아무런 유익이 없음을 밝히셨고, 영적으로 깨어나지 못한 지도자는 그를 따르는 자들까지 함께 망하게 한다는 것을 드러내셨습니다.

"…맹인이 맹인을 인도할 수 있느냐 둘이 다 구덩이에 빠지지 아니하겠느냐"(눅 6:39)

현대의 기독교도 지도자들이 영적으로 무지하게 된다면 대다수의 성도들이 영적으로 무지한 삶을 살게 될 것입니다.

많은 신학교에서, 많은 교회에서 영을 깨우지 못하고 오히려 영을 죽이는 세상 논리, 세상 풍조를 강조하며 세상의 흐름을 좇고 있다면 주님이 얼마나 안타까워 하실까요? 목회자가 영적인 세계를 알지 못하고 영적인 진리를 믿지 못하며 신학을 전공한 박사들까지도 영적인 원리에 대해 무지한 경우도 있습니다.

영을 깨우지 못하는 이상 복음은 그림의 떡일 뿐입니다.

하나님은 영이십니다. 우리는 영을 깨워 하나님을 알아가야 하고, 영을 깨워 하나님과 소통해야 합니다. 영적인 일은 영적으로만 분별할 수 있습니다.

> "우리가 이것을 말하거니와 사람의 지혜가 가르친 말로 아니하고 오직 성령께서 가르치신 것으로 하니 영적인 일은 영적인 것으로 분별하느니라 육에 속한 사람은 하나님의 성령의 일들을 받지 아니하나니 이는 그것들이 그에게는 어리석게 보임이요, 또 그는 그것들을 알 수도 없나니 그러한 일은 영적으로 분별되기 때문이라"(고전 2:13-14)

예수님은 니고데모에게 계속해서 복음의 진수를 설명해 주셨습니다.

> "모세가 광야에서 뱀을 든 것 같이 인자도 들려야 하리니 이는 그를 믿는 자마다 영생을 얻게 하려 하심이니라 하나님이 세상을 이처럼 사랑하사 독생자를 주셨으니 이는 그를 믿는 자마다 멸망하지 않고 영생을 얻게 하려 하심이라"(요 3:14-16)

예수님이 밝히신 복음의 진수는 세상을 사랑하신 하나님의 사랑으로 인해 하나님의 아들이신 예수님께서 이 땅에 오셔서 온 인류를 위한 대속제물이 되신 것입니다. 그리고 예수님을 믿는 자마다 멸망하지 않고 영생을 얻는다는 것입니다.

이 시간 우리는 영을 깨워서 예수 그리스도의 십자가 안에 담겨있는 승리의 비밀을 깨달아야 합니다.

예수 그리스도의 십자가 죽음과 부활, 승천, 성령 강림으로 나타난 복음의 진수를 깨닫고 복음의 능력을 경험해야 합니다.

예수님께 복음의 진수를 들은 니고데모는 후에 바리새인들이 예수님을 정죄하고 죽이려고 할 때 예수님을 위해 반론을 펼치는 역할을 했습니다.

예수님이 십자가에 못 박혀 죽으셨을 때에는 예수님의 장례를 위해 몰약과 침향 섞은 것을 백 리트라쯤 내놓았습니다.

제자들마저 죽음이 무서워 예수님을 배신하고 떠난 때에 복음의 진수를 경험했던 니고데모는 믿음을 가지고 예수님의 장례를 담당하는 중요한 역할을 하게 된 것입니다.

> "일찍이 예수께 밤에 찾아왔던 니고데모도 몰약과 침향 섞은 것을 백 리트라쯤 가지고 온지라 이에 예수의 시체를 가져다가 유대인의 장례 법대로 그 향품과 함께 세마포로 쌌더라"(요 19:39-40)

복음은 예수 그리스도로 나타난 천국의 능력입니다.

복음으로 말미암아 우리는 죽었던 영을 깨우고 잃었던 영적 능력을 되찾게 되었습니다. 허망한 육을 따르던 삶을 청산하고 하나님을 감각할 수 있는 능력, 하나님의 뜻을 알 수 있는 능력, 하나님과 교제할 수 있는 능력을 회복하게 되었습니다. 그러므로 우리는 복음으로 영혼 깊은 곳 무의식의 죄악까지 해결 받고 내적 성결을 이루어 온전하게 영을 깨워야 합니다. 영을 깨우지 않으면 니고데모처럼 복음에 대한 많은 지식을 가지고 영적 리더의 자리에 올라도 복음의 진수를 깨달을 수 없게 됩니다.

우리는 복음으로 영을 깨우고 복음의 능력을 경험하며 복음의 사명에 참예해야 합니다. 바로 지금 영을 깨우는 복음의 진수를 깨닫고 복음의 능력을 체험하여 많은 영혼을 주님께로 인도하는 큰 복의 통로가 되시기를 주님의 이름으로 축원합니다.

〈주님과 동행하는 기쁨 나누기〉

1. 죄로 인해 상실된 영의 능력이 아래에 기록돼 있습니다.

(　　) 안에 맞는 단어는 무엇입니까?

(1) 죄로 인해 하나님의 존재를 아는 (　　)의 능력을 상실했습니다. 하나님의 존재를 느끼지 못하는 사람들은 다른 것을 통해 자신의 허전함을 채우려 합니다.

- 예수님을 믿기 전과 믿은 후의 나는 어땠습니까?

(2) 죄로 인해 하나님의 뜻을 알고 (　　)하는 능력을 상실했습니다. 우리는 영이 살아난 만큼 영이 민감해져 다양한 채널을 통해 말씀하시는 하나님의 음성을 들을 수 있습니다.

- 당신이 자주 사용하는 채널은 무엇입니까?

2. 아래 성구를 보고 당신의 삶에 일어난 일을 나누십시오.

(1) 고린도전서 4장 20절 – "하나님의 나라는 말에 있지 아니하고 오직 능력에 있음이라"

(2) 고린도전서 1장 18절 – "십자가의 도가 멸망하는 자들에게는 미련한 것이요 구원을 받는 우리에게는 하나님의 능력이라"

(3) 고린도후서 5장 17절 – "그런즉 누구든지 그리스도 안에 있으면 새로운 피조물이라 이전 것은 지나갔으니 보라 새 것이 되었도다"

3. 아래 성구의 (　　)에 맞는 단어를 넣고 가능하면 암송합시다.

"내가 복음을 부끄러워하지 아니하노니 이 복음은 모든 믿는 자에게 (　　)을 주시는 하나님의 (　　)이 됨이라… 기록된 바 오직 의인은 (　　)으로 말미암아 살리라 함과 같으니라"(롬 1:16–17)

1. 복음의 능력

작사/작곡 이 순 희

제2장

자신 속의 악한 영들을 이기게 하는 복음

로마서 7장 15-25절

"내가 행하는 것을 내가 알지 못하노니 곧 내가 원하는 것은 행하지 아니하고 도리어 미워하는 것을 행함이라 만일 내가 원하지 아니하는 그것을 행하면 내가 이로써 율법이 선한 것을 시인하노니 이제는 그것을 행하는 자가 내가 아니요 내 속에 거하는 죄니라 내 속 곧 내 육신에 선한 것이 거하지 아니하는 줄을 아노니 원함은 내게 있으나 선을 행하는 것은 없노라 내가 원하는 바 선은 행하지 아니하고 도리어 원하지 아니하는 바 악을 행하는도다 만일 내가 원하지 아니하는 그것을 하면 이를 행하는 자는 내가 아니요 내 속에 거하는 죄니라 그러므로 내가 한 법을 깨달았노니 곧 선을 행하기 원하는 나에게 악이 함께 있는 것이로다 내 속사람으로는 하나님의 법을 즐거워하되 내 지체 속에서 한 다른 법이 내 마음의 법과 싸워 내 지체 속에 있는 죄의 법으로 나를 사로잡는 것을 보는도다 오호라 나는 곤고한 사람이로다 이 사망의 몸에서 누가 나를 건져내랴 우리 주 예수 그리스도로 말미암아 하나님께 감사하리로다 그런즉 내 자신이 마음으로는 하나님의 법을 육신으로는 죄의 법을 섬기노라"

2

자신 속의 악한 영들을 이기게 하는 복음

예수 그리스도의 복음은 하나님의 능력입니다.

우리는 복음을 통해 현세와 내세의 구원, 영육의 전인적인 구원을 누려야 합니다. 세상 학문이나 인본주의적인 노력이 아니라 살아계신 하나님의 말씀 속에서 복음의 능력을 경험해야 합니다. 복음은 믿음의 출발이자 마침이며, 믿음의 원동력입니다. 우리는 복음을 깨닫는 만큼 새로운 피조물로서의 인생을 누리고 천국을 경험할 수 있습니다.

러시아의 대 문호인 도스토옙스키[1)]의 아버지는 전직 육군 군의관이었으나 난폭한데다 알코올 중독자였습니다. 도스토옙스키가 16살 때, 그의 아버지는 농노들과 심히 다투다가 아들이 보는 앞에서 살해되었습니다.

도스토옙스키는 이때의 충격으로 간질병에 걸리게 되었습니다. 그리고 28살 때 사회주의 혁명 단체에 가입했다는 죄명으로 사형수가 되었습니다. 사형장으로 끌려가는 시베리아 열차에서 장교 부인들이 사형수들을 위로하기 위해 음료수를 나누어주는데, 도스토옙스키는 눈앞에 다가온 죽음의 공포 때문에 음료수 마시기를 거절했습니다.

그러자 한 장교의 아내가 가슴속에서 작은 책 한 권을 꺼내 그의 손에 쥐어 주었는데 그 책은 작은 신약성경이었습니다. 웅크린 감옥 속에서 죽음을 기다리며 도스토옙스키는 이 신약성경올 읽었고 이를 통해 복음의 능력을 맛보았습니다. 말씀을 통해 소망의 빛을 맛본 그는 형 미하일에게 이런 편지를 보냈습니다.

"형, 난 다시 태어나 최고에 이를 겁니다."

그는 성경 속에서 예수님을 만나고 새로운 사람이 되었습니다. 도스토옙스키는 "누가 내게 '그리스도는 진리가 아니다'라고 증명한다 하더라도 나는 그리스도와 함께 있고 싶다. 나는 예수 그리스도 그분 자체를 원한다"라는 신앙고백을 했습니다.

영하 50도의 추운 겨울날 그는 사형장으로 끌려 나와 차디찬 기둥에 묶인 채 총살을 기다렸습니다. 그런데 총살 2분 전에 황제의 사면령이 내려졌습니다. 기적적으로 살아난 그는 위대한 기독교 작가가 되었습니다.

복음을 만날 때 우리는 제 2의 인생을 살게 됩니다.

하나님은 복음을 통해 우리의 과거를 치료하시고 현재를 힘 있게 하시며 미래를 찬란하게 만드십니다. 복음으로 말미암아 영혼육 전인을 건강하게 하시고 복음을 통해 주어지는 기쁨과 즐거움을 맛보게 하십니다.

"만군의 하나님 여호와시여 나는 주의 이름으로 일컬음을 받는 자라 내가 주의 말씀을 얻어 먹었사오니 주의 말씀은 내게 기쁨과 내 마음의 즐거움이오나"(렘 15:16)

복음으로 나타나는 변화는 단편적이거나 부분적이지 않습니다. 복음은 종합적이고 전체적인 변화를 만듭니다. 복음을 드러내는 하나님의 말씀은 예리한 검처럼 우리의 영혼을 찔러 쪼개어 깊이 숨어있는 질병과 죄, 상처를 드러내어 고칩니다.

"하나님의 말씀은 살아 있고 활력이 있어 좌우에 날선 어떤 검보다도 예리하여 혼과 영과 및 관절과 골수를 찔러 쪼개기까지 하며 또 마음의 생각과 뜻을 판단하나니"(히 4:12)

복음은 우리 안에 있는 악한 영들을 근본적으로 이기게 합니다. 복음으로 깊은 치료를 받은 사람은 영혼의 밀실까지 새로워지는 은혜를 받습니다. 우리는 복음의 능력으로

우리 안에 역사하는 악한 영들을 이기고 몰아내야 합니다.[1)]

모든 문제의 뿌리는 영에 있습니다.

육의 세계는 영의 세계의 결과가 표출되는 공간입니다. 그래서 영이 천국인 사람은 육의 인생도 천국이고, 영이 지옥인 사람은 육의 인생도 지옥입니다. 고차원인 영이 저차원인 육을 다스리기 때문입니다. 아무리 많은 돈과 명예, 미모와 재능을 가지고 있더라도 영이 불행하면 육도 불행합니다. 그러므로 우리는 먼저 우리 영을 깨끗하게 하고 건강하게 해야 합니다.

"사랑하는 자여 네 영혼이 잘됨 같이 네가 범사에 잘되고 강건하기를 내가 간구하노라"(요삼 1:2)

영의 존재는 우리 눈으로 볼 수 없지만 영의 상태는 눈에 보이는 육을 통해 드러납니다. 감기에 걸린 사람이 감기 바이러스를 볼 수는 없지만 머리가 지끈지끈 아프고 콧물이

---

1) 많은 그리스도인들이 예수님을 믿는 사람 안에는 귀신이 없다고 생각한다. '교회 다니는데 무슨 귀신이냐? 귀신은 미친 사람한테 붙어 있는 거지'라고 생각하는 성도들이 많다. 물론 예수를 믿으면 어둠의 영이 침투할 수 없다. 그러나 여기에는 조건이 붙는다. 조건은 바로 온전한 믿음이다. 예수를 믿되 온전하게 100% 믿을 때 예수 그리스도의 보혈의 능력이 신자를 보호하는 것이다. 99% 믿는다고 해도 1% 믿지 않는 불신의 영역은 어둠의 영이 침투할 틈이 된다. 그래서 믿음이 온전하지 못한 만큼 악한 영의 공격을 받고, 그로 말미암은 불안과 두려움, 우울과 절망을 느끼며 죄로 이어지는 삶을 살게 된다. 성령과 죄는 함께 공존할 수 없다. 이러한 삶은 악한 영의 지배가 반복되어 더 고통스러운 삶으로 나타난다.

나고 기침을 하면 감기에 걸렸다는 것을 알게 되는 것과 마찬가지입니다. 악한 영들은 눈에 보이지 않지만 시기, 미움, 다툼, 질투, 교만 등의 죄가 드러나고 상처가 난무하는 것을 보면서 악한 영들의 활동을 파악할 수 있습니다.

이상하게 마음이 불안하고 두려울 때, 낙심과 절망이 엄습해서 차라리 죽는 게 낫겠다고 여겨질 때 우리는 우리 안에서 역사하는 악한 영들의 정체를 파악해야 합니다. 더러운 귀신들은 쉴 곳을 찾아다니고 자신의 거처로 삼은 사람의 인생을 망가뜨립니다.

"더러운 귀신이 사람에게서 나갔을 때에 물 없는 곳으로 다니며 쉬기를 구하되 얻지 못하고 이에 이르되 내가 나온 내 집으로 돌아가리라 하고 가서 보니 그 집이 청소되고 수리되었거늘 이에 가서 저보다 더 악한 귀신 일곱을 데리고 들어가서 거하니 그 사람의 나중 형편이 전보다 더 심하게 되느니라"(눅 11:24-26)

이 말씀 가운데 '물 없는 곳'이란 성령이 없는 곳을 뜻합니다. 악한 영은 성령으로 채워진 마음, 성령을 의지하는 인생 속에서는 살 수 없습니다. 그래서 악한 영은 성령을 피해 다닙니다. 악한 영은 하나님을 믿지 않고 예수님을 부인하는 사람의 심령을 호화주택으로 여깁니다. 뿐만 아니라 어둠의 영들은 예수님을 믿는다고 입술로는 말해도 성령님을 의지하지 않고 자기 힘으로 사는 사람, 형식적인 신앙생활에 머무르며 겉과 속이 다른 삶을 사는 사람의 마음을 5성급 호텔로 취급하며 좋아합니다.

우리의 마음은 어떻습니까?

악한 영이 보기에 우리의 마음은 호텔일까요? 초호화 아파트일까요? 아니면 초가집, 판잣집, 월세집일까요?

이 시간 예수 그리스도의 이름으로 우리의 내면에 있는 모든 악한 영의 집을 무너뜨리고, 은혜와 진리로 내면을 충만하게 채웁시다.

"우리가 육신으로 행하나 육신에 따라 싸우지 아니하노니 우리의 싸우는 무기는 육신에 속한 것이 아니요 오직 어떤 견고한 진도 무너뜨리는 하나님의 능력이라 모든 이론을 무너뜨리며 하나님 아는 것을 대적하여 높아진 것을 다 무너뜨리고 모든 생각을 사로잡아 그리스도에게 복종하게 하니"(고후 10:3-5)

온전히 예수님을 믿고, 자기 자아를 내려놓은 사람 안에는 악한 영이 살 수 없습니다. 그러나 자기를 부인하지 않고, 자기 자아를 죽이지 못한 사람은 악한 영의 공격대상이 됩니다. 악한 영들은 죽지 못한 자아가 만들어낸 죄와 상처를 통해 사람 안으로 들어가서 영혼육에 집을 짓습니다. 사람 안에 집을 짓고 사는 악한 영들은 교묘한 간계를 동원하여 영혼을 불안하게 하고 육체를 괴롭게 만듭니다. 악한 영들은 사람의 영혼을 최후의 파멸로 끌고 가기 위해 안간힘을 씁니다.

"도둑이 오는 것은 도둑질하고 죽이고 멸망시키려는 것뿐이요 내가 온 것은 양으로 생명을 얻게 하고 더 풍성히 얻게 하려는 것이라"(요 10:10)

마귀는 위장의 명수입니다.

마귀는 심지어 천사의 모습으로도 가장하여 나타납니다(고후 11:14). 마귀의 수하들인 악한 영들도 우리 안에서 특출난 위장술로 자신의 정체를 숨기고 활동합니다. 그런데 우리 안에서 역사하는 악한 영들은 주로 우리 자신의 모습으로 위장합니다. 우리 안에 틈탄 악한 영들은 우리의 얼굴을 하고, 우리의 목소리를 내며, 우리의 기질과 성품을 흉내 냅니다. 우리가 악한 영이 주는 생각, 마음을 조금의 의심도 없이 우리 자신의 것이라고 여기게 만듭니다. 그래서 많은 사람들이 악한 영의 조종을 받아 미워하고 시기하며 분노하는… 등의 죄를 지으면서도 악한 영의 정체를 파악하지 못합니다. 우리는 우리 안의 악한 영들의 정체를 간파하고 예수 그리스도의 이름으로 물리쳐야 합니다.

"근신하라 깨어라 너희 대적 마귀가 우는 사자 같이 두루 다니며 삼킬 자를 찾나니 너희는 믿음을 굳건하게 하여 그를 대적하라 이는 세상에 있는 너희 형제들도 동일한 고난을 당하는 줄을 앎이라 모든 은혜의 하나님 곧 그리스도 안에서 너희를 부르사 자기의 영원한 영광에 들어가게 하신 이가 잠깐 고난을 당한 너희를 친히 온전하게 하시며 굳건하게 하시며 강하게 하시며 터를 견고하게 하시리라"(벧전 5:8-10)

영적인 무지와 연약함으로 인해 악한 영에게 휘둘리고 살아가는 사람은 다중적인 마음을 품고 살기 쉽습니다. 그들의 마음에는 한없이 착하고 여린 마음이 있는데 또 한없이 냉정하고 인색한 마음이 있습니다. 의욕과 열정이 넘치는 에너지가 있는데 한편으로는 우울과 무기력이 팽배한 나약함이 있습니다. 사람을 좋아하고 어울리기를 원하지만 사람을 기피하고 혼자 있고 싶기도 하고, 일을 사랑하고 즐거워하지만 아무것도 하기 싫고 마냥 쉬고만 싶은 마음도 있습니다. 스스로 자신이 착한 사람이라고 여겨지다가도 자신이 너무도 악하고 파렴치한 사람이라고 여겨지기도 합니다.

사실 예수님을 온전히 믿지 못하는 사람의 마음속에는 숫자로 형용할 수 없는 수많은 악한 영이 살고 있습니다. 그래서 많은 사람들이 혈기의 영이 조종하는 대로 혈기를 내고, 우울의 영이 조종하는 대로 우울해하며, 시기의 영이 조종하는 대로 시기합니다. 악한 영들의 역사는 교차적으로 나타날 수도 있고 복합적으로, 동시다발적으로 나타날 수도 있습니다. 아무리 착하고 온유한 사람이라도 내면의 악한 영들에 의해 지배 당하면 포악하고 잔인한 사람으로 돌변할 수 있습니다.

레오나르도 다 빈치[2)]의 명작 '최후의 만찬'에 얽힌 일화입니다. 레오나르도는 최후의 만찬을 그림으로 남기자고 결심하고 유럽 일대를 돌아다니며 모델을 찾았습니다. 마침 그리스도의 모습과 얼굴을 지닌 사람을 만나게 되어 그를 모델로 그리스도의 얼굴을 그리고는 돈을 주었습니다.

그 후에 열한 제자의 얼굴은 모두 그렸는데 가룟 유다를 그리지 못해 고심하게 되었습니다. 그는 가룟 유다의 모델을 찾기 위해 10년을 헤맸습니다. 전 유럽을 두루 다니던 중 어느 날 길가에서 술에 취한 사람을 만났는데 그 사람이 자기가 생각하는 가룟 유다의 얼굴과 똑같이 생겼다고 판단했습니다. 그래서 그를 데리고 와서 모델로 삼아 가룟 유다의 얼굴을 그리고 그림을 마무리 지었습니다. 그림을 다 그린 레오나르도는 그 사람에게 돈을 주었으나 그는 돈 받기를 거절하였습니다.

"돈은 이미 받았으니 안 줘도 됩니다."

레오나르도는 놀랐습니다.

"언제 받았습니까?"

"당신이 10년 전에 예수의 얼굴을 닮은 사람을 모델로 그림을 그렸는데 그 사람의 이름을 기억하십니까?"

"피에코 단기멜릭[3)]이었지요."

"내가 바로 피에코 단기멜릭이오. 돈은 10년 전에 받았으니 안 받겠습니다."

레오나르도는 똑같은 사람을 한 번은 그리스도의 얼굴로, 한번은 유다의 얼굴로 그렸던 것입니다.

악한 영들의 조종을 받는 사람들은 이랬다가, 저랬다가 변덕이 죽 끓는 듯한 인생을 살면서 진짜 자기 마음은 잃어버립니다. 자기 자신으로 위장한 수많은 어둠의 영들에게 끌려다니다가 참된 자신을 놓치게 되는 것입니다.

참된 자기를 잃어버리고 악한 영들의 조종을 받는 사람은 집에서의 모습, 직장에서의 모습, 교회에서의 모습, 학교에서의 모습이 각각 다릅니다. 그리고 누구와 함께 있느냐에 따라 또 다른 모습을 드러냅니다.

흔히 악한 영의 사주를 받는 사람들은 약자에게 강하고 강자에게 약한 모습을 보이면서 이기적인 중심을 드러냅니다. 하지만 모든 악한 영을 몰아내고 복음으로 말미암아 참된 자기를 찾은 사람은 언제 어디서든 한결같은 삶을 살아갑니다. 이들은 외부 세계가 복잡하고 어지러워도 언제나 고요한 내면의 중심을 가지고 흔들리지 않는 삶을 살면서 평안을 누립니다.

"주께서 심지가 견고한 자를 평강하고 평강하도록 지키시리니 이는 그가

주를 신뢰함이니이다"(사 26:3)

우리는 우리 안에 도사리고 있는 모든 악한 영을 몰아내고 참된 자아를 찾아야 합니다. 자기 자신으로 위장한 악한 영들을 몰아낼수록, 참된 자아를 찾을수록 우리 영혼은 가벼워지고 행복해집니다.

영성훈련은 '진짜 나'를 발견해나가는 과정입니다.
진짜 나, 참된 나는 하나님의 형상대로, 하나님의 모양대로 지어진 특별하고 고귀한 영혼입니다.

"하나님이 이르시되 우리의 형상을 따라 우리의 모양대로 우리가 사람을 만들고 그들로 바다의 물고기와 하늘의 새와 가축과 온 땅과 땅에 기는 모든 것을 다스리게 하자 하시고 하나님이 자기 형상 곧 하나님의 형상대로 사람을 창조하시되 남자와 여자를 창조하시고 하나님이 그들에게 복을 주시며 하나님이 그들에게 이르시되 생육하고 번성하여 땅에 충만하라, 땅을 정복하라, 바다의 물고기와 하늘의 새와 땅에 움직이는 모든 생물을 다스리라 하시니라"(창 1:26-28)

여기서 형상은 하나님과 사람 사이의 구체적인 닮은 꼴을 말합니다. 즉 사람은 전(全) 존재가 하나님의 성품의 영향을 받아서 이성적, 윤리적, 종교적 능력을 지닌 존재로 창조되었으며, 영이신 하나님을 구체적으로 표현하고 있는 존재라고 할 수 있습니다. 태초에 하나님이 지으신 내 모습이 '진짜 나'입니다. 하나님의 형상대로, 하나님의 모양대로 지어진 모습이 '참된 나'인 것입니다.

'진짜 나'는 하나님으로부터 복을 받고 권세를 받았습니다. 생육하고 번성하며 충만할 복을 받았고 정복하고 다스릴 권세를 받았습니다.

'진짜 나'를, 즉, '참된 나'를 찾으면 우리는 이 복과 권세를 누리며 살아갈 수 있습니다. 진정한 나로 살아갈 때 가장 행복한 삶, 자연스러운 삶, 만족스러운 삶을 살 수 있습니다.

그런데 아담과 하와의 범죄 이후에 하나님의 형상대로 지음 받은 우리 영혼 위에 죄의 옷이 덧입혀졌습니다. 우리는 태어날 때부터 죄 중에 태어나게 되었고 거짓의 아비인 마귀의 지배를 받게 되었습니다.

"내가 죄악 중에서 출생하였음이여 어머니가 죄 중에서 나를 잉태하였나이다"(시 51:5)

"너희는 너희 아비 마귀에게서 났으니 너희 아비의 욕심대로 너희도 행하고자 하느니라 그는 처음부터 살인한 자요 진리가 그 속에 없으므로 진리에 서지 못하고 거짓을 말할 때마다 제 것으로 말하나니 이는 그가 거짓말쟁이요 거짓의 아비가 되었음이라"(요 8:44)

그래서 아무런 자범죄를 짓지 않은 아기라도 그 안에 악한 영이 역사하며 욕심, 시기, 질투, 분노 등의 감정으로 조종할 수 있습니다. 악한 영들은 순결 위에 부정의 씨앗을 뿌리고, 사랑 위에 미움의 씨앗을 뿌리며, 평안 위에 두려움의 씨앗을 뿌립니다. 우리가 의식적으로 혹은 무의식적으로 악한 영이 뿌려놓은 생각에 동의하면 죄의 씨가 폭발적으로 성장하여 우리의 내면을 황폐하게 만듭니다.

내면이 황폐해지면 외면 세계는 걷잡을 수 없이 빠른 속도로 무너지게 됩니다. 그러므로 우리는 복음의 능력으로 우리 안의 악한 영들을 물리쳐야 합니다. 우리 안의 악한 영들과의 싸움은 곧 자기 자신과의 싸움입니다.

우리는 악한 영에게 속아서 죄를 따라가려는 자기 자신을 이기고 예수 그리스도의 길로 가야 합니다.

토마스 아 켐피스[4]는 "자신을 완벽하게 이길 수 있으면 다른 어떤 것도 쉽게 통달할 수 있다. 자신을 이겨내는 것이 가장 완벽한 승리이다"라고 했습니다.

또 프랑스의 위대한 정치가요 문학자인 빅토르 위고[5]는 이렇게 말했습니다.

"인간에게는 세 가지 싸움 즉, 자연과 인간의 싸움, 인간과 인간의 싸움, 자기와 자기의 싸움이 있다. 그중에 자기와 자기의 싸움이 제일 힘든 싸움이다."

우리 안에는 생명의 근원과 죽음의 근원이 동시에 존재합니다.

믿음으로 예배했던 아벨의 정신도 우리 속에 있지만, 동생 아벨을 질투 끝에 죽인 가인의 무섭고 잔인한 정신도 우리 속에 흐르고 있습니다. 이런 의미에서 인간의 마음은 악과 선이 공존하는 창고라고 할 수 있습니다. 그러므로 승리하는 그리스도인은 먼저 자기 자신의 마음 안에 있는 적을 물리치는 일에 집중합니다. 영적인 그리스도인은 드러난 외부의 문제와 씨름하면서 인생의 에너지와 시간을 낭비하지 않습니다.

지금 우리는 용기를 내어 우리 안에 있는 악한 영들과 싸우는 일에 힘을 다해야 합니다. 나 자신과의 싸움에서 이기는 것은 모든 싸움에서 이기는 기초요, 세상이 알 수 없고 줄 수 없는 만족과 희열을 맛보게 하는 지름길입니다. 우리 모두가 자신 속의 악한 영들과의 싸움에서 승리하기를 바랍니다.

"사랑하는 자들아 거류민과 나그네 같은 너희를 권하노니 영혼을 거슬러 싸우는 육체의 정욕을 제어하라"(벧전 2:11)

본문 속에서 사도 바울은 자신 속의 악한 영들을 상대하여 치열한 전쟁을 치르는 모습을 보여주고 있습니다. 사도 바울은 본문에서의 영적 전쟁을 격렬하게 치르고 마침내 승리했습니다. 우리는 사도 바울의 영적 전쟁을 통해 승리의 비결을 배워야 합니다.

사도 바울이 언급한 '자신 속의 악한 영들의 영향력'

1. 우리 안에 있는 악한 영들은 우리가 원하지 않는 삶을 살게 합니다.

사도 바울은 자신 속의 악한 영이 자신이 원하지 않는 삶을 살게 한다고 말했습니다.

> "내가 행하는 것을 내가 알지 못하노니 곧 내가 원하는 것은 행하지 아니하고 도리어 미워하는 것을 행함이라"(롬 7:15)
>
> "이제는 그것을 행하는 자가 내가 아니요 내 속에 거하는 죄니라"(롬 7:17)

우리 안에 있는 악한 영들은 우리가 원하는 선한 길로 가지 못하게 하고 우리가 원하지 않는 악한 길로 달려가게 만듭니다. 우리의 영력이 약할수록, 우리의 의지가 약할수록 우리는 속수무책으로 악한 영에게 끌려가게 됩니다.

1993년 성북구 장위동에서 자신의 친부모와 친형, 형수,

조카 등 5명을 죽여서 집 정원에 암매장한 사건이 발생했습니다. 이 사건을 저지른 범인은 교도관과의 면담에서 이런 말을 했습니다.

"살인을 저지르기 3일 전 이상한 체험을 했다. 돌연 이상한 물체가 나타난 것이다. 어떻게 보면 산발한 여자 같기도 하고 또 어떻게 보면 이상한 짐승 같기도 한 두 모습이 영화의 오버랩 장면처럼 겹쳐진 형체였다. 이 형체는 밤낮을 가리지 않고 그를 따라다니며 비웃는 듯한 표정으로 주변을 빙글빙글 맴돌았다. 그 형체 때문에 반 미칠 지경이 되었다. 그 악한 영의 역사가 시작된 지 3일 후 아버지에게 돈을 좀 얻으러 갔다. 그러나 퇴짜만 맞고 빈손으로 2층에서 내려오는데 바로 그 악령이 턱 가로막으면서 첫 명령을 내렸다. '올라가서 죽여라' 처음에는 대항했으나 거역할 수 없는 큰 힘이 나를 짓눌렀다. '저 신발장을 열면 큰 망치가 있으니 그걸 들고 올라가서 네 애미 애비를 죽여라' 다섯 명을 살해한 후에 악령은 나에게 자살하라고 협박했고 런닝셔츠를 찢어 줄을 만드는 법과 올가미를 만드는 법 등을 TV 화면처럼 환하게 보여주었다. - 박효진 「하나님이 고치지 못할 사람은 없다」 중에서"

예수님을 만나 회심한 바울은 이제 예수 그리스도를 위해 살겠다고 생명을 바쳤습니다. 그는 오직 영혼 구원과 복음 전파를 위해 살겠다고 다짐했습니다. 그런데 자신의 삶 속에 자신의 뜻과 관계없는 말과 행동이 나타났습니다. 자신이 미워하는 일을 행하는 스스로의 모습을 보며 바울은 자기 안에 역사하는 악한 영의 정체를 간파했습니다.

"내가 원하는 바 선은 행하지 아니하고 도리어 원하지 아니하는 바 악을 행하는도다 만일 내가 원하지 아니하는 그것을 하면 이를 행하는 자는 내가 아니요 내 속에 거하는 죄니라 그러므로 내가 한 법을 깨달았노니 곧 선을 행하기 원하는 나에게 악이 함께 있는 것이로다"(롬 7:19-21)

사실 사도 바울은 예수를 만나기 전에 거리낌 없이 악을 행하던 사람이었습니다. 예수님을 만나기 전 바울은 분노와 살기가 충만하여 그리스도의 도를 핍박했습니다. 그는 그리스도인이라면 남녀를 가리지 않고 잡아다가 감옥에 넘기는 유대교에 충성을 다하던 젊은이였습니다(행 9:2).

바울은 자기 의에 심취한 사람이었습니다.

그는 스스로 율법에 흠이 없는 자라고 자부하던 사람이었고 자기 열심에 대해 한 치의 의심도 품지 않았던 사람이었습니다.

"그러나 나도 육체를 신뢰할 만하며 만일 누구든지 다른 이가 육체를 신뢰할 것이 있는 줄로 생각하면 나는 더욱 그러하리니 나는 팔일 만에 할례를 받고 이스라엘 족속이요 베냐민 지파요 히브리인 중의 히브리인이요 율법으로는 바리새인이요 열심으로는 교회를 박해하고 율법의 의로는 흠이 없는 자라"(빌 3:4-6)

이렇게 바울은 자기 영혼의 상태에 대해 자신만만했습니다. 그는 스스로 완벽하다고 여겼고, 실제로 많은 사람들의 눈에도 바울은 완벽한 사람으로 여겨졌습니다. 가말리엘의 문하생으로 당대 최고의 학벌을 소유한 바울은 로마 시민권을 가지고 있었고, 앞장서서 기독교를 박해할 만큼 유대인들의 수장 역할을 한 사람이었습니다. 그런 그가 예수님을 만나게 되었습니다.

"사울이 길을 가다가 다메섹에 가까이 이르더니 홀연히 하늘로부터 빛이 그를 둘러 비추는지라 땅에 엎드러져 들으매 소리가 있어 이르시되 사울아 사울아 네가 어찌하여 나를 박해하느냐 하시거늘 대답하되 주여 누구시니이까 이르시되 나는 네가 박해하는 예수라"(행 9:3–5)

예수님은 바울에게 빛으로 임하셨고, 말씀으로 다가오셨습니다. 바울이 예수님을 만난 이 순간은 바울 인생 일대의 변혁의 시점이요, 기독교를 구약의 종교에서 세계적인 종교로 변화시키는 역사적 분기점이 되었습니다. 예수님을 만난 바울은 더 이상 이전의 바울이 아니었기 때문입니다.

예수님을 만남으로 바울의 모든 것은 변화되었습니다.

예수님을 만난 후 바울은 전에 죄라고 생각하는 것을 죄가 아니라고 생각하게 되었고, 전에 죄가 아니라고 생각하던 것을 죄라고 느끼게 되었습니다. 죄에 동화되어 죄와 한 몸이 되어 살다가 은혜의 빛을 받음으로 죄와 분리된 것입니다.

이렇게 은혜를 받기 전에는 죄와 우리 자신이 정확히 하나인 것처럼 느껴집니다. 물에 설탕을 녹이면 물과 설탕이 하나인 것처럼 보이듯이 우리가 깨닫기 전에는 죄와 우리가 하나인 것처럼 생각됩니다. 그러나 성령의 빛을 받으면 죄와 내가 분리되기 시작합니다. 사도 바울은 예수 그리스도의 빛을 받고 자기 자신 속에 거하는 죄를 보기 시작했습니다.

"그런즉 우리가 무슨 말을 하리요 율법이 죄냐 그럴 수 없느니라 율법으로 말미암지 않고는 내가 죄를 알지 못하였으니 곧 율법이 탐내지 말라 하지 아니하였더라면 내가 탐심을 알지 못하였으리라 그러나 죄가 기회를 타서 계명으로 말미암아 내 속에서 온갖 탐심을 이루었나니 이는 율법이 없으면 죄가 죽은 것임이라 전에 율법을 깨닫지 못했을 때에는 내가 살았더니 계명이 이르매 죄는 살아나고 나는 죽었도다"(롬 7:7-9)

사도 바울 자신은 성령의 소욕을 따라 살기를 원하는데, 자기 속의 죄가 육체의 소욕을 따라 살게 만든다는 것을 직시했습니다.

우리는 어떻습니까?

자신 속의 악한 영들의 힘에 눌려서 원하는 선을 행하지 못하며 살고 있지는 않습니까?

매일 '기도해야 하는데…, 사랑해야 하는데…, 전도해야 하는데…, 주를 위해 살아야 하는데…'라고 생각하면서도 육체의 길로 달려가고 있지는 않습니까?

우리는 우리가 원하지 않는 삶을 살게 하는 악한 영의 정체를 간파하고 예수 그리스도의 이름으로 물리쳐야 합니다.

> "내가 이르노니 너희는 성령을 따라 행하라 그리하면 육체의 욕심을 이루지 아니하리라 육체의 소욕은 성령을 거스르고 성령은 육체를 거스르나니 이 둘이 서로 대적함으로 너희가 원하는 것을 하지 못하게 하려 함이니라 너희가 만일 성령의 인도하시는 바가 되면 율법 아래에 있지 아니하리라"
>
> (갈 5:16-18)

2. 우리 안에 있는 악한 영들은 우리의 참 자아와 싸웁니다.

우리가 죄에 물들어 살 때는 악한 영들과 한 팀이 되어 그들과 섞인 채로 살아갑니다. 하지만 우리가 예수 그리스도의 복음을 만나 믿고 죄를 분별하며 십자가의 길을 가려고 결단할 때는 악한 영들과 싸움에 들어가게 됩니다. 하나님의 법을 즐거워하는 우리의 속사람과 마귀의 법을 추종하는 악한 영들의 영적 싸움이 시작되는 것입니다.

"내 속사람으로는 하나님의 법을 즐거워하되"(롬 7:22)

악한 영들은 수단과 방법을 가리지 않고 우리의 속사람을 이기려고 합니다. 그래서 생각을 공격해서 부정적인 생각을 심고, 마음을 공격해서 마음을 분산시키며, 육체를 공격해서 몸에 고통을 가합니다. 이때 속사람이 약한 사람은 악한 영들의 공격에 쉽게 넘어집니다. 그러므로 우리는 속사람을 강하게 해야 합니다. 악한 영들과의 전쟁에서 넉넉히 이길 수 있도록 성령으로 속사람을 강건하게 해야 합니다.

"그의 영광의 풍성함을 따라 그의 성령으로 말미암아 너희 속사람을 능력으로 강건하게 하시오며 믿음으로 말미암아 그리스도께서 너희 마음에 계시게 하시옵고 너희가 사랑 가운데서 뿌리가 박히고 터가 굳어져서 능히 모든 성도와 함께 지식에 넘치는 그리스도의 사랑을 알고 그 너비와 길이와 높이와 깊이가 어떠함을 깨달아 하나님의 모든 충만하신 것으로 너희에게 충만하게 하시기를 구하노라"(엡 3:16-19)

영국의 부흥사 로랜드 힐[6] 목사님이 거리를 지나가는데, 여러 마리의 돼지가 어떤 사람을 졸졸 따라가고 있었습니다. 호기심이 생긴 힐 목사님은 돼지의 뒤를 따라가 보았습니다. 그 사람은 돼지들을 도살장으로 인도하는데도 돼지들은 아무 반항 없이 따라 들어가는 것이었습니다.

매우 신기하게 생각한 목사님이 그 사람에게 물었습니다.

"당신은 어떻게 해서 돼지를 이곳까지 오게 하나요?"

그 사람은 이렇게 대답했습니다.

"그 비밀은 콩입니다. 보시다시피 완두콩 바구니를 들고 오면서 계속 몇 알씩 흘려주었지요."

악한 영들도 많은 종류의 콩알로 우리를 유혹합니다.

그 콩을 주워 먹으며 따라가다 보면 우리도 돼지처럼 영혼의 도살장인 지옥으로 가게 됩니다. 우리는 속사람을 강건하게 함으로 악한 영의 콩을 거부하고 진리의 길로 가야 합니다.

3. 우리 안에 있는 악한 영들은 우리의 참 자아를 사로잡아 우리 인생을 사망의 몸으로 만듭니다.

속사람이 연약해서 악한 영에게 패배한 영혼은 결국 악한 영들에게 사로잡힙니다.

"내 지체 속에서 한 다른 법이 내 마음의 법과 싸워 내 지체 속에 있는 죄의 법으로 나를 사로잡는 것을 보는도다"(롬 7:23)

악한 영에게 패배한 인생은 사망의 몸이 되어 곤고한 인생을 살게 됩니다.

"오호라 나는 곤고한 사람이로다 이 사망의 몸에서 누가 나를 건져내랴" (롬 7:24)

사망의 몸은 곧 죄의 속성, 죄의 경향성의 지배를 받는 육체를 가리킵니다. 이 육체는 하나님과 공존할 수 없는 하나님이 미워하는 죄의 속성을 지닌 마귀의 활동 무대입니다. 육체로 사는 인간은 그 속에 충만한 것이 모두 육체의 정욕과 안목의 정욕과 이생의 자랑이며 이 모든 것은 하나님의 뜻을 거스르는 마귀에 속한 것들입니다.

"육신의 생각은 하나님과 원수가 되나니 이는 하나님의 법에 굴복하지 아니할 뿐 아니라 할 수도 없음이라 육신에 있는 자들은 하나님을 기쁘시게 할 수 없느니라"(롬 8:7-8)

하나님은 분명히 육신대로 살면 반드시 죽을 것이라고 말씀하셨습니다.

"너희가 육신대로 살면 반드시 죽을 것이로되 영으로써 몸의 행실을 죽이면 살리니 무릇 하나님의 영으로 인도함을 받는 사람은 곧 하나님의 아들이라"(롬 8:13-14)

그러므로 육체된 인간은 마귀의 밥 밖에 될 수 없는 죄의 포로된 상태요, 사망의 길을 달리고 있는 희망 없는 연약한 존재입니다.

그렇다면 우리는 어떻게 우리 안의 악한 영들을 이길 수 있을까요?

바울은 자신 속의 악한 영을 이길 수 있는 능력을 예수 그리스도의 복음에서 찾았습니다.

"우리 주 예수 그리스도로 말미암아 하나님께 감사하리로다 그런즉 내 자신이 마음으로는 하나님의 법을 육신으로는 죄의 법을 섬기노라"(롬 7:25)

우리는 오직 복음으로 악한 영을 이길 수 있습니다.

사람의 힘으로는 죄의 문제를 해결할 수 없고, 구원을 얻을 수 없습니다.

돈이 있든 없든, 지식이 있든 없든, 명예가 있든 없든, 모든 사람들은 오직 복음을 통해서만 구원을 얻을 수 있습니다. 잘난 사람이든, 못난 사람이든, 힘이 있는 사람이든, 힘이 없는 사람이든 오직 복음을 통해서만 구원을 받을 수 있습니다.

우리는 오직 예수 그리스도의 복음을 의지하여 악한 영을 몰아내야 합니다.

"예수께서 그들의 생각을 아시고 이르시되 스스로 분쟁하는 나라마다 황폐하여질 것이요 스스로 분쟁하는 동네나 집마다 서지 못하리라 만일 사탄이 사탄을 쫓아내면 스스로 분쟁하는 것이니 그리하고야 어떻게 그의 나라가 서겠느냐 또 내가 바알세불을 힘입어 귀신을 쫓아내면 너희의 아들들은 누구를 힘입어 쫓아내느냐 그러므로 그들이 너희의 재판관이 되리라"(마 12:25-27)

여기 나오는 바알세불은 사탄입니다.

사탄이라는 악의 세력이 사람들과 세상을 장악하고 있습니다. 이런 악의 지배로부터 벗어나기 위해서는 강한 자보다 더 강한 자의 힘이 필요합니다. 같은 말씀에 대해서 누가복음은 이렇게 설명합니다.

"강한 자가 무장을 하고 자기 집을 지킬 때에는 그 소유가 안전하되 더 강한 자가 와서 그를 굴복시킬 때에는 그가 믿던 무장을 빼앗고 그의 재물을 나누느니라"(눅 11:21-22)

예수님은 사탄과 비교 할 수 없는, 비교도 안되는 더 강한 자로 오셨습니다.

그래서 사람들을 지배하고 있던 악의 세력들을 묶고 그들의 무장을 해제하고 인간들을 자유케 하셨습니다. 우리는 가장 강한 자로 오신 예수 그리스도를 의지할 때 어둠의 영을 이기고 승리할 수 있습니다.

"이제 이 세상에 대한 심판이 이르렀으니 이 세상의 임금이 쫓겨나리라" (요 12:31)

"우리를 거스르고 불리하게 하는 법조문으로 쓴 증서를 지우시고 제하여 버리사 십자가에 못 박으시고 통치자들과 권세들을 무력화하여 드러내어 구경거리로 삼으시고 십자가로 그들을 이기셨느니라"(골 2:14-15)

"이것을 너희에게 이르는 것은 너희로 내 안에서 평안을 누리게 하려 함이라 세상에서는 너희가 환난을 당하나 담대하라 내가 세상을 이기었노라" (요 16:33)

세상을 이기신 예수 그리스도를 의지할 때 우리는 악한 영을 이기고 자유로운 삶을 살 수 있습니다. 그런데 예수 그리스도를 의지하는 것은 '자기 부인'을 통해서 이루어집니다. 육신적 자아는 예수 그리스도의 길을 거스르고 죄를 불러오기 때문입니다. 그래서 사도 바울은 예수를 의지하기 위해 날마다 죽는 삶을 산다고 자랑했습니다.

"형제들아 내가 그리스도 예수 우리 주 안에서 가진 바 너희에 대한 나의 자랑을 두고 단언하노니 나는 날마다 죽노라"(고전 15:31)

예수 그리스도의 복음을 의지하여 악한 영을 몰아내고, 자기 자아를 죽이는 것은 일회적 사건이 아니라 호흡이 있는 마지막 순간까지 지속되어야 할 믿음의 경주입니다. 그래서 바울은 '날마다' 죽는다고 했습니다.

예수님도 자기를 부인하고 날마다 자기 십자가를 지고 예수님을 따라 오라고 하셨습니다.

"또 무리에게 이르시되 아무든지 나를 따라오려거든 자기를 부인하고 날마다 제 십자가를 지고 나를 따를 것이니라"(눅 9:23)

그래서 예수 그리스도로 말미암아 악한 영을 이긴 사람에게는 '자기'가 없습니다. 사도 바울이 자신 속의 악한 영들과 치열하게 싸웠던 로마서 7장에는 '내'가 수두룩합니다. 하지만 예수님으로 말미암아 승리한 로마서 8장에는 '내'가 한 군데도 없는 것을 볼 수 있습니다. 승리의 개가를 부르는 로마서 8장에는 '내'가 없고 예수님만 있습니다.

자기를 내려놓고 복음의 능력을 입고 사는 사람은 주님을 위해 자신을 헌신하며 살게 됩니다.

마치 좋은 비누와 같은 인생이 되는 것입니다.

미국의 백화점 왕 워너 메이커[7]는 비누에 대해 이렇게 말했습니다.

"비누는 사용할 때 마다 자기 살이 녹아서 작게 되어 결국 흔적도 없이 사라집니다. 그러나 그때마다 더러움을 없애줍니다. 만일 녹지 않는 비누가 있다면 쓸모없는 물건에 지나지 않을 것입니다."

자기를 내려놓고 복음을 붙드는 사람은 좋은 비누처럼 자신을 녹여 많은 사람을 살립니다. 하지만 자기를 내려놓지 못한 사람은 물에 녹지 않아 거품이 나지 않는 비누처럼 무용지물의 삶을 살게 됩니다.

오늘 우리는 자기를 내려놓을수록, 자기를 포기할수록 복음의 강한 능력을 경험할 수 있음을 깨달아야 합니다.

예수 그리스도의 복음을 의지하여 모든 악한 영들과의 싸움에서 승리합시다. 우리 안의 악한 영은 우리가 원하지 않는 삶을 살게 하고, 우리의 참 자아와 싸워 우리의 속사람을 사로잡습니다. 그래서 악한 영에게 이기지 못하면 우리는 죄와 상처에 묶여 곤고한 삶을 살며 사망의 몸에 갇히게 됩니다.

우리 안의 악한 영을 이길 길은 오직 예수 그리스도의 복음에 있습니다. 예수 그리스도의 복음을 의지하는 사람은 자기 자아를 내려놓고 예수만을 붙들어야 합니다.

'나'를 포기하는 만큼 '복음'을 붙들게 되고, '복음'을 붙드는 만큼 '예수'를 나타내게 됩니다.

이 시간 우리 모두가 예수 그리스도의 복음을 의지하여 모든 악한 영을 몰아내고 죄로부터 자유로운 삶을 살며 하나님의 뜻을 이루는 능력의 주인공으로 우뚝 서기를 주님의 이름으로 축원합니다.

〈주님과 동행하는 기쁨 나누기〉

1. 우리 안에 있는 악한 영들의 영향력이 아래에 기록돼 있습니다.

(　　) 안에 맞는 단어는 무엇입니까?

(1) 우리 안에 있는 악한 영들은 우리가 원하지 않는 (　　　)을 살게 합니다.

우리 안에 있는 악한 영들은 우리가 원하는 선한 길로 가지 못하게 하고 우리가 원하지 않는 악한 길로 달려가게 만듭니다. 우리의 영력이 약할수록, 우리의 의지가 약할수록 우리는 속수무책으로 악한 영에게 끌려가게 됩니다.

- 예수님을 믿기 전과 믿은 후의 나는 어땠습니까?

(2) 우리 안에 있는 악한 영들은 우리의 (　　　)와 싸웁니다.

악한 영들은 수단과 방법을 가리지 않고 우리의 속사람을 이기려고 합니다. 그래서 생각을 공격해서 부정적인 생각을 심고, 마음을 공격해서 마음을 분산시키며, 육체를 공격해서 몸에 고통을 가합니다.

- 사탄이 부정적인 생각으로 공격할 때 어떻게 합니까?

(3) 우리 안에 있는 악한 영들은 우리 인생을 (　　　)의 몸으로 만듭니다. 사망의 몸은 곧 죄의 속성, 죄의 경향성의 지배를 받는 육체를 가리킵니다.

- 어떻게 우리 안의 악한 영들을 이길 수 있을까요?

2. 아래 성구를 보고 당신의 삶에 일어난 일을 나누십시오.

(1) 히브리서 4장 12절 – "하나님의 말씀은 살아 있고 활력이 있어 좌우에 날선 어떤 검보다도 예리하여 혼과 영과 및 관절과 골수를 찔러 쪼개기까지 하며 또 마음의 생각과 뜻을 판단하나니"

(2) 요한삼서 1장 2절 – "사랑하는 자여 네 영혼이 잘됨 같이 네가 범사에 잘되고 강건하기를 내가 간구하노라"

(3) 요한복음 10장 1절 – "내가 진실로 진실로 너희에게 이르노니 문을 통하여 양의 우리에 들어가지 아니하고 다른 데로 넘어가는 자는 절도며 강도요"

3. 아래 성구의 (　　)에 맞는 단어를 넣고 암송합시다.

"또 무리에게 이르시되 아무든지 나를 따라오려거든 자기를 (　　) 하고 (　　) 제 십자가를 지고 나를 따를 것이니라"(눅 9:23)

2. 내가 원하던 삶을

작사/작곡 이 순 희

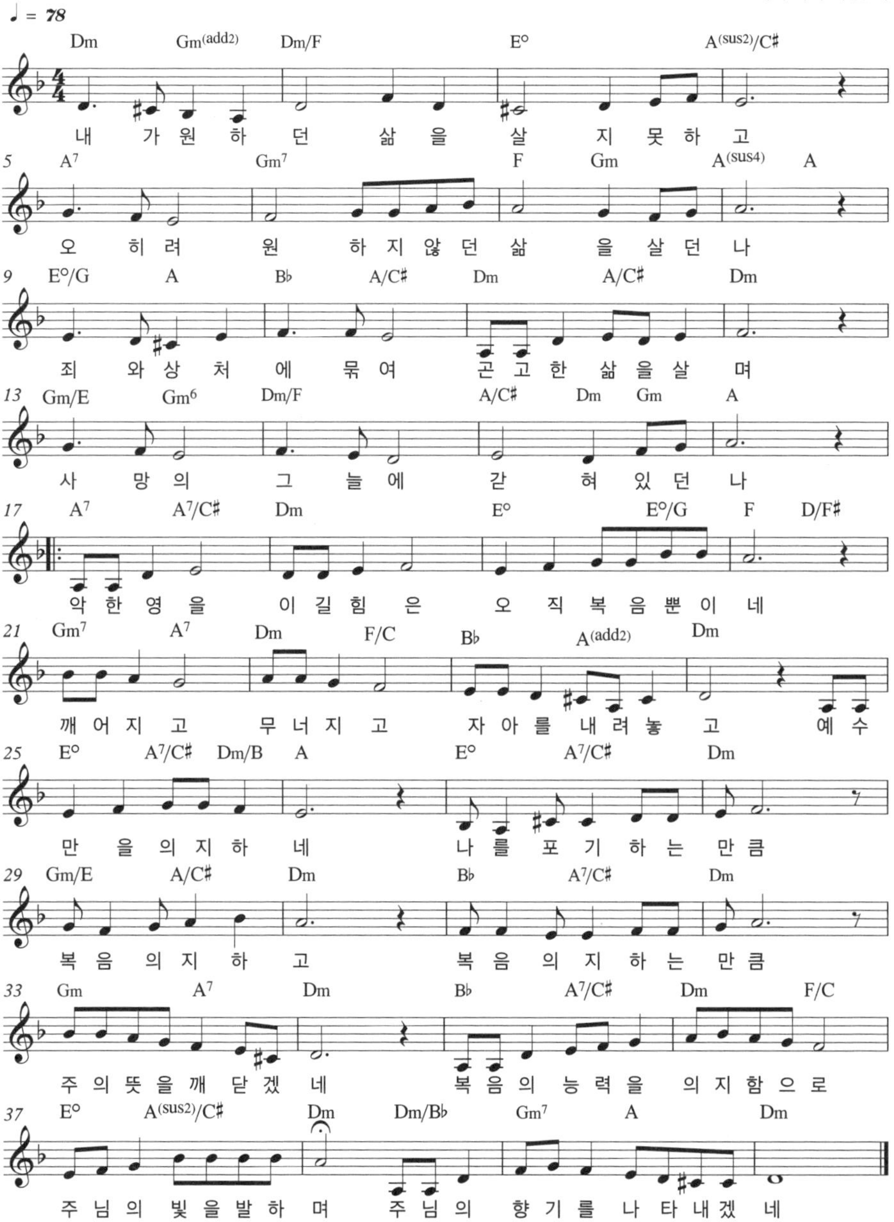
♩ = 78
Dm Gm(add2) Dm/F E° A(sus2)/C♯
내 가 원 하 던 삶 을 살 지 못 하 고
A7 Gm7 F Gm A(sus4) A
오 히 려 원 하 지 않 던 삶 을 살 던 나
E°/G A B♭ A/C♯ Dm A/C♯ Dm
죄 와 상 처 에 묶 여 곤 고 한 삶 을 살 며
Gm/E Gm6 Dm/F A/C♯ Dm Gm A
사 망 의 그 늘 에 갇 혀 있 던 나
A7 A7/C♯ Dm E° E°/G F D/F♯
악 한 영 을 이 길 힘 은 오 직 복 음 뿐 이 네
Gm7 A7 Dm F/C B♭ A(add2) Dm
깨 어 지 고 무 너 지 고 자 아 를 내 려 놓 고 예 수
E° A7/C♯ Dm/B A E° A7/C♯ Dm
만 을 의 지 하 네 나 를 포 기 하 는 만 큼
Gm/E A/C♯ Dm B♭ A7/C♯ Dm
복 음 의 지 하 고 복 음 의 지 하 는 만 큼
Gm A7 Dm B♭ A7/C♯ Dm F/C
주 의 뜻 을 깨 닫 겠 네 복 음 의 능 력 을 의 지 함 으 로
E° A(sus2)/C♯ Dm Dm/B♭ Gm7 A Dm
주 님 의 빛 을 발 하 며 주 님 의 향 기 를 나 타 내 겠 네

제3장

충만한 열매로 드러나는 속사람 치료

사도행전 14장 8–10절

"루스드라에 발을 쓰지 못하는 한 사람이 앉아 있는데 나면서 걷지 못하게 되어 걸어 본 적이 없는 자라 바울이 말하는 것을 듣거늘 바울이 주목하여 구원 받을 만한 믿음이 그에게 있는 것을 보고 큰 소리로 이르되 네 발로 바로 일어서라 하니 그 사람이 일어나 걷는지라"

3
충만한 열매로 드러나는 속사람 치료

하나님은 치료의 하나님이십니다.

하나님의 치료는 근원적인 치료이며 완전한 치료이자 영구적인 치료입니다.

"이르시되 너희가 너희 하나님 나 여호와의 말을 들어 순종하고 내가 보기에 의를 행하며 내 계명에 귀를 기울이며 내 모든 규례를 지키면 내가 애굽 사람에게 내린 모든 질병 중 하나도 너희에게 내리지 아니하리니 나는 너희를 치료하는 여호와임이라"(출 15:26)

"그가 찔림은 우리의 허물 때문이요 그가 상함은 우리의 죄악 때문이라 그가 징계를 받으므로 우리는 평화를 누리고 그가 채찍에 맞으므로 우리는 나음을 받았도다 우리는 다 양 같아서 그릇 행하여 각기 제 길로 갔거늘 여호와께서는 우리 모두의 죄악을 그에게 담당시키셨도다"(사 53:5–6)

세상의 의학과 의술도 병이나 상처를 다스려 낫게 하지만 하나님의 치료와 같지는 않습니다. 물리치료, 약물치료, 화학치료 등의 세상 의료 기법으로 치료된 우리의 육신은 이내 다른 질병을 얻을 수 있고 죽음의 한계 앞에 좌절하는 순간을 만나게 됩니다.

하지만 하나님의 치료는 세상의 치료를 초월합니다.

하나님의 치료는 후유증이 없고 부작용이 없으며 때와 장소의 구애를 받지 않습니다. 하나님은 세상 의학을 동반하여 치료의 역사를 일으키기도 하시고, 초자연적인 권능으로 기적적인 신유를 베풀기도 하십니다. 하나님의 치료는 우리의 육체에만 국한된 치료가 아니라 영혼육 전인을 아우르는 치료이고, 우리 인생의 병을 뿌리째 고치는 치료입니다.

"내 영혼아 여호와를 송축하며 그의 모든 은택을 잊지 말지어다 그가 네 모든 죄악을 사하시며 네 모든 병을 고치시며 네 생명을 파멸에서 속량하시고 인자와 긍휼로 관을 씌우시며 좋은 것으로 네 소원을 만족하게 하사 네 청춘을 독수리 같이 새롭게 하시는도다"(시 103:2-5)

하나님의 치료는 우리의 영혼에 초점이 맞추어져 있습니다. 하나님은 우리의 영혼을 고치심으로 우리의 육신을 고치시고, 우리의 영혼을 새롭게 하심으로 지속되는 문제와 질병, 고난 속에서도 넉넉히 이기는 삶을 살게 하십니다. 하나님의 능력으로 '속사람 치료'를 받은 사람은 육신의 병이 있어도 강건한 삶을 살 수 있고, 환난이 있어도 기뻐하는 삶을 살 수 있으며, 역경 속에도 감사하는 삶을 살 수 있습니다.

> "다만 이뿐 아니라 우리가 환난 중에도 즐거워하나니 이는 환난은 인내를, 인내는 연단을, 연단은 소망을 이루는 줄 앎이로다"(롬 5:3-4)

그러므로 우리는 하나님의 치료를 받되 무엇보다 먼저 우리의 '속사람'을 치료받아야 합니다. '속사람'은 육체 안의 숨은 사람인 우리의 영혼을 가리킵니다.

영원하고 참된 나, 속사람의 특징

1. 겉사람이 세상 풍조를 따르면서 삶의 외형을 결정짓는다면 속사람은 인생의 내면세계를 결정짓습니다.

겉사람은 자연의 순리를 따라가기에 모든 사람이 동일하게 시간이 지나면서 늙어가고, 쇠약해집니다. 그러나 속사람은 사람마다 다릅니다. 어떤 사람은 건장한 체격에 화려한 외모를 가진 겉사람 속에 연약하고 미숙한 속사람을 가지고 살아갑니다. 그런데 또 어떤 사람은 연약하고 볼품없는 외모 속에도 강하고 성숙한 속사람의 모습을 보이며 살아갑니다.

사실 인생의 진정한 행복을 결정짓는 것은 겉사람이 아니라 속사람입니다. 겉사람이 부요해도 속사람이 가난하면 그 인생은 가난합니다. 또 겉사람이 화려해도 속사람이 초라하면 그 인생은 초라한 인생이 되고 맙니다. 속사람이 사람의 마음 상태를 결정짓고, 속사람에 의해 결정된 마음 상태는 인생 전체를 이끌고 가기 때문입니다.

2. 속사람은 형통하고 평안할 때는 잘 드러나지 않지만, 위기의 순간에 그 진면모를 드러냅니다.

속사람의 진가는 고난과 역경의 때에 나타납니다. 그래서 누군가에게 무시당할 때, 일이 뜻대로 되지 않을 때, 예기치 못한 어려움에 봉착했을 때, 소중한 것을 잃어버렸을 때 속사람이 건강한 사람은 위기를 기회로 만들고 성숙의 길로 나아갑니다. 그러나 속사람이 연약한 사람은 작은 어려움에도 쉽게 좌절하고 낙심합니다. 또 속사람이 병든 사람은 진리를 잘 깨닫지 못하고 본질을 쉽게 이해하지 못해서 헛된 일에 집착하고, 습관처럼 남 탓을 하며 인생을 낭비합니다.

그러므로 우리는 겉사람을 치장하는 것보다 속사람을 단장하는 일에 더 집중해야 하며, 속사람을 날마다 새롭게 하는 삶을 살아야 합니다.

"그러므로 우리가 낙심하지 아니하노니 우리의 겉사람은 낡아지나 우리의 속사람은 날로 새로워지도다 우리가 잠시 받는 환난의 경한 것이 지극히 크고 영원한 영광의 중한 것을 우리에게 이루게 함이니 우리가 주목하는 것은 보이는 것이 아니요 보이지 않는 것이니 보이는 것은 잠깐이요 보이지 않는 것은 영원함이라"(고후 4:16-18)

진짜 '나'는 겉사람이 아니라 속사람입니다.

겉사람은 속사람을 담고 있는 그릇일 뿐입니다. 육신의 장막집이 무너지면 우리의 속사람이 영원한 집으로 갑니다. 겉사람이 만들어내는 육신의 지혜, 육신의 힘, 육신의 아름다움은 모두 풀과 같이 마르고 꽃과 같이 시듭니다. 겉사람으로 하는 예배와 기도는 영적 생활이 아니라 종교 생활이며, 자기 의를 드러내는 생활에 그칠 수밖에 없습니다. 그러므로 우리는 오직 성령으로 우리의 속사람을 강건하게 하며 속사람으로 하나님을 섬겨야 합니다. 이 시간 우리 모두가 하나님의 능력으로 '속사람 치료'를 받고 속사람의 능력으로 넉넉히 승리하는 인생을 살기를 바랍니다.

"그의 영광의 풍성함을 따라 그의 성령으로 말미암아 너희 속사람을 능력으로 강건하게 하시오며 믿음으로 말미암아 그리스도께서 너희 마음에 계시게 하시옵고 너희가 사랑 가운데서 뿌리가 박히고 터가 굳어져서 능히 모든 성도와 함께 지식에 넘치는 그리스도의 사랑을 알고 그 너비와 길이와 높이와 깊이가 어떠함을 깨달아 하나님의 모든 충만하신 것으로 너희에게 충만하게 하시기를 구하노라"(엡 3:16-19)

3. 속사람 치료의 결과는 충만한 열매로 나타납니다.

속사람을 치료받으면 모든 것이 달라집니다. 육적인 생각이 영적인 생각으로 바뀌고, 육적인 마음이 영적인 마음으로 바뀝니다. 두려움은 용기로 바뀌고 미움은 사랑으로 바뀌며 연약함은 권능으로 바뀝니다. 그래서 아무런 열매를 맺지 못했던 무능한 삶이 일 년 열두 달 끊이지 않는 성령의 열매를 맺는 삶으로 변화되고, 사람들에게 유익을 주기는커녕 무익한 존재로 살거나 오히려 해를 끼치는 삶이 모든 사람을 치료하는 축복의 통로가 되는 삶으로 변화됩니다. 그러므로 우리는 속사람을 치료받고 열매 맺는 삶을 살아야 합니다(요 15:8-16, 롬 7:4).

속사람이 병들면 아무리 노력해도 건강한 열매를 맺을 수 없습니다. 열매는 영의 결과물이기 때문입니다. 사람은 영적인 존재입니다. 그래서 사람은 육이 가만히 있어도 영이 움직이기 때문에 말하지 않아도 말을 하고, 의도하지 않아도 행동하게 됩니다. 영이 우울한 사람은 아무 말을 하지 않아도 우울한 분위기를 풍겨서 같이 있는 사람들에게 우울의 언어를 전달합니다. 또 영이 불안하고 초조한 사람은 그 어떤 행동을 하지 않아도 존재하는 것만으로 전체 분위기를 불안하게 하고 요동을 일으킵니다. 영에 분노와 짜증이 가득한 사람은 친절한 언어를 쓴다고 해도 친절한 언어의 틀 안에 분노와 짜증이 담겨서 표출되게 됩니다.

"독사의 자식들아 너희는 악하니 어떻게 선한 말을 할 수 있느냐 이는 마음에 가득한 것을 입으로 말함이라 선한 사람은 그 쌓은 선에서 선한 것을 내고 악한 사람은 그 쌓은 악에서 악한 것을 내느니라"(마 12:34-35)

반대로 영이 행복하고 성령으로 충만한 사람은 그 어떤 행동을 하지 않아도 같이 있는 사람들을 행복하게 하고 즐겁게 만듭니다. 표정만으로도 성령의 사랑과 안정감을 전달하고 숨 쉬는 것만으로도 복음의 메시지를 전달하게 됩니다.

오늘 우리는 우리 안에 있는 속사람의 생각, 언어, 행위가 사라지지 않고 작은 에너지 덩어리가 되어 우리의 주위를 감싼다는 사실을 알아야 합니다.

우리의 겉사람 주위에는 우리의 속사람이 살아온 인생 동안 만들어낸 에너지가 가득합니다. 그래서 사람들은 우리를 만날 때 그동안 우리가 쌓아온 영적 에너지를 감지하게 됩니다.

분노를 쌓아온 사람들은 분노를 풍기고, 두려움을 쌓아온 사람들은 두려움을 나타내며, 우울을 누적해온 사람들은 우울을 전합니다. 반대로 행복을 쌓아온 사람들은 행복을 전하고, 기쁨을 모아왔던 사람들은 기쁨을 나누며, 평안을 누려온 사람들은 평안을 끼칩니다. 지금 우리의 속사람은 어떤 분위기를 풍기고, 어떤 에너지를 나타내고 있습니까?

속사람이 건강한 사람이 충만한 열매를 맺을 수 있습니다.

속사람이 병든 엄마는 아무리 노력하고 애써도 좋은 엄마가 될 수 없습니다. 자녀 교육에 수많은 돈과 에너지를 투자해도 행복한 자녀를 양육할 수 없습니다. 하지만 영이 행복한 엄마는 자녀에게 많은 것을 해줄 수 없어도 충만한 사랑과 만족을 전하며 가장 귀중한 신앙의 유산을 물려줍니다.

속사람이 병든 성도는 대단한 지식과 경험을 동원하며 노력해도 하나님을 기쁘시게 할 수 없습니다. 속사람이 병든 성도의 열심은 오히려 많은 사람들에게 상처를 주고 하나님의 근심이 되는 경우가 많습니다. 하지만 속사람이 강건한 성도는 생각하는 모든 것이 하나님의 뜻을 따르는 영의 생각이 됩니다.

"육신을 따르는 자는 육신의 일을, 영을 따르는 자는 영의 일을 생각하나니 육신의 생각은 사망이요 영의 생각은 생명과 평안이니라"(롬 8:5-6)

이렇게 무엇보다도 중요한 것은 속사람입니다.

그러므로 우리는 많은 열매를 맺으며 많은 영혼을 살리고 하나님이 기뻐하시는 삶을 살기 위해 속사람의 결박을 끊고 속사람을 강건하게 하며 속사람을 아름답게 단장해야 합니다(벧전 3:3-4).

하나님은 태초에 우리를 창조하셨을 때 우리 영혼 깊은 곳에 번성할 축복, 다스릴 지혜, 정복할 권세를 부여하셨습니다.

"하나님이 그들에게 복을 주시며 하나님이 그들에게 이르시되 생육하고 번성하여 땅에 충만하라, 땅을 정복하라, 바다의 물고기와 하늘의 새와 땅에 움직이는 모든 생물을 다스리라 하시니라"(창 1:28)

그런데 마귀의 유혹을 받은 인간은 선악과를 따먹고 범죄함으로 죄가 인간의 영혼을 결박할 틈을 내주고 말았습니다. 죄를 통해 들어온 어둠의 영은 인간의 고귀한 영혼에 더러운 죄의 덮개를 씌웠고 강력한 쇠사슬로 결박했습니다.
제 아무리 많은 금은보화로 가득한 창고라도 결박되어 있으면 소용이 없습니다. 이와 같이 마귀는 우리의 마음을 결박하여 영혼 속에 실존하는 천국 창고를 무의미한 것으로 만들어버렸습니다.

죄로 뒤덮인 영혼은 생명을 잃고 죽음에 지배당하고, 지혜는 상실한 채로 마귀의 거짓말에 휘둘리면서 악한 삶을 살게 됩니다. 죄로 물든 인간의 존재 자체가 나쁜 나무가 되어 나쁜 열매를 맺으며 살게 되는 것입니다. 우리는 좋은 열매를 맺기 위해 속사람을 치료받고 좋은 나무가 되어야 합니다.

"좋은 나무가 나쁜 열매를 맺을 수 없고 못된 나무가 아름다운 열매를 맺을 수 없느니라 아름다운 열매를 맺지 아니하는 나무마다 찍혀 불에 던져지느니라 이러므로 그들의 열매로 그들을 알리라 나더러 주여 주여 하는 자마다 다 천국에 들어갈 것이 아니요 다만 하늘에 계신 내 아버지의 뜻대로 행하는 자라야 들어가리라"(마 7:18-21)

못된 나무가 노력한다고 아름다운 열매, 좋은 열매를 맺을 수는 없습니다. 열매는 저절로 맺히는 것입니다. 다시 말해 좋은 열매를 위해서는 좋은 나무가 되어야 한다는 것입니다.

지금까지 우리가 나쁜 열매를 맺으며 살아왔다면 우리의 나무인 영혼을 점검하고 먼저 좋은 나무가 되는 일에 생명을 걸어야 합니다.

성령의 열매를 맺고자 갈망해도 현실의 삶에서 악한 열매가 맺히고 있다면 자신의 본질인 영혼의 나무 자체가 육체의 소욕에 붙들려 있는 것입니다. 높아지고 싶고, 많이 가지고 싶고, 내 뜻대로 살고 싶은 육체의 소욕이 가득하면 결코 성령의 열매를 맺을 수 없습니다.

그러므로 우리는 육의 생각을 몰아내고, 육의 마음을 몰아내며, 육의 행동을 몰아내서 우리의 영혼을 깨워야 합니다. 우리의 영혼을 덮고 있는 죄를 몰아내고 죄의 결박을 끊어내며 모든 육신의 경향성을 십자가에 못 박아야 합니다.

"그리스도 예수의 사람들은 육체와 함께 그 정욕과 탐심을 십자가에 못 박았느니라"(갈 5:24)

A. W. 토저[1)]는 '우리의 자아가 하나님의 얼굴을 보지 못하게 가리는 두터운 장막'이라고 했습니다. 우리가 완고한 자아에 갇히면 우리 안에 계신 하나님을 발견하지 못하게 되지만 자아의 껍질을 깨면 깰수록 우리는 신성에 가까워진다는 말입니다.

바로 지금 우리 안에 남아있는 모든 죄의 세력을 몰아냅시다. 육체의 일을 진멸하고, 불신과 교만, 외식과 불순종 등 모든 악한 죄를 몰아냅시다. 죄를 몰아내고 난 자리에서 터져 나오는 생수의 강을 경험하시기를 바랍니다.

"명절 끝날 곧 큰 날에 예수께서 서서 외쳐 이르시되 누구든지 목마르거든 내게로 와서 마시라 나를 믿는 자는 성경에 이름과 같이 그 배에서 생수의 강이 흘러나오리라 하시니 이는 그를 믿는 자들이 받을 성령을 가리켜 말씀하신 것이라"(요 7:37-39)

속사람 치료의 시작, 외식과 위선의 영적 가면 벗기

우리는 속사람의 모든 질병을 치료받고 하나님이 우리 영혼에 심어놓으신 복과 권세를 누리는 삶을 살아야 합니다. 이를 위해 먼저 우리는 겉과 속이 같은 사람이 되어야 합니다. 속사람 치료의 시작은 외식과 위선의 영적 가면을 벗는 것으로부터 시작하기 때문입니다.

지금 우리 사회에는 '가면 문화'가 성행하고 있습니다.

가면 문화는 자신을 숨기는 것이요, 본래의 자기는 가리고 꾸며진 또 다른 자신을 드러내며 사는 것을 의미합니다. 많은 사람들이 가면을 쓸 때 담대해지고, 뛰어난 능력을 발휘할 수 있다고 생각합니다. 가면을 씀으로 상황에 맞는 행동을 할 수 있고, 사회에서 요구하는 모습에 부응할 수 있다고 여깁니다.

그래서 오늘의 시대를 '자아 상실의 시대'라고 부릅니다.

인정받는 사람, 유능한 사람이 되기 위해 정작 자기 자아는 잃어버리고 수많은 가면을 쓰고 살아가는 시대이기 때문입니다. 많은 사람들이 자신을 잃어버린 채 껍데기의 삶을 살아가고 있습니다. 이런저런 모양의 가면을 쓴 채, 마치 자신이 그 가면의 주인공인 양 자신을 속이고 남을 속이며 혼돈의 삶을 살아가고 있습니다.

특히 한국은 가면 문화가 강합니다.

한국 사람들은 예로부터 자신의 본 모습을 드러내는 것을 꺼려 합니다. 한국 사회에는 자신의 속마음을 드러내면 손해를 보고, 자신의 본심을 드러내면 핍박을 받는다는 정서가 깔려있습니다. 그래서 한국 사람들은 자신의 감정을 잘 표현하지 않고 속으로 꾹꾹 누르는데 익숙합니다. 서러움도 속으로 삭이고, 외로움도 속으로 삭이며, 원통함도 속으로 삭입니다. 결국 속으로 눌러왔던 고통들이 응축되어 한(恨)이 되었고, 화병이 되었습니다.

그래서 우리나라는 한이 많은 민족이 되었고 화병에 시달리는 나라가 되었습니다. 화병은 한국에서 시작된 병으로, 미국 정신의학회에서도 화병을 'Hwa-Byung'으로 표기한다고 합니다. 우리나라에서는 문화적 특성상 자신의 생각을 직접적으로, 바로 표현하기 어렵습니다. 윗사람에게는 어려워서 불만이 있어도 직접적으로 표현할 수가 없습니다. 가까운 사람들이나 가족간에도 자신의 생각이나 기분을 표현하는 것이 아니라 '알아서 해주겠지…' 하면서 비언어적인 의사소통을 중시합니다. 그러다 보니 부당한 대우를 받아도 항의를 하지 못하고 속으로 감정을 삭일 수밖에 없습니다. 이렇게 화가 나는 것을 표현하지 못하고 가슴속에 담아 두다 보면 화병이 생기는 것입니다.

다음은 한국원자력의학원 원자력병원에서 발표한 '화병 증상의 진행과정'입니다.

1. 충격기: 적절하게 표현을 하거나 적극적인 성격의 경우에는 충격을 받아도 어느 정도 해결이 되면서 정상화되곤 합니다. 그러나 내성적이면서 주로 참으며 소극적인 태도를 취하게 되면 화병의 증상이 시작될 수 있습니다.

2. 갈등기: 체면을 중시하고 사회 윤리의식에 많이 얽매이게 되고 중요한 결단을 할 수 없게 됩니다. 불안증이 나타나기 시작합니다.

3. 체념기: 받은 상처를 계속 속으로 누르다가 결국 체념하게 되고 자신의 감정을 억압하면서 우울증에 빠지게 됩니다.

4. 증상기: 정신 관련 증상으로써 '만사가 귀찮음, 자신이 없음, 불안, 초조, 우울, 불면, 악몽, 예민, 짜증, 신경질, 정신집중 곤란, 기억력 감퇴' 등이 나타납니다. 신체 관련 증상으로는 '메스꺼움, 소화불량, 입맛 없음, 변비, 갈증, 두통, 얼굴이 달아오름, 눈이 침침함, 피곤, 어지러움, 손발 떨림, 허리 통증, 팔다리 쑤심, 한숨, 가슴 두근거림, 가슴 답답함과 통증' 등이 나타납니다.

혹시 당신에게도 화병의 증상이 보이지 않습니까?

한국 사람들은 좀처럼 마음을 드러내지 않고 겉만 치장합니다. 그러나 진정한 자기는 감추고, 가면을 쓰듯이 자신을 치장하고 포장하는 것은 어리석은 일입니다. 있는 척, 아는 척, 괜찮은 척, 행복한 척하며 자기를 포장할수록 진짜 자기를 잃어버리게 됩니다. 결국 삶의 의미를 잃어버리고 우울증에 빠지게 되는 것입니다. 가면을 쓰면 쓸수록 자신의 본래의 모습에 대해 자신이 없어지고, 가면이 벗겨질 것에 대해 큰 두려움을 가지게 됩니다. 또 가면을 쓰면 쓸수록 더 큰 욕구가 생기고 더 큰 불만족이 생겨서 만들어진 갈등과 혼돈이 결국 깊은 우울증에 빠지게 합니다.

우리는 모든 가면을 벗고 가장 진실하고 자연스러운 모습으로 하나님 앞에 나아가야 합니다. 투명한 삶은 자유로운 삶이요, 숨김과 포장의 삶은 억압과 구속의 부자유한 삶일 수밖에 없습니다. 죄의 속성은 '숨는 것'이고 '가리는 것'입니다.

창세기 3장에 보면 선악과를 따먹는 죄를 지은 아담과 하와는 먼저 무화과나무 잎을 엮어 자신의 치부를 가리려 했습니다. 그리고 하나님의 낯을 피하여 동산 나무 사이에 숨었습니다. 이렇게 죄는 가리게 하고, 숨게 만드는 것입니다. 그러므로 우리는 죄의 세력에서 자유롭게 되는 길이 죄를 드러내고, 죄에 직면하는 것임을 알아야 합니다.

드러난 죄는 힘을 쓰지 못합니다.

고백한 죄는 더 이상 권세가 없습니다. 그러나 숨고, 가리면 곧바로 죄의 영향력 아래 고통받고 억압받으며 두려움을 느끼게 됩니다. 악은 우리가 숨기려고 할 때만 힘을 쓸 수 있습니다. 가면을 쓰고 살면 잠깐은 편하고 자유롭다고 느껴질 수 있지만 곧 더 큰 외로움과 더 큰 두려움을 느끼게 됩니다. 그렇게 계속 가면을 쓰면, 가면 속의 영혼의 병이 점점 더 깊어지면서 마침내 영혼의 감각을 잃어버리고 고통에 대한 감각도 상실한 채 자기를 잃어버리게 됩니다.

예수님 당시의 바리새인과 서기관들이 바로 그러한 사람들이었습니다. 그들은 회칠한 무덤처럼 가면을 쓰고 있었습니다. 그들은 속을 가리고 숨기고, 겉을 거짓으로 위장하고 가식의 가면을 썼습니다. 사실 그들은 누구보다도 구약성경에 능통하여 말씀을 가르치는 사람들이었습니다. 하지만 구약성경에서 예언한 예수 그리스도를 알아보지 못했습니다. 오히려 예수님을 시기하고 미워했으며 결국 예수님을 죽이는데 앞장섰습니다.

또 그들은 모든 율법을 준수하고 십일조 생활을 철두철미하게 하고, 안식일을 엄격히 지켰습니다. 그러나 영혼 사랑하는 마음이 없었고, 정죄하고 판단하는 마음만 가득했습니다. 율법의 더 중요한바 긍휼과 자비보다는 자기들이 더 중요하게 생각하는 의식적인 면을 더 중요하게 생각했고 그것을 경건의 척도로 삼았습니다.

"화 있을진저 외식하는 서기관들과 바리새인들이여 너희가 박하와 회향과 근채의 십일조는 드리되 율법의 더 중한 바 정의와 긍휼과 믿음은 버렸도다 그러나 이것도 행하고 저것도 버리지 말아야 할지니라 맹인 된 인도자여 하루살이는 걸러 내고 낙타는 삼키는도다"(마 23:23-24)

이들의 이런 외식은 예수님이 안식일에 병자를 고쳤을 때 병자가 고통에서 벗어나게 되었다는 그 사실에는 감동이 없고 안식일 계명을 범한 것에 대해서만 분노하는 것으로 나타나고 있습니다. 어떤 때는 안식일 율법을 이용해서 예수님을 시험하기도 하고, 간음한 여인의 죄 지은 것을 안타까워하기 보다는 그것을 가지고 예수님을 넘어뜨리려는 음모의 수단으로 삼았습니다. 하지만 예수님은 그런 바리새인과 서기관들을 사랑하셔서 그들의 가면을 벗기기를 원하셨습니다. 겉과 속이 다르면 결국 그들의 영혼이 병들고 죽을 수밖에 없기에 예수님은 그들을 고치시기 위해 그들의 가면을 벗겨버리기를 원하셨습니다. 그래서 강한 말로 그들을 책망하셨습니다.

"이에 예수께서 무리와 제자들에게 말씀하여 이르시되 서기관들과 바리새인들이 모세의 자리에 앉았으니 그러므로 무엇이든지 그들이 말하는 바는 행하고 지키되 그들이 하는 행위는 본받지 말라 그들은 말만 하고 행하지 아니하며 또 무거운 짐을 묶어 사람의 어깨에 지우되 자기는 이것을 한 손가락으로도 움직이려 하지 아니하며 그들의 모든 행위를 사람에게 보이고자 하나니 곧 그 경문 띠를 넓게 하며 옷술을 길게 하고 잔치의 윗자리와 회당의 높은 자리와 시장에서 문안 받는 것과 사람에게 랍비라 칭함을 받는 것을 좋아하느니라"(마 23:1-7)

예수님은 바리새인과 서기관들의 가면 문화를 책망하셨습니다. 겉과 속이 다른 것, 속에는 악을 품고 있으면서 겉으로는 선을 가장하는 것, 속에서는 썩는 냄새가 나면서도 겉으로는 회칠을 하여 번지르르하게 치장하는 것, 부정한 일을 행하면서도 거룩한 척 하느라 긴 옷을 입고, 두꺼운 경전을 들고 다니는 것, 사람들에게 인정받고 권위를 내세우느라 높은 자리만을 탐내는 것, 사람들에게 문안 받는 것을 좋아해서 시장을 걷는 것을 즐기고 다른 사람에게는 율법의 잣대를 들이밀며 판단하고 정죄하면서 자신의 죄에 대해서는 가벼이 여기는 이중적인 모습을 책망하셨습니다.

"화 있을진저 외식하는 서기관들과 바리새인들이여 잔과 대접의 겉은 깨끗이 하되 그 안에는 탐욕과 방탕으로 가득하게 하는도다 눈 먼 바리새인이여 너는 먼저 안을 깨끗이 하라 그리하면 겉도 깨끗하리라 화 있을진저 외식하는 서기관들과 바리새인들이여 회칠한 무덤 같으니 겉으로는 아름답게 보이나 그 안에는 죽은 사람의 뼈와 모든 더러운 것이 가득하도다 이와 같이 너희도 겉으로는 사람에게 옳게 보이되 안으로는 외식과 불법이 가득하도다"(마 23:25-28)

우리의 영혼은 가면을 벗을 때 살아납니다.

가면을 벗을 때 진정한 치료를 받게 됩니다.

겉과 속이 같을 때 참된 평안과 자유를 느낄 수 있습니다.

병원에서 수술을 받으려면 일단 옷을 벗고 환부를 드러내 보여야 하는 것과 같습니다. 뿐만 아니라 가면을 벗어야 성령의 충만함을 받을 수 있습니다. 가면을 쓴 채로 착한 척, 괜찮은 척, 아는 척, 사랑하는 척, 가진 척을 하면 성령님께서 일하실 수 없습니다.

진정한 자유를 위해, 진정한 회복을 위해, 진정한 기름부음을 위해 모든 가면을 벗고 어린아이와 같이 주님께 나아갑시다.

사도 바울도 말씀을 깨달은 후에 죄가 살아나서 자신이 죄인 중에 괴수라고 고백했습니다. 그리고 날마다 죽는 것을 자랑했습니다.

> "미쁘다 모든 사람이 받을 만한 이 말이여 그리스도 예수께서 죄인을 구원하시려고 세상에 임하셨다 하였도다 죄인 중에 내가 괴수니라"(딤전 1:15)
>
> "형제들아 내가 그리스도 예수 우리 주 안에서 가진 바 너희에 대한 나의 자랑을 두고 단언하노니 나는 날마다 죽노라"(고전 15:31)

소설가인 최인석[2)] 씨는 내면의 자기의 모습을 소설로 썼는데, 그 제목이 「내 마음에는 악어가 산다」였습니다. 최인석 씨가 그린 자신의 내면은 괴물이었습니다. 아무도, 심지어는 가장 가까운 가족도, 배우자도 알지 못하는 흉측한 모습의 또 다른 자아였습니다.

우리의 속사람은 어떤 모습입니까?

혹시 우리의 내면도 온갖 육체의 일이 튀어나오는 악어와 같은 괴물의 모습은 아닙니까?

> "육체의 일은 분명하니 곧 음행과 더러운 것과 호색과 우상 숭배와 주술과 원수 맺는 것과 분쟁과 시기와 분냄과 당 짓는 것과 분열함과 이단과 투기와 술 취함과 방탕함과 또 그와 같은 것들이라 전에 너희에게 경계한 것 같이 경계하노니 이런 일을 하는 자들은 하나님의 나라를 유업으로 받지 못할 것이요"(갈 5:19-21)

우리의 숨은 사람에게 집중해보십시오.

아무도 보지 못하는 영혼의 밀실 안에서 우리의 속사람은 어떤 표정을 짓고 있습니까?

누구에게도 말하지 못하는 우리의 숨은 마음은 무엇입니까?

우리의 인생에 위기가 찾아왔을 때, 가장 힘겹고 어려운 순간을 맞을 때 우리의 진심은 무엇을 말하고 있습니까?

자신의 숨은 얼굴을 보는 일에 실패하면 우리도 바리새인과 서기관들처럼 '빛 좋은 개살구'의 삶을 살게 됩니다. 진정한 내공 없이 요란한 외형만 자랑하고, 자연스러운 실천

없이 이론만 떠드는 껍데기가 되고 마는 것입니다. 그러므로 가장 근본적이고 영구적인 치료를 원하고, 변화를 원한다면 자신 속에 숨어있는 진짜 자신의 모습에 집중해야 합니다.

"하나님이여 나를 살피사 내 마음을 아시며 나를 시험하사 내 뜻을 아옵소서 내게 무슨 악한 행위가 있나 보시고 나를 영원한 길로 인도하소서"(시 139:23-24)

우리의 이성만으로는 우리 안의 악한 의도와 부패한 행위를 스스로 파악하지 못할 때가 있습니다. 그러나 하나님의 말씀의 거울에 정직하게 자신을 비추면 숨은 죄가 밝히 드러나게 되고, 마침내 자신 안에 숨어있는 얼굴이 보이게 됩니다.

"하나님의 말씀은 살아 있고 활력이 있어 좌우에 날선 어떤 검보다도 예리하여 혼과 영과 및 관절과 골수를 찔러 쪼개기까지 하며 또 마음의 생각과 뜻을 판단하나니"(히 4:12)

마음의 가죽을 베고 하나님의 말씀의 거울에 자신의 속사람을 적나라하게 비춰보는 은혜를 구합시다.

"죄가 율법 있기 전에도 세상에 있었으나 율법이 없었을 때에는 죄를 죄로

여기지 아니하였느니라"(롬 5:13)

"전에 율법을 깨닫지 못했을 때에는 내가 살았더니 계명이 이르매 죄는 살아나고 나는 죽었도다"(롬 7:9)

숨은 사람이 거듭나는 은혜를 누립시다.

숨은 사람이 거듭나면 과거의 나를 청산하고 새로운 삶을 살게 됩니다. 과거의 외로움, 이기심, 욕심, 분노. 미움, 교만이 십자가에 못 박히고 성령의 성품으로 다시 태어나게 되는 것입니다.

"그런즉 누구든지 그리스도 안에 있으면 새로운 피조물이라 이전 것은 지나갔으니 보라 새 것이 되었도다"(고후 5:17)

숨은 사람이 다시 태어나면 세상보다 하나님을 더 사랑하게 되고, 돈보다 하나님을 더 의지하게 됩니다. 또 속사람이 거듭나면 자신의 뜻보다 하나님의 뜻에 순종하게 되고, 자신의 유익보다 하나님의 나라를 먼저 구하게 됩니다. 속사람이 거듭나는 은혜, 속사람의 강건함을 누리는 은혜가 우리 모두에게 충만히 임하기를 소원합니다.

본문 속의 두 주인공, 사도 바울과 루스드라의 앉은뱅이는 '자신 안에 숨어있는 또 다른 나'를 발견하는 은혜를 입었습니다.

루스드라는 로마 황제 아우구스투스[3)]가 기원전 26년 경에 전략적 요충지로 세운 도시입니다. 당시 주변 지역에서 출몰하던 비시디아 토착 민족들을 감시하려는 목적으로 세운 도시라고 합니다. 또한 이 도시는 바울의 신앙의 아들인 디모데의 고향으로 알려져 있습니다.

본문의 앉은뱅이는 이러한 루스드라에서 태어나면서부터 앉은뱅이였기 때문에 한 번도 걸어본 적이 없는 사람이었습니다.

"루스드라에 발을 쓰지 못하는 한 사람이 앉아 있는데 나면서 걷지 못하게 되어 걸어 본 적이 없는 자라"(행 14:8)

'걸어본 적이 없는 사람'은 완벽한 절망 속에 놓인 사람을 의미합니다. 한 번도 걸어 보지 못한 사람은 발에 힘을 주고 걷는다는 것이 무엇인지 짐작도 못하는 사람입니다. 어떻게 걸어야 하는지 알 수도 없고, 당연히 자신이 걸을 수 있다는 것을 꿈꿀 수도 없는 사람입니다. 그야말로 완벽한 체념 속에 '나는 원래 이런 사람이야'라고 생각하고 자포자기하며 살아야 하는 사람입니다. 그는 늘 남들보다 한참 낮은 곳을 보며, 자유롭지 못한 움직임 속에, 사람의 동정과 편견 속에 엄청난 상처를 안고 살아왔을 것입니다. 자신은 물론이고 그의 주변에 있는 부모님이나 가족들 또한 그가 앉은뱅이라는 사실 때문에 많은 아픔을 겪었을 것입니다.

그리고 그는 실제로 서기 위해서 온갖 노력을 기울여 보기도 했을 것입니다. 그러나 그럴 때마다 다시 주저앉을 수밖에 없었고 점점 더 절망과 좌절을 맛볼 수밖에 없었을 것입니다. 이러한 마음의 상태가 지속되었을 때, 인생의 모든 소망을 포기하였을 때 오는 아픔에는 체념이 가장 좋은 치료제라고 생각했을지도 모릅니다. 그래서 결국 절망과 체념은 이 앉은뱅이의 속사람이 되었고 변화될 수 없는 것으로 여겨지는 자신의 실존이 되었습니다.

그런데 많은 사람들이 '걸어본 적이 없는 사람'과 같은 속사람을 가지고 살아갑니다. 날 때부터 교만하고, 이기적이고, 육적이며, 미련한 삶을 살아서 겸손을 모르고, 사랑을 모르며, 영과 지혜를 이해하지 못하는 자신을 어쩔 수 없는 것이라 여기며 살아갑니다. 자신의 속사람이 여기저기 상처입고, 병들었으며, 걷지 못하고, 뛰지 못한다는 것을 알고 보면서도 변화될 수 있다는 소망과 믿음을 가지지 못하는 것입니다. 그래서 더럽고 연약하며 완악한 자신의 속사람을 보면서도 자포자기하며 살아가는 사람들이 많은 것입니다.

하지만 하나님은 우리의 숨은 사람을 치료하십니다.

하나님은 우리 영혼의 최고의 의사이시며, 우리의 창조주이시고, 우리의 속사람을 온전하고 흠 없이 만들 수 있는 분이십니다.

루스드라의 나면서부터 앉은뱅이가 된 사람은 지금까지

절망과 체념의 인생을 살아왔지만 바울을 통해 하나님의 말씀을 들으면서 자신에게도 구원의 역사가 일어날 수 있을지도 모른다는 믿음을 갖게 되었습니다.

"바울이 말하는 것을 듣거늘 바울이 주목하여 구원 받을 만한 믿음이 그에게 있는 것을 보고 큰 소리로 이르되 네 발로 바로 일어서라 하니 그 사람이 일어나 걷는지라"(행 14:9-10)

9절에 '바울이 말하는 것을 듣거늘'에서 '듣거늘'은 헬라어로 '아쿠오(ἀκούω)'인데, 이는 '듣다'의 미완료 과거형으로, 계속해서 듣고 있는 모습을 표현하는 말입니다.

앉은뱅이가 관심을 가지고 바울의 설교를 들었고, 마음을 다해서 듣고, 지속적으로 말씀을 들었다는 말입니다. 앉은뱅이는 바울의 설교를 처음부터 끝까지 계속해서 들으면서 대단한 감화를 받았으며, 이 메시지가 하늘로부터 온 메시지임을 믿게 되었습니다. 그리고 '한 번도 걸어 본 적이 없는 나에게도 구원의 역사가 일어날 수 있을 것이다'라는 믿음을 갖게 되었습니다.

이렇게 말씀은 믿음을 심어줍니다.

지금까지 수도 없이 넘어지고 실패해서 믿음을 잃어버렸다면 다시 한번 하나님의 말씀을 붙들어보십시오. 하나님의 말씀은 그 어떤 오래되고 심각한 영혼육의 질병이라도 완전하게 고치는 능력입니다.

"그러므로 믿음은 들음에서 나며 들음은 그리스도의 말씀으로 말미암았느니라"(롬 10:17)

사도 바울의 설교를 통해 앉은뱅이의 속사람은 깨어나기 시작했습니다. 하나님의 '숨'인 말씀이 앉은뱅이의 속사람을 깨우고 숨쉬게 하며 살게 했던 것입니다. 그리고 하나님의 말씀에 반응하게 했습니다.

(영어로 '책임, 책무'란 말은 'responsibility'입니다. '책임'이란 말은 일반적으로 리더 혹은 성숙한 사람이 쓰는 단어입니다. 그런데 책임과 성숙을 나타내는 이 단어는 'response, 반응하다'+'ability, 능력'의 합성어입니다. 즉, 책임과 성숙은 '반응하는 능력'인 것입니다.)

그리스도인은 하나님의 말씀을 듣고 반응할 때 사명에 책임을 다하게 되고, 영적 성숙을 이루어갈 수 있습니다.

앉은뱅이는 바울을 통해 "네 발로 바로 일어서라"라고 선포된 하나님의 말씀에 반응하며 뛰어 걸었습니다. 그는 자기가 앉은뱅이였던 사실을 다 잊어버렸고 생전 걸어보지 못했다는 사실도 잊어버렸습니다. 하나님의 말씀에 반응하는 것은 이와 같은 자기부정에서부터 시작합니다.

'나는 원래 못 걷는 사람이야.'

'나는 원래 교만한 사람이야.'

'나는 원래 구제불능이야.'

'나는 원래 안되는 사람이야'와 같은 자기 생각을 부정하는 것에서부터 말씀에 대한 반응이 일어나는 것입니다.

자기 부정은 말씀을 긍정하게 될 때에 자연스럽게 이루어지는 것입니다. 자신의 형편과 사정이 어떠하든지 말씀을 긍정하면 자기 주제와 신세를 깨끗하게 잊고 단순하게 말씀에 반응하게 되는 것입니다.

우리 모두에게 '자기부정과 말씀 긍정'의 역사가 일어나기를 소원합니다. 지금, 자기를 부정하고 하나님의 말씀에 반응해보십시오. 우리 안에 잠자는 영적 거인이 깨어 일어날 것입니다.

말씀을 듣고, 말씀을 먹고, 말씀에 반응해보십시오.

"내게 이르시되 인자야 내가 네게 주는 이 두루마리를 네 배에 넣으며 네 창자에 채우라 하시기에 내가 먹으니 그것이 내 입에서 달기가 꿀 같더라"

(겔 3:3)

이렇게 앉은뱅이는 바울을 통한 하나님의 말씀에 반응하며 한 번도 걸어보지 못한 그의 속사람과 겉사람을 청산하고 기적의 주인공이 되었습니다. 그런데 이 사건은 앉은뱅이에게만 자신 안에 있는 또 다른 자신을 발견하는 시간이 아니었습니다. 사도 바울도 이 사건을 통해 자기 안에 숨어 있는 또 다른 자신을 발견하게 되었습니다. 왜냐면 이 사건이 바울의 사역에서 공식적인 첫 번째 치유 사건이었기 때문입니다.

본문 9절에 보면 바울이 주목하여 그 사람을 보았을 때, 그 사람에게서 구원을 받을 만한 믿음이 있는 것을 보았다고 했습니다. 여러 부류의 사람들이 거기에 앉아 설교를 들었지만 특별히 나면서 앉은뱅이였던 이 사람은 바울의 설교에 빨려들었고, 복음의 능력이 그 사람 속에 심겨졌습니다. 말씀이 능력이 되기 시작한 것입니다. 이 앉은뱅이는 바울의 설교를 짧은 시간 동안 들었지만 그 말씀이 그 사람 속에서 능력이 되고, 믿음이 되고 있다는 사실을 사도 바울은 볼 수 있었습니다. 이미 죽어버린 사화산이 다시 살아난 것처럼 그 안에서 뭔가 모를 힘이 솟아나고 있는 것을 지금 사도 바울이 목격한 것입니다. 이것은 육감(肉感)이 아니라 하나님을 경험하면서 갖게 되는 '영감(inspiration)' 입니다.

바울은 '영감'으로 나면서 앉은뱅이 된 자 안에 있는 또 다른 사람을 보게 되었습니다. 그래서 외면적으로 아무 소망이 없어 보였을지라도, 그의 숨은 사람이 가지고 있는 믿음을 보고 큰 소리로 "네 발로 바로 일어서라"라고 선포하게 된 것입니다. 사실 지금까지 바울은 히브리인 중의 히브리인이요, 지성인 중의 지성인으로서의 삶을 살아왔습니다. 그가 드라마틱하게 예수님을 만나 회심하기는 했지만 그의 삶 자체가 대단한 학문과 논리적인 능력을 겸비한 이성적인 삶이었습니다. 그런 그에게 이성과 상식을 초월하여 기적을 선포한다는 것은 놀라운 일이 아닐 수 없었습니다.

이때 바울이 자신 안에 있는 또 다른 자신을 발견하지 못하고 지금까지의 생각과 이성, 지식과 경험에 머물러 있었다면, 이 앉은뱅이는 일어설 수 없었을 것입니다.

이 말씀에 대해서 종교개혁가 마틴 루터는 이렇게 주석했습니다.

"하나님은 이제 모든 것을 다 완벽하게 준비해 놓으신 채, 바울의 외침만을 기다리고 있었다."

바울의 "일어서라"라는 외침이 없었다면, 이 사람은 결코 치유 받지 못했을 것이라는 것입니다.

하나님은 이 사건을 통해 바울을 초자연적인 능력을 행하는 하나님의 종으로 세우기를 원하셨습니다. 그래서 말씀을 전하면서 앉은뱅이의 속사람을 보게 하셨고, 바울 자신 속에 예수 그리스도의 능력이 있음을 보게 하셨습니다.

"하나님이 바울의 손으로 놀라운 능력을 행하게 하시니 심지어 사람들이 바울의 몸에서 손수건이나 앞치마를 가져다가 병든 사람에게 얹으면 그 병이 떠나고 악귀도 나가더라"(행 19:11-12)

살아계신 하나님은 우리 안에 숨어있는 악하고 더러운 옛 사람은 버리고, 우리 안에 숨어있는 영적 거장을 깨우기를 원하십니다. 그러므로 우리는 우리의 숨은 사람의 악함을 보고 철저히 절망하며, 옛사람을 철저히 십자가에 못 박아야 합니다. 동시에 우리 안에 숨어있던 영적 거장을 깨워서 일으켜야 합니다. 하나님은 우리 안에 크고 비밀한 일을 심어놓으셨습니다.

"너는 내게 부르짖으라 내가 네게 응답하겠고 네가 알지 못하는 크고 은밀한 일을 네게 보이리라"(렘 33:3)

"사과 속에 있는 씨는 헤아려 볼 수 있지만, 씨 속에 있는 사과는 하늘만이 안다"라는 말이 있습니다. 사과를 자르면 씨는 보입니다. 그러나 씨 속에는 얼마나 많은 사과가 들어있는지 알 수가 없습니다. 마찬가지로 우리 안에 영적 거장이신 성령님이 가지고 계신 잠재력을 우리가 다 알 수 없습니다.

하나님은 오늘 우리 안에 영적 거장을 깨워서 30배, 60배, 100배의 결실을 맺도록 만들기를 원하십니다.

본문의 사도 바울이 자신 안의 영적 거장을 깨워 하나님의 능력을 나타낸 것처럼 우리도 우리 안의 영적 거장을 깨우길 바랍니다. 우리 안에 영적 거장은 바로 성령하나님이십니다.

이제 우리 모두가 속사람의 결박을 끊고 속사람 안에 심겨진 하나님의 능력으로 충만한 열매를 맺는 삶을 살기를 바랍니다. 주님이 원하시는 열매는 바로 우리 자신입니다.

우리의 영혼이 깨어나 강건한 생명으로 충만해지는 것이 주님이 원하는 열매입니다. 이것은 곧 우리의 생각이 주님의 뜻과 말씀에 맞추어지고, 주님의 인격을 닮은 사람으로 되어가는 것입니다. 주님께 드릴 인격의 열매가 곧 성령의 열매입니다.

"오직 성령의 열매는 사랑과 희락과 화평과 오래 참음과 자비와 양선과 충성과 온유와 절제니 이같은 것을 금지할 법이 없느니라"(갈 5:22-23)

성령님께서 우리 안에 내주하시면 우리를 거룩하게 하시고 하나님 사랑으로 충만하게 하십니다. 교회를 오래 다니고 예수님을 오래 믿었는데도 그 인격에 변화가 없는 것은 심각한 문제입니다.

성령의 열매는 9가지가 나오지만 헬라어 원문에 보면 열매라는 단어는 복수가 아니라 단수입니다. 이것은 9가지 '열매'들이 모두 예수님의 인격(성품)이라는 한 가지 열매를 지향하는 것임을 시사해 줍니다.

하나님께서 원하시는 것은 어떤 상황에서든지 예수님의 성품, 즉 성령의 열매를 재생산해서 다른 사람들에게 하나님 자신의 모습을 나타내도록 하는 것입니다. 힘들게 하는 사람도 사랑하고, 괴로운 상황에서도 기뻐할 수 있고, 슬픈 경우에도 화평을 유지하고, 고난 가운데에도 참고, 사람들에게 자비와 양선을 베풀고, 내 감정이나 환경에 관계없이 충성하고, 사람들을 한결같이 부드럽게 대하고, 자기 자신의 탐욕을 절제하는 것, 그것이 주님이 받기 원하시는 열매입니다.

우리는 또 우리 입술로 찬송의 열매를 맺어야 합니다. 성경은 분명 우리의 입술에 열매가 있다고 말합니다.

"사람은 입에서 나오는 열매로 말미암아 배부르게 되나니 곧 그의 입술에서 나는 것으로 말미암아 만족하게 되느니라 죽고 사는 것이 혀의 힘에 달렸나니 혀를 쓰기 좋아하는 자는 혀의 열매를 먹으리라"(잠 18:20-21)

여호와 하나님은 입술의 열매를 창조하는 분이십니다(사 57:19). 하나님께서 가장 기뻐하시는 입술의 열매가 무엇일까요? 그것은 바로 찬송과 감사의 열매입니다.

"그러므로 우리는 예수로 말미암아 항상 찬송의 제사를 하나님께 드리자 이는 그 이름을 증언하는 입술의 열매니라"(히 13:15)

우리에게 아픔과 괴로움이 있어도 하나님께 감사와 찬송의 입술로 열매를 맺어야 합니다. 우리가 고난 가운데에도 하나님께 감사하고 찬송할 때 하나님은 고난을 역전시켜주시고 몇 곱절의 큰 복을 부어주실 것입니다.

마지막으로 성경이 말하는 중요한 열매는 바로 제자의 열매입니다. 예수님께서 부활하시고 승천하시면서 마지막으로 부탁하신 지상명령이 바로 제자 삼으라는 것이었습니다.

"예수께서 나아와 말씀하여 이르시되 하늘과 땅의 모든 권세를 내게 주셨으니 그러므로 너희는 가서 모든 민족을 제자로 삼아 아버지와 아들과 성령의 이름으로 세례를 베풀고 내가 너희에게 분부한 모든 것을 가르쳐 지키게 하라 볼지어다 내가 세상 끝날까지 너희와 항상 함께 있으리라 하시니라"(마 28:18-20)

우리가 예수님을 사랑한다면 예수님의 양을 치고 먹이는 사명을 감당해야 합니다. 우리가 인내 가운데 재생산의 열매를 위해 기도하고 헌신하면 하나님께서 반드시 큰 상급을 부어주십니다.

"내 형제들아 너희 중에 미혹되어 진리를 떠난 자를 누가 돌아서게 하면 너희가 알 것은 죄인을 미혹된 길에서 돌아서게 하는 자가 그의 영혼을 사망에서 구원할 것이며 허다한 죄를 덮을 것임이라"(약 5:19-20)

"지혜 있는 자는 궁창의 빛과 같이 빛날 것이요 많은 사람을 옳은 데로 돌아오게 한 자는 별과 같이 영원토록 빛나리라"(단 12:3)

우리는 하나님의 능력으로 속사람을 치료받아 충만한 열매를 맺는 삶을 살아야 합니다.

우리 안에는 우리가 알지 못하는 내가 있습니다.

철저히 어둡고 절망스러운 옛사람도 있고, 성령으로 말미암아 무엇이든지 할 수 있는 영적 거장도 있습니다.

우리는 우리의 숨은 사람에 집중하고 숨은 사람의 모습을 직면해서 보아야 합니다. 그리고 모든 연약하고 어두운 속사람을 가지고 십자가 앞에 나아가 못 박고 절망적인 속사람을 완전히 치료하고 완전한 새 삶을 누리게 하실 예수 그리스도를 의지해야 합니다.

이 시간 우리 모두가 자신 안에 숨어있는 옛사람은 철저히 십자가에 못 박고, 예수 그리스도를 의지함으로 자신 속의 영적 거장을 깨워서 충만한 열매를 맺는 삶을 살되, 성령의 열매, 찬송의 열매, 제자의 열매를 충만히 맺는 능력의 삶을 살기를 주 예수님의 이름으로 축원합니다.

〈주님과 동행하는 기쁨 나누기〉

1. 겉사람과 속사람의 특성이 아래에 기록돼 있습니다.

(　　) 안에 맞는 단어는 무엇입니까?

(1) 겉사람이 세상 풍조를 따르면서 삶의 (　　)을 결정짓는다면 속사람은 인생의 (　　) 세계를 결정짓습니다.

인생의 진정한 행복을 결정짓는 것은 겉사람이 아니라 속사람입니다.

● 사람의 마음 상태를 결정짓고, 결정된 마음 상태로 인생 전체를 이끌고 가는 사람은 누구입니까?

(2) (　　)은 형통하고 평안할 때는 잘 드러나지 않지만, (　　)의 순간에 그 진면모를 드러냅니다.

겉사람으로 하는 예배와 기도는 영적 생활이 아니라 종교 생활이며, 자기 의를 드러내는 생활에 그칠 수밖에 없습니다.

● 우리의 속사람을 강건하게 하며 하나님을 섬기기 위해 어떻게 합니까?

(3) 속사람의 치료의 결과는 충만한 (　　)로 나타납니다.

하나님은 태초에 우리를 창조하셨을 때 우리 영혼 깊은 곳에 번성할 축복, 다스릴 지혜, 정복할 권세를 부여하셨습니다.

- 우리가 그처럼 살고 있지 못한다면 그 이유는 무엇일까요?

2. 아래 성구를 보고 당신의 삶에 일어난 일을 나누십시오.

(1) 로마서 5장 3,4절 – "다만 이뿐 아니라 우리가 환난 중에도 즐거워하나니 이는 환난은 인내를, 인내는 연단을, 연단은 소망을 이루는 줄 앎이로다"

(2) 고린도후서 4장 16절 – "그러므로 우리가 낙심하지 아니하노니 우리의 겉사람은 낡아지나 우리의 속사람은 날로 새로워지도다"

(3) 창세기 1장 28절 – "하나님이 그들에게 복을 주시며 하나님이 그들에게 이르시되 생육하고 번성하여 땅에 충만하라, 땅을 정복하라, 바다의 물고기와 하늘의 새와 땅에 움직이는 모든 생물을 다스리라 하시니라"

3. 아래 성구의 (　　)에 맞는 단어를 넣고 암송합시다.

"너는 내게 부르짖으라 내가 네게 (　　)하겠고 네가 알지 못하는 크고 (　　)한 일을 네게 보이리라"(렘 33:3)

3. 주님의 말씀 깨닫기 전

작사/작곡 이 순 희
♩ = 80
주 님 의 말 씀 깨 닫 기 전 내 가 살 았 더 니 주 님 의
말 씀 깨 달 은 후 죄 는 살 아 나 고 나
는 죽 었 도 다 선 을 행 하 기 원 하 는 나 선 을 행
할 능 력 없 네 내 안 에 두 가 지 법 이 있 는 것
을 깨 달 았 네 내 속 사 람 은 하 나 님
의 법 을 즐 거 워 하 지 만 내 지 체 속 에 한
다 른 법 이 내 마 음 의 법 과 싸 워 내 지 체 속 에 있 는
죄 의 법 으 로 사 로 잡 는 것 을 보 는 도 다
오 난 곤 고 한 사 람 이 로 다 이 사 망 의 몸 에 서
누 가 나 를 건 져 내 랴 오 직 주 님 만 이
나 를 건 져 내 리 주 안 에 서 자 유 하 리

제4장

아픔을 느끼지 못하는 굳은 마음을 치료하는 복음

마태복음 11장 16-17절

"이 세대를 무엇으로 비유할까 비유하건대 아이들이 장터에 앉아 제 동무를 불러 이르되 우리가 너희를 향하여 피리를 불어도 너희가 춤추지 않고 우리가 슬피 울어도 너희가 가슴을 치지 아니하였다 함과 같도다"

4
아픔을 느끼지 못하는 굳은 마음을 치료하는 복음

'통증'은 아픔을 느끼는 감각입니다.

사람의 신체는 외부에서 들어오는 모든 통증을 감지하여 어떤 메시지를 부여하고, 메시지에 따라서 통증을 선별하여 뇌로 전달합니다.

그런데 통증이 반드시 외부 자극에 의해서만 이루어지는 것은 아닙니다. 외부 자극이 전혀 없는데도 통증을 느낄 수 있습니다. 예를 들면 하지의 통증으로 인해 다리를 절단한 환자는 이제 더 이상 다리로 말미암은 고통을 느끼지 않을 것 같지만, 수술이 끝난 후에도 통증은 그의 기억 속에 여전히 남아 있어서 이미 없어진 다리가 느끼는 통증을 그대로 느끼는 경우도 있습니다.

이렇게 통증은 외부의 충격적인 자극과 내면적 기억의 반응에 의해 형성되는 것이라고 할 수 있습니다. 대부분의 사람들은 통증을 싫어합니다. 그래서 조금만 아프면 아프지 않기 위해 재빠르게 진통제를 투여합니다. 산모들은 출산의 고통을 줄이기 위해 무통주사를 맞기도 합니다. 사람들은 할 수만 있다면 아픔을 피하려고 합니다.

하지만 통증이 주는 유익도 있습니다.

통증은 우리 신체에 적절한 불쾌감을 조성하여 우리 신체가 위험한 상태에 더 이상 머물지 못하도록 움직이게 하는 경고자의 역할을 합니다. 또 통증은 우리의 내면세계를 반영하는 창문의 역할을 합니다. 우리 신체가 느끼는 고통은 우리 내면의 외로움, 우울, 분노, 두려움과 밀접하게 관계되어 있습니다. 그래서 마음이 즐거우면 몸도 아프지 않고, 마음이 아프면 몸도 아프게 되는 경우가 많습니다. 또 몸이 아파도 마음이 강건하면 그 아픔을 넉넉히 이겨내기도 합니다.

"마음의 즐거움은 양약이라도 심령의 근심은 뼈를 마르게 하느니라"(잠 17:22)

"사람의 심령은 그의 병을 능히 이기려니와 심령이 상하면 그것을 누가 일으키겠느냐"(잠 18:14)

이렇게 통증은 우리 신체가 새로운 도약을 이룰 수 있게 하는 계기가 됩니다. 치아가 아프다고 느껴지면 치과를 찾게 되고, 배가 아프다고 느껴지면 내과를 찾게 되듯이, 통증이 느껴질 때 사람들은 문제점을 인식하고 적극적으로 개선하려는 행동을 취하게 됩니다.

통증을 느끼지 못하는 병에는 CIPA(선천성 무통각증 및 무한증)이나 한센병 등이 있습니다. 통증을 느끼지 못하는 병에 걸리면 위기에 적절히 대응할 수가 없습니다. 음식을 먹다가 실수로 혓바닥이나 입안의 살을 씹어도 감각이 없기에 계속해서 자기 혓바닥이나 자기 살을 씹어 먹게 되기도 하고, 화상을 입는 줄도 모르고 자신을 계속 위험에 방치하기도 합니다. 그래서 통증을 느끼지 못하는 병에 걸린 사람들은 대개 25세 이전에 사망하게 된다고 합니다. 무엇보다도 통증을 느끼지 못하면 통증을 느끼는 다른 사람들을 이해할 수가 없어서 공감하지 못하고 건강한 인간관계를 형성하지 못합니다.

그런데 육체적으로 통증을 느끼지 못하는 병에 걸리는 것보다 더 심각한 병이 바로 마음의 통증을 느끼지 못하는 병에 걸리는 것입니다.

마음의 통증을 느끼지 못하는 사람들은 마음의 아픔을 느끼지 못합니다. 영혼의 답답함이나 마음의 괴로움을 느끼지 못합니다. 뿐만 아니라 마음의 통증을 느끼지 못하는 사람들은 기쁨이나 감사도 느끼지 못합니다. 사랑을 받아도 사랑을 느끼지 못하고 아름다운 자연을 봐도 감탄하지 못하며, 행복한 일이 생겨도 행복을 느끼지 못합니다. 마음이 굳고 완고해짐으로 마음의 감각을 잃어버렸기 때문입니다.

예수님은 현 세대가 마음의 감각을 잃어버렸다고 탄식하셨습니다. 피리를 불어도 춤추지 않고 슬피 울어도 가슴을 치지 않는 죽은 마음의 세대가 이 세대라고 하셨습니다.

> "이 세대를 무엇으로 비유할까 비유하건대 아이들이 장터에 앉아 제 동무를 불러 이르되 우리가 너희를 향하여 피리를 불어도 너희가 춤추지 않고 우리가 슬피 울어도 너희가 가슴을 치지 아니하였다 함과 같도다"(마 11:16-17)

우리의 마음은 어떻습니까?

우리의 마음은 기쁠 때 기뻐하고, 슬플 때 슬퍼할 수 있습니까? 아플 때 아파하고, 울 때 울 수 있습니까?

그렇다면 영혼이 건강한 사람입니다.

그러나 현대의 많은 사람들이 진실한 웃음을 잃어버리고 정직한 눈물을 잃어버린 채 감각을 느끼지 못하는(한센병) 환자처럼 살아갑니다.

웃고 싶어서 개그 프로그램을 보고, 유흥가를 기웃거려도 잠시 잠깐의 허탄한 웃음에 머물 뿐입니다. 눈물을 흘리고 싶어서 슬픈 영화를 보고 슬픈 음악을 들어도 영혼 깊은 곳에 감추인 아픔은 끄집어내지 못합니다. 마음의 감각을 잃어버려서 자기 영혼이 얼마나 심각하게 죽어가고 있는지 알지도 못한 채 안일함에 빠져서 살아가는 사람들도 많습니다. 자기 마음은 시기, 미움, 다툼, 질투, 원망, 교만으로 더럽혀져 있으면서 깨닫지 못하고 스스로를 의롭다고 여기는 사람들도 많습니다. 마음이 무감각해져서 자신의 참다운 내면세계를 볼 수 있는 힘을 잃어버렸기 때문입니다.

> "그들이 평안하다, 안전하다 할 그 때에 임신한 여자에게 해산의 고통이 이름과 같이 멸망이 갑자기 그들에게 이르리니 결코 피하지 못하리라 형제들아 너희는 어둠에 있지 아니하매 그 날이 도둑 같이 너희에게 임하지 못하리니 너희는 다 빛의 아들이요 낮의 아들이라 우리가 밤이나 어둠에 속하지 아니하나니 그러므로 우리는 다른 이들과 같이 자지 말고 오직 깨어 정신을 차릴지라"(살전 5:3-6)

마음의 통증을 잃어버린 사람들은 자기 영혼이 죽어가는 것을 알지 못합니다. 그래서 자기 영혼이 지옥으로 달려가는 것을 깨닫지 못하고 위기의식을 느끼지 못합니다. 그러기에 하나님은 사랑하는 자녀들에게 때때로 찌르는 가시와 같은 고난을 허락해서라도 마음의 통증을 느끼게 하고, 위기의식을 느끼도록 허락하십니다. 일시적인 아픔을 허락해서라도 영원한 아픔을 피하게 하시려는 것입니다.

> "고난 당한 것이 내게 유익이라 이로 말미암아 내가 주의 율례들을 배우게

되었나이다"(시 119:71)

"사람이 흑암과 사망의 그늘에 앉으며 곤고와 쇠사슬에 매임은 하나님의 말씀을 거역하며 지존자의 뜻을 멸시함이라 그러므로 그가 고통을 주어 그들의 마음을 겸손하게 하셨으니 그들이 엎드러져도 돕는 자가 없었도다 이에 그들이 그 환난 중에 여호와께 부르짖으매 그들의 고통에서 구원하시되 흑암과 사망의 그늘에서 인도하여 내시고 그들의 얽어 맨 줄을 끊으셨도다"(시 107:10-14)

마음의 통증을 잃어버려서 자기 상태를 인식하지 못하는 것보다 고난을 당해 상한 마음으로라도 하나님께 가까이 가는 것이 유익합니다.

"여호와(하나님)는 마음이 상한 자를 가까이 하시고 충심으로 통회하는 자를 구원하시는도다"(시 34:18)

"하나님께서 구하시는 제사는 상한 심령이라 하나님이여 상하고 통회하는 마음을 주께서 멸시하지 아니하시리이다"(시 51:17)

하나님이 허락하신 가시로 말미암은 통증은 우리의 마음 가죽을 베게 하고 하나님의 능력을 받게 합니다. 그래서 사도 바울은 너무 자고하지 않도록 허락하신 육체의 가시에 대하여 도리어 기뻐하며 하나님의 은혜에 감사했습니다.

"여러 계시를 받은 것이 지극히 크므로 너무 자만하지 않게 하시려고 내 육체에 가시 곧 사탄의 사자를 주셨으니 이는 나를 쳐서 너무 자만하지 않게 하려 하심이라 이것이 내게서 떠나가게 하기 위하여 내가 세 번 주께 간구하였더니 나에게 이르시기를 내 은혜가 네게 족하도다 이는 내 능력이 약한 데서 온전하여짐이라 하신지라 그러므로 도리어 크게 기뻐함으로 나의 여러 약한 것들에 대하여 자랑하리니 이는 그리스도의 능력이 내게 머물게 하려 함이라 그러므로 내가 그리스도를 위하여 약한 것들과 능욕과 궁핍과 박해와 곤고를 기뻐하노니 이는 내가 약한 그 때에 강함이라" (고후 12:7-10)

우리 주님은 "마음이 완악한 자는 듣기는 들어도 깨닫지 못하고 보기는 보아도 알지 못한다"라고 말씀하십니다.

"이사야의 예언이 그들에게 이루어졌으니 일렀으되 너희가 듣기는 들어도 깨닫지 못할 것이요 보기는 보아도 알지 못하리라 이 백성들의 마음이 완악하여져서 그 귀는 듣기에 둔하고 눈은 감았으니 이는 눈으로 보고 귀로 듣고 마음으로 깨달아 돌이켜 내게 고침을 받을까 두려워함이라 하였느니라 그러나 너희 눈은 봄으로, 너희 귀는 들음으로 복이 있도다"(마 13:14-16)

그렇다면 마음의 통증을 잃어버리고 마음이 굳어지는 이유는 무엇일까요?

일반적으로 사람이 마음의 통증을 잃어버리는 이유는 상처와 욕심 때문입니다.

마음의 통증을 잃어버리는 이유

1. 과도한 상처가 마음의 통증을 상실하게 만듭니다.

사람은 누구나 어린 시절부터 크고 작은 상처를 받으며 성장합니다. 장성한 후에도 끊임없이 상처를 주고받으며 살아갑니다.

그런데 상처를 다루는 태도는 사람마다 다릅니다.

어떤 사람은 상처를 극복하고 성숙해집니다. 하지만 어떤 사람은 상처에 묶여서 일평생을 고통 가운데 살아갑니다. 극복된 상처는 인생의 큰 가르침을 주고 성장의 기회가 됩니다. 하지만 감당하지 못하고 이겨내지 못한 상처는 마음을 굳어지게 합니다. 아무리 부드러운 흙길이라도 사람들이 자꾸만 걸어 다니면 딱딱한 길이 되듯이 부드러웠던 마음이 이겨내지 못하는 상처의 반복으로 인해 굳어지는 것입니다. 이길 수 없는 상처를 너무 많이 받은 사람들은 마음이 굳어져서 상처에 무감각해집니다. 너무 아파서 아프지 않은 마음이 되어버리는 것입니다.

너무 아파서 아프지 않은 마음은 민모션증후군에 잘 빠집니다. 민모션증후군(Minmotion Syndrome)은 울고 싶어도 시원하게 소리 내어 울지 못하는 증후군입니다. 마음이 많이 슬퍼 울고 싶을 때 소리 내지 못하고 입술을 깨물거나 손으로 입을 막는 행동으로 자신의 울음소리를 들키지 않으려는 심리 상태의 한 현상입니다.

당신은 민모션증후군에 빠진 적이 있습니까?

영국의 정신과 의사 헨리 모즐리[1)]는 "슬플 때 울지 않으면 다른 장기가 대신 운다"라고 했습니다. 상처로 굳어진 마음이 울지 못하고 자기감정을 억누를 때에 영혼이 손상된다는 말입니다.

영혼이 건강한 사람은 감정을 건강하게 잘 표출합니다.

미국 피츠버그대학교 연구팀의 조사 결과에 의하면 건강한 사람과 위궤양을 앓는 남녀 173명을 조사한 결과 건강한 사람이 슬플 때 더 잘 운다는 것을 밝혔다고 합니다. 또한 동맥경화증 환자도 소리 내어 우는 사람일수록 심장마비 발병률이 낮다고 합니다. 곪은 상처는 터뜨려야 낫듯이, 숨은 상처는 드러내야 고쳐집니다.

그런데 몸에 난 상처보다 마음에 난 상처가 더 오래가고 고치기 힘듭니다. 몸에 난 상처는 시간이 지나면 아물면서 딱지가 생기고 떨어지는 과정을 통해 치유됩니다. 일반적인 경우에 사람들은 몸에 상처가 나면 다시 건드려서 덧나지 않게 하고 잘 소독하며 약을 바르고, 밴드나 거즈로 안전하게 감싸기도 합니다. 적절한 조치를 제때 하는 것입니다. 그러나 마음의 상처는 제때 대응하지 못하기 때문에 마음의 상처를 고치는 것은 쉬운 일이 아닙니다.

많은 사람들이 마음의 상처를 제때 인지하지 못하고 자기도 모르는 사이에 무의식의 세계로 밀어 넣어 버립니다. 그리고 자기 의지와 상관없이 의식 속으로 뛰쳐나오는 상처로 인해 고통당하며 살아갑니다. 굳어진 마음 때문에 상처를 표출시키지도 못하고 계속해서 속이 썩어 들어가는 삶을 살게 됩니다.

우리는 지혜와 계시의 영을 받아서 마음의 문을 열고 말씀의 거울에 비추어 자신의 내면세계를 볼 수 있어야 합니다.

'착한 사람 콤플렉스'라는 증후군이 있습니다.

영어로는 'Good Boy Syndrome'이라고 하는데 이런 증후군을 가진 사람들은 어려서부터 "참 착하다, 넌 착한 사람이야"라는 말을 듣고 싶어서 자신의 진짜 본심을 숨기고 억압하는 심리적인 유형의 사람들입니다.

무조건 착하게 말하고 행동해야 좋은 것이고, 그리고 내 마음을 있는 그대로 표현하고 착하지 못하게 말하는 것은 나쁜 것이라는 인식이 있다 보니 이런 유형의 사람들은 '착하지 않으면 버림받을 거야'라고 생각하는 경향이 있습니다.

계속해서 자신의 소망이나 욕구들을 억압하다 보니 나중에는 진짜로 자신이 원하는 것이 무엇인지 알 수 없게 되고 내면은 위축되고 어두운 우울감으로 가득 차게 됩니다.

"화 있을진저 외식하는 서기관들과 바리새인들이여 잔과 대접의 겉은 깨끗이 하되 그 안에는 탐욕과 방탕으로 가득하게 하는도다 눈 먼 바리새인이여 너는 먼저 안을 깨끗이 하라 그리하면 겉도 깨끗하리라 화 있을진저 외식하는 서기관들과 바리새인들이여 회칠한 무덤 같으니 겉으로는 아름답게 보이나 그 안에는 죽은 사람의 뼈와 모든 더러운 것이 가득하도다 이와 같이 너희도 겉으로는 사람에게 옳게 보이되 안으로는 외식과 불법이 가득하도다"(마 23:25-28)

표출시키지 못하고 무의식 세계로 밀어 넣은 상처는 계속해서 자아에 의해 부풀려지게 됩니다. 정작 사건은 별로 큰 일이 아닌데, 무의식 세계에서 상처를 부풀려가는 것입니다. 누군가가 자신을 향해 인사를 하지 않고 지나가는 일을 경험한 후에 잠시 섭섭한 마음이 들었는데 그 섭섭한 마음을 무의식 세계에 밀어 넣으면 자신이 엄청나게 큰 모욕과 수치를 당한 것과 같은 감정이 느껴지게 되는 것입니다.

굳은 마음을 치료받기 위해서 우리는 상처로 인해 굳어진 마음을 깨뜨리고 아픔을 표출해야 합니다.

"애통하는 자는 복이 있나니 그들이 위로를 받을 것임이요"(마 5:4)

우리는 아픔을 표출하며 애통할 줄 알아야 합니다.

'애통하다'는 헬라어로 '펜데오(πενθέω)'입니다. 이는 '슬퍼하다, 근심하다, 애통하다'를 뜻하며, 슬픔의 여러 가지 양상을 포함하고 있습니다. 일반적으로 '펜데오'는 죽은 자를 위하여 애곡하는 것에 대해 사용된 말로서 애통을 표현하는 헬라어 중 가장 강한 말입니다.

기원전 300년에 헬라어로 번역된 구약성경인 70인 역에 보면, 야곱이 자기 아들 요셉이 죽은 것으로 믿고 슬퍼할 때 '펜데오'가 사용되었습니다.

야곱이 열두 아들 가운데서 가장 사랑한 아들 요셉이 하루아침에 행방불명이 되었습니다. 도무지 소식을 알 수가 없습니다. 죽은 것이 틀림없다고 생각했습니다. 생각이 여기까지 미치게 되자 늙은 아버지 야곱은 옷을 갈기갈기 찢고, 허리에 굵은 베를 두르고, 땅을 치면서 식음을 전폐하고, 날마다 통곡했습니다.

이 통곡과 슬픔이 '펜데오'라는 것입니다.

따라서 예수님이 말씀하고 계시는 애통은 마치 죽은 자에 대해 애통하는 것과 같은 깊고도 격심한 비통을 의미합니다. 우리는 하나님 앞에 우리의 모든 숨은 상처를 드러내고 애통해야 합니다. 자신의 죄에 대해 애통하고, 하나님의 뜻을 이루기 위해 애통해야 합니다.

하나님의 사랑은 무조건적인 사랑입니다.

그 속에는 조건도 없고 결핍도 없습니다. 완전하신 사랑입니다. 그리고 전폭적인 사랑입니다. 그러나 사랑에 대해서 온전히 이해하지 못하고, 내가 사랑받을 자격이 있는 사람이라는 것을 깨닫지 못하는 사람은 하나님을 믿고 있어도 믿는 것 같지 않고, 하나님께 사랑받고 있어도 사랑받는 것처럼 느껴지지 않을 수 있습니다.

그럴 때에 무조건 나를 정죄하기보다는 내 안에 상한 감정, 상처가 있다는 것을 깨닫고 하나님께 진실한 마음으로 나아가 통회하고 자복하여 상한 감정을 치유받아야 합니다.

데이비드 씨맨즈[2)]는 이런 상한 감정을 치유받기 위해서는 "반드시 하나님이 나를 치료하신다라는 믿음을 가지고 있어야 한다"라고 합니다. 그리고 기억하고 싶지 않은 모든 과거의 아픈 기억들을 대면하여 그 상황 속에서도 나의 책임이 있었다는 것을 인정해야 합니다. 빠른 인정은 빠른 치유로 나아갑니다.

당신의 기억 속에 아직도 쓰라리고 슬프고 고통스러운 기억이 있다면 그 기억을 묶고 있는 상처를 치료받으시기 바랍니다.

치료는 지성적 차원의 치료, 감성적 차원의 치료, 영적 차원의 치료로 나누어 생각해 볼 수 있습니다. 이 세 가지는 동시에 이루어질 수도 있고 순차적으로 이루어질 수도 있습니다. 이것은 머리로는 이해되고 마음은 괜찮아도 영은 아직 해결이 안 되고 풀리지 않아 여전히 그 상처에 묶여있을 수 있다는 말입니다. 말로는 괜찮다고 하는데, 머리로는 이해가 되는데, 마음도 시간이 지남에 따라 괜찮아진 것 같은데 영혼이 자신도 모르게 묶여있을 수 있다는 것입니다.

그런 경우에 무의식 세계에서 우리를 조종하는 악한 영에게 휘둘리며 살아가게 됩니다. 그러므로 우리는 무의식 세계까지 하나님께 내어놓고 상처를 치료받아야 합니다.

> "하나님이여 나를 살피사 내 마음을 아시며 나를 시험하사 내 뜻을 아옵소서 내게 무슨 악한 행위가 있나 보시고 나를 영원한 길로 인도하소서"(시 139:23-24)
>
> "주의 얼굴을 내 죄에서 돌이키시고 내 모든 죄악을 지워 주소서 하나님이여 내 속에 정한 마음을 창조하시고 내 안에 정직한 영을 새롭게 하소서 나를 주 앞에서 쫓아내지 마시며 주의 성령을 내게서 거두지 마소서 주의 구원의 즐거움을 내게 회복시켜 주시고 자원하는 심령을 주사 나를 붙드소서"(시 51:9-12)

우리는 영혼의 밀실에 밀어 넣은 모든 상처를 내어놓고 하나님께 가까이 나아가서 애통해야 합니다. 우리의 고통과 아픔과 죄를 직면하지 않는 이상 우리에게 진정한 회복과 치유는 일어나지 않습니다.

"눈물 젖은 빵을 먹어보지 않고는 인생을 논하지 말라"라는 말이 있습니다. 그런 의미에서 눈물을 통과하지 않은 신앙은 하나의 값싼 장식품에 지나지 않는다고 볼 수 있습니다.

애통은 우리의 신앙을 본질로 향하게 만듭니다.

눈물이 우리 신앙을 본질로 인도합니다.

눈물이 고인 눈에 십자가의 주님이 보입니다.

젖은 눈에 부활하신 주님의 영광이 나타납니다.

애통하는 심령은 우리를 찾아오시는 예수님의 발걸음 소리를 들을 수 있습니다.

우리의 신앙은 눈물을 먹고 자랍니다.

우리의 인격은 눈물의 골짜기를 통과하면서 성숙합니다. 그러므로 신앙생활이 무엇인가를 제대로 아는 사람은 눈물을 부정적으로 보지 않습니다. 애통을 무조건 싫은 것으로, 두려운 것으로 생각하지 않습니다.

"주께 힘을 얻고 그 마음에 시온의 대로가 있는 자는 복이 있나이다 그들이 눈물 골짜기로 지나갈 때에 그 곳에 많은 샘이 있을 것이며 이른 비가 복을 채워 주나이다 그들은 힘을 얻고 더 얻어 나아가 시온에서 하나님 앞에 각기 나타나리이다"(시 84:5-7)

"눈물을 흘리며 씨를 뿌리는 자는 기쁨으로 거두리로다 울며 씨를 뿌리러 나가는 자는 반드시 기쁨으로 그 곡식 단을 가지고 돌아오리로다"(시 126:5-6)

우리는 상처로 인해 굳어진 마음을 깨뜨리고 하나님 앞에 애통함으로 모든 마음의 상처를 치료받아야 합니다. 마음의 상처를 치료하시는 하나님은 드러낸 마음 위에 회복의 은혜를 부으십니다.

"나 여호와가 말하노라 내 손이 이 모든 것을 지었으므로 그들이 생겼느니라 무릇 마음이 가난하고 심령에 통회하며 내 말을 듣고 떠는 자 그 사람은 내가 돌보려니와"(사 66:2)

"오라 우리가 여호와께로 돌아가자 여호와께서 우리를 찢으셨으나 도로 낫게 하실 것이요 우리를 치셨으나 싸매어 주실 것임이라"(호 6:1)

2. 지나친 욕심이 마음의 통증을 상실하게 만듭니다.

감당할 수 없는 상처를 받은 마음도 굳어지지만 지나친 욕심을 내는 마음도 완고하게 굳어집니다.

욕심을 내는 마음은 언제나 자기 뜻대로 되지 않으면 불편해하고 분노를 냅니다. 엄밀한 의미에서 상처를 받는 것도 욕심으로 인해 만들어지는 경우가 많습니다. 자기가 원하는 방식으로, 자기가 원하는 때에 상대가 움직여주지 않거나 환경이 자기중심으로 돌아가지 않을 때 상처받는 것은 자기 욕심으로 인한 것입니다.

그런데 많은 사람들이 자기 욕심으로 인해 받은 상처, 자기 욕심으로 인해 굳어진 마음을 쉽게 깨닫지 못합니다. 그래서 줄곧 다른 사람을 탓하고, 환경을 탓하는 경우가 많습니다. 자기 잘못 때문에 생긴 상처이지만 다른 사람에게 책임을 떠넘기는 것이 더 쉬운 방법이기 때문입니다.

딴 곳에 신경 쓰다가 유리가 없는 줄 알고 뛰어가서 유리문에 정면으로 박치기를 한 다음에, "왜 유리를 이렇게 깨끗하게 닦아놓아서 유리가 있는지 없는지도 모르게 만든 거야!"라며 불평을 터뜨릴 수도 있는 것입니다.

마음의 상처도 마찬가지입니다.

자기 스스로 상처를 만들어놓고도 상대방을 비난하기도 합니다.

"사람이 시험을 받을 때에 내가 하나님께 시험을 받는다 하지 말지니 하나님은 악에게 시험을 받지도 아니하시고 친히 아무도 시험하지 아니하시느니라 오직 각 사람이 시험을 받는 것은 자기 욕심에 끌려 미혹됨이니 욕심이 잉태한즉 죄를 낳고 죄가 장성한즉 사망을 낳느니라"(약 1:13-15)

우리는 모든 문제의 원인을 자기 자신에게서 찾아내야 합니다. 자신을 피해자라고 생각했더라도 객관적인 눈으로 자신에게도 문제가 있지 않은지 살펴봐야 합니다. 사실 상처를 잘 받는 사람은 자기 틀이 강한 사람입니다.

자기 틀이 무엇입니까?

자기가 정해놓은 기준의 한계선입니다.

'난 이 정도는 사랑받아야 해, 난 이만큼은 존중받고 인정받아야 해. 난 이 정도는 소유하고 있어야 해'라고 생각하는 기준의 한계선이 틀입니다.

자기가 안고 있는 기준의 한계선과 하나님의 뜻이 충돌할 때 우리의 내면에는 욕심으로 인한 쓴 뿌리가 생길 수 있습니다.

존 오웬[3)]은 "한 사람이 어떤 사람인지 알아보려면 그 사람의 행동보다는 그 사람의 마음속에서 솟아나는 욕구를 살펴라. 그 사람의 욕구가 어떤 사람인지를 말해준다"라고 했습니다.

우리는 아무 일로 아무 사람에게나 상처받지 않습니다.

내가 중요하다고 생각하는 일, 중요하다고 생각하는 사람, 즉 내가 사랑하는 일, 사랑하는 사람에게서 상처를 받습니다. 왜냐하면 중요하게 생각한다는 것 자체가 나에게 큰 영향을 미치기 때문에 예민하게 반응하는 것입니다. 그래서 사랑하는 사람, 중요한 사람끼리는 기대수준이 높아지기 때문에 가장 사랑하는 사람이 우리를 가장 아프게 할 수 있는 사람이 되기도 합니다. 기대수준, 이것이 또 다른 형태의 틀입니다. 그러므로 우리는 우리의 욕심을 깨뜨리고 우리의 틀을 깨뜨려야 합니다.

"이는 내 생각이 너희의 생각과 다르며 내 길은 너희의 길과 다름이니라 여호와의 말씀이니라 이는 하늘이 땅보다 높음 같이 내 길은 너희의 길보다 높으며 내 생각은 너희의 생각보다 높음이니라"(사 55:8-9)

이러한 맥락에서 자아를 죽이는 것은 생각의 틀을 깨뜨린다는 말이 될 수 있습니다. 자아를 죽이는 것은 내가 정해놓았던 기준의 한계선을 넘어서서 하나님이 하시는 일을 인정하는 것입니다. 아무리 끔찍한 일을 겪었어도, 도저히 용납하지 못할 배신을 당했어도, 생각하기 싫은 고난을 겪었어도 그 모든 일이 나를 사랑하신 하나님께서 나를 훈련시키기 위해서 내게 허락하신 일이라는 것을 믿고 고백하는 것입니다.

말로만 고백하는 것이 아닙니다.

머리로만 이해하는 것이 아닙니다,

내 영혼이 이해하고 내 영혼이 고백하고 내 영혼이 그러한 일을 내게 행하신 하나님을 찬양하는 것입니다. 우리의 생각은 언제든지 변하고 퇴색될 수 있습니다. 그러므로 믿을 수 있는 것이 아닙니다.

"귀인들을 의지하지 말며 도울 힘이 없는 인생도 의지하지 말지니 그의 호흡이 끊어지면 흙으로 돌아가서 그 날에 그의 생각이 소멸하리로다"(시 146:3-4)

하나님은 모든 것을 합력하여 선을 이루십니다.

"우리가 알거니와 하나님을 사랑하는 자 곧 그의 뜻대로 부르심을 입은 자들에게는 모든 것이 합력하여 선을 이루느니라"(롬 8:28)

우리는 욕심으로 인해 만들어진 생각의 틀을 깨뜨리고 하나님만 바라봐야 합니다.

"내 영혼아 네가 어찌하여 낙심하며 어찌하여 내 속에서 불안해 하는가 너는 하나님께 소망을 두라 그가 나타나 도우심으로 말미암아 내가 여전히 찬송하리로다(시 42:5)
"여호와여 주께서 행하신 일이 어찌 그리 크신지요 주의 생각이 매우 깊으시니이다"(시 92:5)

심리학자 D. 슐츠(Duane P. Schultz)[4)]의 책「성장심리학(Growth Psychology)」에는 성숙한 인간, 현대인으로서 성숙한 인간의 특징에 대해 몇 가지로 설명하고 있습니다.

먼저 성숙한 인간은 무의식 속에서 살지 않고 항상 의식을 분명히 하고 자기 통제력을 가지고 있다고 했습니다.

생각이 없는 것은 죽은 것입니다.

우리는 생각을 잘 지키고 좋은 생각을 해야 합니다.

날마다 생각 속에서 나는 항상 밝은 의식 속에 살아갈 것이라는 의식으로 자신을 통제하며 살아야 합니다. 그리고 무의식중에도 하나님을 높여드리고 예수님의 마음을 품는 우리의 영혼이 되어야 합니다.

우리는 항상 오늘을 새로운 기회로 만들어야 합니다.

'고통스런 과거는 이미 지나갔다. 나는 그 과거에 집착하여 인생을 낭비하는 어리석음을 범하지 않을 것이다! 나는 쓸모가 없다는 생각은 절대로 하지 않을 것이다. 이 모든 것은 하나님의 섭리 가운데 있음을 믿고 모든 것을 합력하여 선을 이루어 주실 주님 안에서 나는 최선을 다해 살아갈 것이다!' 이렇게 다짐하고 항상 만족하는 삶을 살아야 합니다.

"내가 궁핍하므로 말하는 것이 아니니라 어떠한 형편에든지 나는 자족하기를 배웠노니 나는 비천에 처할 줄도 알고 풍부에 처할 줄도 알아 모든 일 곧 배부름과 배고픔과 풍부와 궁핍에도 처할 줄 아는 일체의 비결을 배웠노라 내게 능력 주시는 자 안에서 내가 모든 것을 할 수 있느니라"(빌 4:11-13)

우리는 구습을 따르는 옛사람을 벗어버리고 새사람을 입어야 합니다.

"너희는 유혹의 욕심을 따라 썩어져 가는 구습을 따르는 옛 사람을 벗어 버리고 오직 너희의 심령이 새롭게 되어 하나님을 따라 의와 진리의 거룩함으로 지으심을 받은 새 사람을 입으라"(엡 4:22-24)

"밤이 깊고 낮이 가까웠으니 그러므로 우리가 어둠의 일을 벗고 빛의 갑옷을 입자 낮에와 같이 단정히 행하고 방탕하거나 술 취하지 말며 음란하거나 호색하지 말며 다투거나 시기하지 말고 오직 주 예수 그리스도로 옷 입고 정욕을 위하여 육신의 일을 도모하지 말라"(롬 13:12-14)

성숙한 인간은 '이전 것은 지나갔다. 나는 새로운 피조물이 되었다. 그러기에 과거에 매이지 않을 것이다! 과거에 매여 시간을 낭비할 수는 없다! 오늘 내가 할 일이 있다. 그리고 이 시점이 가장 중요한 시점이다'라고 생각하며 의미 있는 방향으로 최선을 다해 사는 사람입니다.

"그런즉 누구든지 그리스도 안에 있으면 새로운 피조물이라 이전 것은 지나갔으니 보라 새 것이 되었도다"(고후 5:17)

우리는 이러한 성숙한 삶을 살기 위해 자기 욕심의 틀을 깨뜨려야 합니다. 또 우리는 내가 경험했다고 여겨지는 것이 사실이 아닐 수도 있다는 점을 늘 감안해보아야 합니다. 언제나 내가 보고 듣고 판단한 것이 틀릴 수 있다는 생각을 해야 합니다. 자기 실수를 인정하지 않는 유연함이 없는 마음은 굳어지기 쉽습니다.

"사람의 행위가 자기 보기에는 모두 깨끗하여도 여호와는 심령을 감찰하시느니라"(잠 16:2)

"어떤 길은 사람이 보기에 바르나 필경은 사망의 길이니라"(잠 14:12)

2010년 12월 22일 새벽 5시쯤, 주택가 골목에서 등산 모자를 쓴 한 남자가 주변에 지나가는 사람이 없는지 두리번거리다가 어떤 집 앞으로 다가갔습니다.

이 남자는 무언가를 내려놓고 유유히 사라졌습니다. 놀랍게도 이 남자가 대문 앞에 놓고 간 것은 사람의 배설물이었습니다. 주택가에 설치된 CCTV에 촬영된 이 남자는 25세의 장 모 씨였습니다. 그리고 그가 인분을 놓고 갔던 집은 장 씨의 초등학교 여동창생인 김 모 씨가 살고 있는 곳이었습니다. 장 씨의 주장에 따르면, 7년 전 시내에서 걸어가다가 우연히 마주친 김 씨가 자신에게 아무런 이유 없이 '개○○'라고 욕을 했다고 합니다.

이에 앙심을 품고 있던 장 씨는 2010년 9월부터 12월까지 4개월 동안 김 씨를 위협했습니다. 새벽에 김 씨의 집 거실 창문에 돌을 던져서 유리를 깨고, 붉은 글씨로 'SEX'라는 단어를 집 담벼락에 적었습니다. 60여 차례에 걸쳐 새벽 3~5시쯤 공중전화를 이용해 김 씨의 휴대전화에 전화한 뒤 아무 말 없이 수화기만 들고 있기도 하고, 대문 앞의 하수구 뚜껑을 열어 사람이 빠질 수 있게 만들어놓기도 했습니다. 집 대문과 직장 출입문을 자전거용 자물쇠로 밖에서 잠가놓는 방식으로 김 씨와 가족들을 괴롭히기도 했습니다.

누가 왜 이런 짓을 자신들에게 하는지 몰랐던 김 씨와 가족들은 모자 쓴 사람만 보아도 두려움을 느낄 정도로 상당한 정신적 피해를 받았습니다.

2011년 1월 25일 장 씨는 폭력 행위 등 처벌에 관한 법률 위반 혐의로 경찰에 구속되었습니다. 흥미로운 점은 이런 짓을 저지른 장 씨가 어떤 정신 병력을 가지고 있었던 것도 아니고, 경찰의 수사 과정에서도 아무런 정신적 문제를 드러내지 않았다는 것입니다. 또한 장 씨와 김 씨의 기억은 완전히 다른 것으로 나타났습니다. 김 씨에 따르면, 자신은 CCTV에 나오는 장 씨를 처음 보았을 때 누구인지도 몰랐다고 합니다. 사건이 진전되면서, 확인 과정을 통해 장 씨가 자신의 초등학교 동창이라는 사실을 알게 되었을 뿐이라는 것입니다. 그리고 김 씨에 따르면, 자신이 장 씨에게 욕을 한 적도 없다는 것입니다.

과연 정신질환을 앓고 있지도 않은 사람이 상대방은 기억하지도 못하는 일 때문에 마음에 상처를 받고, 7년이 지난 후까지 화가 풀리지 않아 상대방에게 복수를 하고 싶은 마음이 들 수 있을까요?

우리는 우리 자신을 믿어서는 안됩니다.

우리는 언제나 잘못 볼 수 있고, 잘못 들을 수 있고, 잘못된 판단을 할 수 있으며, 왜곡된 생각을 할 수 있는 불완전한 존재입니다. 우리의 내면 깊은 곳에 거하는 우리의 욕심은 언제나 교만한 마음과 악한 행실을 만들어냅니다. 교만한 마음은 언제나 딱딱하고 견고한 자세로 남을 판단하고 정죄하며 자기 자신을 돌아보지 않습니다. 그래서 자기중심적으로 생각하고 결정짓게 합니다.

또 욕심이 만들어낸 악한 행실은 우리의 양심이 무디어

지도록 합니다. 처음 죄를 저지를 때는 두렵기도 하고 마음에 갈등이 일어나기도 합니다. 그러나 그 죄를 여러 번 반복하다 보면 죄에 대해서 무감각해집니다. 결국 양심에 화인 맞은 사람, 곧 양심이 무디어지고 죽은 사람이 됩니다. 가인의 후예들 중 라멕이 대표적이라 할 것입니다. 가인의 육대손인 라멕은 이렇게 노래했습니다.

> "라멕이 아내들에게 이르되 아다와 씰라여 내 목소리를 들으라 라멕의 아내들이여 내 말을 들으라 나의 상처로 말미암아 내가 사람을 죽였고 나의 상함으로 말미암아 소년을 죽였도다 가인을 위하여는 벌이 칠 배일진대 라멕을 위하여는 벌이 칠십칠 배이리로다 하였더라"(창 4:23-24)

우리는 너무 아파서 아프지 않은 우리의 마음을 치료받기 위해 마음의 문을 활짝 열고 우리의 내면 깊은 곳에 도사리고 있는 무서운 죄악의 현실에 직면해야 합니다. 내가 받은 상처도 있지만, 내가 만든 상처도 있음을 직면하고 자기 힘으로 어찌할 수 없는 죄성에 탄식해야 합니다.

인생의 문제는 깨달음의 문제입니다.

무감각하게 만들고, 오염되고 감염되었다는 것을 인식하지 못하게 하는 것은 죄입니다. 상처와 죄로 인해 무감각해지고 왜곡되어 버린 감성과 인격은 죄에 대해서도 무감각하게 만들어 결국 감사불감증을 만들어냅니다. 내가 하는 행동이 얼마나 심각하고 영적으로 고통스러운 행동인지 깨닫지 못하는 죄악을 만들어냅니다.

그렇기 때문에 우리는 이 시간 빨리 깨닫고 상처의 무감각, 죄의 무감각, 감사의 무감각, 은혜의 무감각증을 치료받아야 합니다. 상처로 인해 아파도 아픈 줄 모르는 사람들은 대부분 자신의 삶은 더 나아질 수 없다는 만성적인 절망에 사로잡혀 있습니다. 결국 상처가 하나님과 우리 사이를 갈라놓는 것입니다.

"여호와의 손이 짧아 구원하지 못하심도 아니요 귀가 둔하여 듣지 못하심도 아니라 오직 너희 죄악이 너희와 너희 하나님 사이를 갈라 놓았고 너희 죄가 그의 얼굴을 가리어서 너희에게서 듣지 않으시게 함이니라"(사 59:1-2)

하나님의 은혜의 빛을 받으면 받을수록 우리는 모든 것을 무너뜨리는 우리 죄성을 밝히 보게 됩니다. 사도 바울도 말씀을 깨닫고 난 후에 자신의 죄성을 다스릴 힘이 없어 탄식한 적이 있습니다.

"전에 율법을 깨닫지 못했을 때에는 내가 살았더니 계명이 이르매 죄는 살아나고 나는 죽었도다 그러므로 내가 한 법을 깨달았노니 곧 선을 행하기 원하는 나에게 악이 함께 있는 것이로다 내 속사람으로는 하나님의 법을 즐거워하되 내 지체 속에서 한 다른 법이 내 마음의 법과 싸워 내 지체 속에 있는 죄의 법으로 나를 사로잡는 것을 보는도다 오호라 나는 곤고한 사

람이로다 이 사망의 몸에서 누가 나를 건져내랴"(롬 7:9, 21-24)

우리의 마음 깊은 곳에 숨어있는 죄의 경향성은 언제나 자기 스스로를 망치는 삶을 살게 합니다. 자기도 모르는 사이에 많은 사람에게 상처를 주게 하고, 자기 자신의 인생을 파멸에 이르도록 만드는 것입니다.

"웃시야 왕이 죽던 해에 내가 본즉 주께서 높이 들린 보좌에 앉으셨는데 그의 옷자락은 성전에 가득하였고 스랍들이 모시고 섰는데 각기 여섯 날개가 있어 그 둘로는 자기의 얼굴을 가리었고 그 둘로는 자기의 발을 가리었고 그 둘로는 날며 서로 불러 이르되 거룩하다 거룩하다 거룩하다 만군의 여호와여 그의 영광이 온 땅에 충만하도다 하더라 이같이 화답하는 자의 소리로 말미암아 문지방의 터가 요동하며 성전에 연기가 충만한지라 그 때에 내가 말하되 화로다 나여 망하게 되었도다 나는 입술이 부정한 사람이요 나는 입술이 부정한 백성 중에 거주하면서 만군의 여호와이신 왕을 뵈었음이로다 하였더라"(사 6:1-5)

하지만 하나님의 빛 안에서 자신의 부정함을 발견한 사람은 예수 그리스도의 공로에 의지하여 죄 사함을 받게 됩니다. 우리는 우리의 굳은 내면세계를 파헤치고 그 안에 성령의 핀 숯을 받음으로 마음을 새롭게 해야 합니다.

"그 때에 그 스랍 중의 하나가 부젓가락으로 제단에서 집은 바 핀 숯을 손에 가지고 내게로 날아와서 그것을 내 입술에 대며 이르되 보라 이것이 네 입에 닿았으니 네 악이 제하여졌고 네 죄가 사하여졌느니라 하더라"(사 6:6–7)

욕심과 이기심으로 점철된 우리의 내면의 심층부에 성령의 빛을 받게 되면 우리는 심오한 영적 피로감을 느끼게 되어 더욱 의에 주리고 목마른 자가 됩니다.

"하나님이여 사슴이 시냇물을 찾기에 갈급함 같이 내 영혼이 주를 찾기에 갈급하니이다"(시 42:1)

그리고 조금이라도 예수 그리스도의 성품을 닮은 거룩함에 참여하기 위해 늘 자신의 죄를 살피고 자기 죄와 투쟁하게 됩니다.

"너희가 피곤하여 낙심하지 않기 위하여 죄인들이 이같이 자기에게 거역한 일을 참으신 이를 생각하라 너희가 죄와 싸우되 아직 피흘리기까지는 대항하지 아니하고 또 아들들에게 권하는 것 같이 너희에게 권면하신 말씀도 잊었도다 일렀으되 내 아들아 주의 징계하심을 경히 여기지 말며 그에게 꾸지람을 받을 때에 낙심하지 말라"(히 12:3–5)

하나님은 너무 아파서 아프지 않은 마음을 치료하기를 원하십니다. 하나님의 치료하심을 믿고 마음속 깊은 곳에 숨어있는 상처와 욕심에 직면하여 싸웁시다.

"자기의 죄를 숨기는 자는 형통하지 못하나 죄를 자복하고 버리는 자는 불쌍히 여김을 받으리라"(잠 28:13)

하나님은 맑은 물을 뿌려서 굳은 마음을 제거하고 부드러운 마음을 주기를 원하십니다.

굳은 마음을 녹이는 하나님의 사랑

"맑은 물을 너희에게 뿌려서 너희로 정결하게 하되 곧 너희 모든 더러운 것에서와 모든 우상 숭배에서 너희를 정결하게 할 것이며 또 새 영을 너희 속에 두고 새 마음을 너희에게 주되 너희 육신에서 굳은 마음을 제거하고 부드러운 마음을 줄 것이며 또 내 영을 너희 속에 두어 너희로 내 율례를 행하게 하리니 너희가 내 규례를 지켜 행할지라"(겔 36:25-27)

하나님이 뿌리시는 맑은 물은 성령님으로 임하는 사랑입니다. 하나님은 뜨거운 사랑으로 굳은 마음을 녹이십니다. 사랑 앞에서는 사탄도 힘을 쓸 수가 없습니다. 굳어서 아무런 기쁨도, 아픔도 느끼지 못하는 이 세대를 위해 예수님은 십자가의 사랑을 쏟아내셨습니다.

"우리가 아직 죄인 되었을 때에 그리스도께서 우리를 위하여 죽으심으로 하나님께서 우리에 대한 자기의 사랑을 확증하셨느니라"(롬 5:8)

하나님의 아들 예수 그리스도는 인간의 몸으로 이 땅에 오셔서 우리를 대신하여 십자가를 지셨습니다. 우리를 살리시기 위해 우리 죄를 대신 짊어지신 것입니다. 이것이 바로 우리를 향한 하나님의 사랑입니다.

> "친히 나무에 달려 그 몸으로 우리 죄를 담당하셨으니 이는 우리로 죄에 대하여 죽고 의에 대하여 살게 하려 하심이라 그가 채찍에 맞음으로 너희는 나음을 얻었나니(벧전 2:24)
>
> "그가 찔림은 우리의 허물 때문이요 그가 상함은 우리의 죄악 때문이라 그가 징계를 받으므로 우리는 평화를 누리고 그가 채찍에 맞으므로 우리는 나음을 받았도다 우리는 다 양 같아서 그릇 행하여 각기 제 길로 갔거늘 여호와께서는 우리 모두의 죄악을 그에게 담당시키셨도다"(사 53:5-6)

하나님의 사랑은 인류의 가장 강한 사랑이라 할 수 있는 모성애보다도 훨씬 넓고, 훨씬 깊고, 훨씬 강한 사랑입니다.

> "여인이 어찌 그 젖 먹는 자식을 잊겠으며 자기 태에서 난 아들을 긍휼히 여기지 않겠느냐 그들은 혹시 잊을지라도 나는 너를 잊지 아니할 것이라 내가 너를 내 손바닥에 새겼고 너의 성벽이 항상 내 앞에 있나니"(사 49:15-16)

하나님의 뜨거운 사랑은 그 어떤 굳은 마음도 녹일 수 있으며 죽은 영혼도 소생시킬 수 있는 사랑입니다. 사랑은 율법의 완성입니다.

"사망아 너의 승리가 어디 있느냐 사망아 네가 쏘는 것이 어디 있느냐 사망이 쏘는 것은 죄요 죄의 권능은 율법이라 우리 주 예수 그리스도로 말미암아 우리에게 승리를 주시는 하나님께 감사하노니 그러므로 내 사랑하는 형제들아 견실하며 흔들리지 말고 항상 주의 일에 더욱 힘쓰는 자들이 되라 이는 너희 수고가 주 안에서 헛되지 않은 줄 앎이라"(고전 15:55-56)

톰 모너건(Tom Monaghan)[5]은 어린 시절을 불우하게 보냈습니다. 아버지는 톰이 4살이 되었을 때 사망했습니다.

톰이 6살이 되었을 때 톰과 어린 동생 제임스는 교회가 운영하는 고아원으로 보내졌습니다. 이 고아원은 미국 미시간주의 성 요셉 보육원입니다.

이곳에서 톰 모너건은 아주 포악하였습니다.

걸핏하면 친구들과 싸웠고, 학교에서 퇴학까지 당했습니다. 입양에도 실패했습니다. 누구도 그를 데려가려고 하지 않았습니다. 결국 이 고아 소년은 웃음과 눈물을 모두 잃어버렸습니다. 모두가 이 아이를 기피했지만 한 보모만은 그를 보듬어 주었습니다.

어느 날, 베레다 보모가 그를 꼭 껴안으며 이렇게 속삭였습니다.

"하나님은 너를 놓지 않는다. 너를 사랑한다. 힘들 때는 울며 기도해라."

소년은 이 말에 큰 감동을 받았습니다.

그는 그때부터 마음을 새롭게 했습니다.

이렇게 어린 시절을 힘들게 보낸 그는 해병대에서 군대 생활을 마쳤습니다. 고향으로 돌아온 그는 학업을 이어가기 위해 시카고 대학교에 입학하였지만 학업보다 생활이 더 급했습니다. 그래서 톰은 어렵게 마련한 500달러의 창업자금으로 가족의 생계를 위해 미시간주 입실랜티에서 작은 피자 가게를 냈습니다.

1960년 톰이 23세가 되던 해의 일이었습니다.

그는 피자 만드는 일에 몰입하였고, 급기야 피자 한 판을 11초에 반죽하는 최고 기술자가 되었습니다. 그는 '도미닉스(DomiNic's)'라는 이름의 피자가게를 열었습니다. 손님이 앉을 좌석도 없는 비좁고 초라한 가게였습니다. 하지만 그는 수많은 역경에 굴하지 않고, 이를 시작으로 전 세계 60여 개국에 9,000개 이상의 점포를 운영하는 세계 최대 피자 배달 회사를 세웠습니다.

이 피자 배달 회사는 세계적으로 유명한 '도미노피자'입니다. 톰 모너건은 최근 한 고등학교에서 이렇게 말했습니다.

"하나님은 상처받은 나와 함께 해주셨고 나를 안아주셨으며 인생에는 돈보다 가치 있는 것이 있음을 알게 해주셨습니다."

"무엇보다도 뜨겁게 서로 사랑할지니 사랑은 허다한 죄를 덮느니라"(벧전

4:8)

"사랑은 이웃에게 악을 행하지 아니하나니 그러므로 사랑은 율법의 완성 이니라"(롬 13:10)

이 시간 뜨거운 하나님의 사랑을 받음으로 굳은 마음을 치료 받으시기를 바랍니다.

감당할 수 없는 상처를 너무 많이 받아서 굳어진 마음, 지나친 욕심으로 굳어진 마음을 깨뜨리시고 부드러운 마음으로 새로워지시기를 바랍니다.

슬프면 눈물이 나고 기쁘면 마음껏 웃을 수 있는 건강한 마음으로 거듭나서 주님이 주신 현재를 성숙한 태도로 멋지게 살아가는 모두가 되시기를 바랍니다.

건강한 마음, 건강한 정신, 건강한 영혼으로 주님의 뜻을 이루며 많은 영혼을 살리는 삶을 사시기를 주님의 이름으로 축원합니다.

〈주님과 동행하는 기쁨 나누기〉

1. 마음의 통증을 잃어버리는 이유가 아래에 기록돼 있습니다.

( ) 안에 맞는 단어는 무엇입니까?

(1) 과도한 상처가 마음의 통증을 상실하게 만듭니다.

어떤 사람은 상처를 극복하고 성숙해집니다. 하지만 어떤 사람은 상처에 묶여서 일평생을 고통 가운데 살아갑니다. 극복된 상처는 인생에게 오히려 큰 가르침을 주고 성장의 기회가 됩니다.

- 당신에게 아직도 남아있는 상처가 있습니까?

(2) 지나친 욕심이 마음의 통증을 상실하게 만듭니다.

자기가 안고 있는 기준의 한계선과 하나님의 뜻이 충돌할 때 우리의 내면에는 욕심으로 인한 쓴 뿌리가 생길 수 있습니다.

- 당신에게 쓴 뿌리가 있다면 그것은 무엇입니까?

2. 아래 성구를 보고 당신의 삶에 일어난 일을 나누십시오.

(1) 잠언 17장 22절 – "마음의 즐거움은 양약이라도 심령의 근심은 뼈를 마르게 하느니라"

(2) 시편 51편 17절 – "하나님께서 구하시는 제사는 상한 심령이라 하

나님이여 상하고 통회하는 마음을 주께서 멸시하지 아니하시리이다"

(3) 이사야 55장 8,9절 – "이는 내 생각이 너희의 생각과 다르며 내 길은 너희의 길과 다름이니라 여호와의 말씀이니라 이는 하늘이 땅보다 높음 같이 내 길은 너희의 길보다 높으며 내 생각은 너희의 생각보다 높음이니라"

3. 아래 성구의 (　　)에 맞는 단어를 넣고 암송합시다.

"우리가 알거니와 하나님을 (　　)하는 자 곧 그의 뜻대로 부르심을 입은 자들에게는 모든 것이 (　　)하여 선을 이루느니라"(롬 8:28)

4. 감당할 수 없는 상처

작사/작곡 이 순 희
♩ = 70
Dm Gm/A Dm Gm7 F°/A A7/C♯ Dm
감 – 당 할 수 없 는 상 처 와 지 나 친 욕 심 으 로
Gm A7 Gm6/D Dm Gm7 B♭ A(sus4)
굳 – 어 진 마 음 슬 퍼 도 울 지 못 하 고 기 뻐
Gm A(sus2) F+/C♯ Dm B♭ Gm E° A(sus4) A
도 웃 을 수 없 는 나 의 영 혼 아
Gm Dm/F A/E Dm Em7(♭5) Dm/F Gm A(sus4) A
하 나 님 을 의 지 하 라 하 나 님 만 바 라 보 라
Gm Dm A Dm Gm7 Em7(♭5) A
하 늘 에 서 내 려 오 는 맑 은 물 로 – 정 결 하 게 되 길 원 하 네
Gm A Gm/B♭ A/C♯ Em7(♭5) A7 Dm Dm/A A/C♯
모 든 우 상 숭 배 에 서 정 결 하 게 되 길 원 하 네
Dm Gm A Gm/E F A7 Dm
새 – 영 과 새 마 음 을 주 시 는 나 의 주 님 굳 은 마 음
A/C♯ Dm A/C♯ Dm F Gm7 A(sus4)
제 거 하 고 부 드 러 운 마 음 주 시 는 주 님 이 여
A A7/C♯ Dm Em7(♭5) G(sus2)/A A7 Dm A Dm
내 게 임 하 소 서 내 게 임 하 소 서 주 님 주 신
E° G(sus2)/A A7 Gm A7 E°7/A Dm Gm7 A(sus4) A Dm
새 영 새 마 음 부 드 러 운 마 음 으 로 – 주 님 의 뜻 이 루 리

제5장

무의식의 세계를 치료하는 복음

욥기 42장 1–6절

“욥이 여호와께 대답하여 이르되 주께서는 못 하실 일이 없사오며 무슨 계획이든지 못 이루실 것이 없는 줄 아오니 무지한 말로 이치를 가리는 자가 누구니이까 나는 깨닫지도 못한 일을 말하였고 스스로 알 수도 없고 헤아리기도 어려운 일을 말하였나이다 내가 말하겠사오니 주는 들으시고 내가 주께 묻겠사오니 주여 내게 알게 하옵소서 내가 주께 대하여 귀로 듣기만 하였사오나 이제는 눈으로 주를 뵈옵나이다 그러므로 내가 스스로 거두어들이고 티끌과 재 가운데에서 회개하나이다”

5
무의식의 세계를 치료하는 복음

복음은 모든 질병과 상처에서 우리의 영혼육을 치료하여 온전하게 하는 능력입니다.

복음, 즉 십자가의 능력으로 치료되지 못할 질병은 없으며, 십자가의 권세로 해결되지 못할 상처는 없습니다. 십자가의 치료는 세상의 치료를 초월하여 우리의 전인을 치료하고 영생을 누리게 합니다. 하나님의 독생자 예수 그리스도는 우리를 대신해서 십자가의 모진 고통을 받으시고 죽으심으로 우리에게 완전한 치료의 길을 열어주셨습니다.

"그가 찔림은 우리의 허물 때문이요 그가 상함은 우리의 죄악 때문이라 그가 징계를 받으므로 우리는 평화를 누리고 그가 채찍에 맞으므로 우리는 나음을 받았도다 우리는 다 양 같아서 그릇 행하여 각기 제 길로 갔거늘

여호와께서는 우리 모두의 죄악을 그에게 담당시키셨도다"(사 53:5-6)

그러므로 우리는 십자가의 치료를 의지하여 허물에서 자유한 삶, 죄에서 해방된 삶, 평화로운 삶, 건강한 삶을 살아야 합니다. 십자가의 능력을 의지하는 우리에게는 십자가의 치료를 받을 권리가 있습니다. 우리 모두가 예수 그리스도의 십자가로 말미암아 허물의 사함을 입을 권리, 죄의 용서를 받을 권리, 평화를 누릴 권리, 나음을 입을 권리를 빠짐없이 누리시기를 바랍니다.

인생을 살아가는 모든 순간에 십자가의 능력을 의지하여 모든 질병과 상처에서 자유한 삶을 사시기를 바랍니다.

"모세가 여호와께 부르짖었더니 여호와께서 그에게 한 나무를 가리키시니 그가 물에 던지니 물이 달게 되었더라 거기서 여호와께서 그들을 위하여 법도와 율례를 정하시고 그들을 시험하실새 이르시되 너희가 너희 하나님 나 여호와의 말을 들어 순종하고 내가 보기에 의를 행하며 내 계명에 귀를 기울이며 내 모든 규례를 지키면 내가 애굽 사람에게 내린 모든 질병 중 하나도 너희에게 내리지 아니하리니 나는 너희를 치료하는 여호와임이라"(출 15:25-26)

이 세상에 십자가의 치료가 필요하지 않은 사람은 아무도 없습니다. 사람은 누구나 죄 중에 태어나고 죄가 만든 상처에 매일 수밖에 없습니다. 미세먼지가 사람의 깊은 내부까지 깊이 침투하여 무서운 질병을 유발시키듯이, 죄는 우리가 느끼지 못하는 마음의 밀실, 영혼의 밀실까지 침투하여 깊은 상처를 만들어냅니다.

죄의 지배 아래에 있는 사람들은 모두 질병의 상처, 관계의 상처, 마음의 상처, 영혼의 상처에 고통당하며 괴로운 삶을 살아갑니다. 발달한 의학기술을 통해, 명상과 고행을 통해 상처를 치료해보려는 시도를 하지만 근본적이고 영구적인 치료책을 찾지 못합니다. 인간의 노력으로는 결코 상처의 뿌리인 죄의 문제를 해결할 수 없기 때문입니다.

본질적인 치료, 완전한 치료는 오직 예수 그리스도의 십자가에 있습니다. 십자가의 치료는 상처의 표면뿐 아니라 상처의 근원까지 다루는 전인적인 치료입니다. 예수 그리스도는 십자가의 권세로 마귀의 일을 멸하시고 십자가를 믿고 의지하는 사람에게 영혼육의 자유와 회복을 얻게 하셨습니다.

"주의 성령이 내게 임하셨으니 이는 가난한 자에게 복음을 전하게 하시려고 내게 기름을 부으시고 나를 보내사 포로 된 자에게 자유를, 눈 먼 자에게 다시 보게 함을 전파하며 눌린 자를 자유롭게 하고 주의 은혜의 해를 전파하게 하려 하심이라 하였더라"(눅 4:18-19)

이 시간 믿음으로 십자가의 치료를 경험하시기를 바랍니다.

십자가 치료의 초점은 영원하고 참된 '존재의 본질'인 '영혼'에 있습니다. 하나님은 십자가로 우리의 영혼을 고치심으로 우리의 육신을 고치시고, 우리의 영혼을 새롭게 하심으로 지속되는 문제와 질병, 고난 속에서도 넉넉히 이기는 삶을 살게 하십니다.

십자가의 치료는 우리의 영혼을 강건하고 아름답게 하여 육체의 한계를 초월하게 합니다. 십자가의 치료를 받은 사람은 육체가 연약해도 활력 있는 영혼으로 살 수 있고, 삶이 가난해도 부유한 내면을 소유할 수 있습니다. 십자가 치료를 받은 사람은 죽음의 한계를 초월하여 영생을 누리며 현생과 내생에 천국을 누릴 수 있습니다.

> "… 우리는 속이는 자 같으나 참되고 무명한 자 같으나 유명한 자요 죽은 자 같으나 보라 우리가 살아 있고 징계를 받는 자 같으나 죽임을 당하지 아니하고 근심하는 자 같으나 항상 기뻐하고 가난한 자 같으나 많은 사람을 부요하게 하고 아무 것도 없는 자 같으나 모든 것을 가진 자로다"(고후 6:8-10)
>
> "내 영혼아 여호와를 송축하며 그의 모든 은택을 잊지 말지어다 그가 네 모든 죄악을 사하시며 네 모든 병을 고치시며 네 생명을 파멸에서 속량하시고 인자와 긍휼로 관을 씌우시며 좋은 것으로 네 소원을 만족하게 하사 네 청춘을 독수리 같이 새롭게 하시는도다"(시 103:2-5)

우리는 십자가로 모든 질병을 치료받고 진리 안에 자유한 삶을 살며 하나님의 뜻을 이루는 삶을 살아야 합니다. 십자가로 깊은 무의식을 치료받고, 연약한 의지를 치료받으며, 병든 생각을 치료받아야 합니다. 영혼육의 질병을 치료받고, 굳은 마음을 치료받으며, 죄악된 습관을 치료받아야 합니다.

십자가의 치료는 영혼의 자유와 행복, 담대함을 만듭니다.

십자가의 치료를 받을수록 우리는 자유롭고 행복하게 삶을 영위하며 담대하게 주의 뜻을 이루게 됩니다.

"내 이름을 경외하는 너희에게는 공의로운 해가 떠올라서 치료하는 광선을 비추리니 너희가 나가서 외양간에서 나온 송아지 같이 뛰리라 또 너희가 악인을 밟을 것이니 그들이 내가 정한 날에 너희 발바닥 밑에 재와 같으리라 만군의 여호와의 말이니라"(말 4:2-3)

우리는 십자가의 능력으로 깊은 무의식의 세계를 치료받아야 합니다.

사람의 내면은 의식세계와 무의식세계로 이루어져 있습니다.

의식세계는 사람이 이성적 사고로 통제하고 기억하며 인지할 수 있는 세계이고, 무의식세계는 이성적 논리나 사고, 의식적인 노력으로 통제하거나 인식할 수 없는 세계입니다.

일반적으로 사람의 마음은 의식세계가 10~20%, 무의식의 세계가 90~80%를 차지한다고 합니다. 사람이 의식적으로 기억하고, 느끼고, 인지하고. 판단하며, 반응하는 영역은 10~20%밖에 되지 않고, 생각과 마음의 대부분이 무의식의 영역 속에서 이루어진다는 것입니다.

그래서 오스트리아의 심리학자인 지그문트 프로이트[1)]는 사람의 의식세계를 '빙산의 일각'이라고 비유하며, 무의식 세계의 거대함을 수면 아래에 잠겨있는 빙산 전체로 표현했습니다.

무의식의 세계에는 사람의 자아가 간과했거나 무시한 일, 억압 혹은 부정해버린 내용이 담겨 있습니다. 의식세계가 받아들이지 못한 모든 사건과 정보, 기억과 경험들이 무의식세계에 저장되는 것입니다. 무의식세계에 저장된 내용은 가만히 있지 않고 외면세계에 지대한 영향을 미칩니다. 무의식세계에 우울이 있으면 인생의 결정적인 순간에 우울이 나타나고, 무의식세계에 분노가 있으면 예기치 못한 순간에 분노가 표출됩니다.

무의식세계에 잠재된 억울함이나 두려움은 특정 상황에 지나친 형태로 노출되어 돌이킬 수 없는 사건을 유발시키기도 합니다. 무의식의 세계에 인생의 핸들이 있다고 해도 과언이 아닐만큼, 무의식은 우리 인생을 결정짓습니다.

하버드대의 제럴드 잘트먼[2)] 교수는 "인간의 욕구는 단지 5%만 겉으로 드러나고 95%는 무의식의 지배를 받는다"고

했습니다. 제럴드 잘트먼 교수는 '인간의 사고, 감정, 학습의 95%는 의식하지 못하는 상태에서 이루어진다'는 '95%의 법칙'을 주장함으로 무의식의 위력을 강조했습니다. 사실 우리가 하는 행동, 선택, 감정, 생각의 많은 부분은 무의식에 의해 이루어집니다.

"나무는 각각 그 열매로 아나니 가시나무에서 무화과를, 또는 찔레에서 포도를 따지 못하느니라 선한 사람은 마음에 쌓은 선에서 선을 내고 악한 자는 그 쌓은 악에서 악을 내나니 이는 마음에 가득한 것을 입으로 말함이니라"(눅 6:44-45)

우리는 십자가의 능력으로 깊은 무의식을 치료받아야 합니다.

무의식 속에 있는 모든 죄와 상처를 예수 그리스도의 보혈로 씻김 받고, 모든 내면을 하나님의 충만하신 것으로 충만하게 채워야 합니다.

"그의 영광의 풍성함을 따라 그의 성령으로 말미암아 너희 속사람을 능력으로 강건하게 하시오며 믿음으로 말미암아 그리스도께서 너희 마음에 계시게 하시옵고 너희가 사랑 가운데서 뿌리가 박히고 터가 굳어져서 능히 모든 성도와 함께 지식에 넘치는 그리스도의 사랑을 알고 그 너비와 길이와 높이와 깊이가 어떠함을 깨달아 하나님의 모든 충만하신 것으로 너희에게 충만하게 하시기를 구하노라"(엡 3:16-19)

십자가로 말미암는 내적치유는 외식과 위선의 가면을 벗고 진실한 속마음을 드러내는 단계로부터 시작됩니다. 깊은 무의식을 치료받기 위해 우리는 어린아이처럼 정직하고 솔직하게 하나님 앞에 나가야 합니다.

> "볼지어다 내가 문 밖에 서서 두드리노니 누구든지 내 음성을 듣고 문을 열면 내가 그에게로 들어가 그와 더불어 먹고 그는 나와 더불어 먹으리라" (계 3:20)

예수님은 우리를 만드신 창조자이시고, 우리의 모든 것을 주장하시는 주님이시지만 우리를 존중하십니다.

우리가 주님의 노크소리를 외면하고 마음의 문을 굳게 닫고 있으면 주님은 강제로 우리의 마음을 열지 않으십니다. 주님은 인격적인 사랑으로 우리가 마음을 열기를 기다리십니다.

게오르크 헤겔[3)] 은 "마음의 문을 여는 손잡이는 바깥쪽이 아닌 안쪽에 있다"라고 말했습니다.

이 시간 우리의 자유의지를 선용해서 하나님을 향해 마음을 활짝 열기를 소원합니다.

하나님은 우리가 마음을 여는 만큼 우리의 마음에 빛을 비추시고, 믿음의 그릇을 준비하는 만큼 우리의 영적 그릇에 능력을 채우십니다.

우리는 숨기고 감추어왔던 모든 것을 하나님 앞에 드러내고 십자가의 치료를 받아야 합니다. 사랑 많은 척하느라 감추어둔 미움을 드러내고, 믿음 좋은 척하느라 숨겨놓은 불신을 드러내야 합니다. 겸손한 척하느라 포장한 교만을 드러내고, 의로운 척하느라 감추어둔 불의를 드러내고 회개해야 합니다.

> "화 있을진저 외식하는 서기관들과 바리새인들이여 잔과 대접의 겉은 깨끗이 하되 그 안에는 탐욕과 방탕으로 가득하게 하는도다 눈 먼 바리새인이여 너는 먼저 안을 깨끗이 하라 그리하면 겉도 깨끗하리라 화 있을진저 외식하는 서기관들과 바리새인들이여 회칠한 무덤 같으니 겉으로는 아름답게 보이나 그 안에는 죽은 사람의 뼈와 모든 더러운 것이 가득하도다 이와 같이 너희도 겉으로는 사람에게 옳게 보이되 안으로는 외식과 불법이 가득하도다"(마 23:25-28)

우리의 영혼은 십자가 앞에 우리의 깊은 속을 드러낼수록 살아납니다. 속에 감추어둔 죄와 상처를 드러내어 십자가의 치료를 받을 때 우리는 겉과 속이 같은 삶을 살며 진리에 속한 자유와 행복을 누리게 됩니다. 그러나 무의식의 세계에 수많은 죄와 상처를 쌓아놓고 해결을 받지 못하면 무의식세계의 지배를 받으며 괴로운 삶을 살게 됩니다.

눈에 보이는 곳은 깨끗하게 치워놓아도 눈에 보이지 않는 골방이나 다락방에 온갖 쓰레기를 쌓아놓으면 집안 전체에 악취가 풍기듯이, 겉모습은 그럴싸하게 치장하고 아름답게 꾸며도 무의식세계에 더러운 상처와 죄를 쌓아놓으면 인생 전체가 괴롭고 불안합니다.

무의식의 표출

1. 꿈을 통해 무의식이 표출됩니다.

프로이트는 이러한 무의식세계를 "숨기고 감추어야 할 비밀스럽고 음산한 내용들로 가득한, 아무도 모를 뿐만 아니라 주인인 자기 자신까지도 잊고 있는 습한 지하창고의 물건과 같은 것"으로 묘사했습니다.

사람의 무의식 속에는 끝을 알 수 없는 음란과 잔인함, 거짓과 교활함, 교만과 악독이 가득하다고 분석했습니다. 그리고 사람이 무의식에 쌓아놓은 모든 것들은 '꿈'을 통해 나타날 수 있다고 보았습니다.

그는 "꿈은 여러 가지 기억들, 자극들을 바탕으로 올라오는 현상으로 어린 시절의 삶에서부터 며칠 전에 무심코 지나쳤던 사진이나 글귀까지 재료로 사용될 수 있습니다. 하지만 꿈은 항상 자신이 의식 활동 중에 중요하다고 생각되는 것들을 재료로 사용하지 않고 오히려 사소한 것을 재료로 선택하는 비중이 높습니다"라고 말하면서 꿈을 통해 무의식세계의 정신활동을 살펴볼 수 있다고 주장했습니다.

또 다른 심리학자 융도 "꿈은 무의식의 반영이다"라고 말했습니다.

이러한 심리학자들의 해석은 상당부분 일리가 있으나 성경에서 바라보는 꿈은 프로이트의 해석보다 범위가 넓습니다. 성경은 꿈을 단순한 무의식의 반영으로 보지 않고 하나님의 계시 및 현현의 채널로 보기도 하고, 영적전쟁의 통로로 보기도 합니다.

"사람이 침상에서 졸며 깊이 잠들 때에나 꿈에나 밤에 환상을 볼 때에 그가 사람의 귀를 여시고 경고로써 두렵게 하시니 이는 사람에게 그의 행실을 버리게 하려 하심이며 사람의 교만을 막으려 하심이라"(욥 33:15-17)

"집에 들어가 아기와 그의 어머니 마리아가 함께 있는 것을 보고 엎드려 아기께 경배하고 보배합을 열어 황금과 유향과 몰약을 예물로 드리니라 그들은 꿈에 헤롯에게로 돌아가지 말라 지시하심을 받아 다른 길로 고국에 돌아가니라 그들이 떠난 후에 주의 사자가 요셉에게 현몽하여 이르되 헤롯이 아기를 찾아 죽이려 하니 일어나 아기와 그의 어머니를 데리고 애굽으로 피하여 내가 네게 이르기까지 거기 있으라 하시니 요셉이 일어나서 밤에 아기와 그의 어머니를 데리고 애굽으로 떠나가 헤롯이 죽기까지 거기 있었으니 이는 주께서 선지자를 통하여 말씀하신 바 애굽으로부터 내 아들을 불렀다 함을 이루려 하심이라"(마 2:11-15)

뿐만 아니라 성경은 꿈을 걱정 및 잡생각의 반영으로 보기도 합니다.

"걱정이 많으면 꿈이 생기고 말이 많으면 우매한 자의 소리가 나타나느니라"(전 5:3)

그러므로 우리는 꿈을 무시해서도 안되고, 너무 지나치게 꿈에 집착해서 확대해석하거나 잘못된 해석을 하여 하나님과 관계없는 삶에 빠지면 안됩니다.

꿈에는 프로이트의 말처럼 무의식이 반영된 꿈도 있고, 영꿈도 있으며 잡몽도 있습니다.

영꿈은 하나님의 메시지가 전해지거나 악한 영과 영적인 전쟁을 치르는 꿈입니다. 영꿈을 꾸면서 악한 영에게 공격을 받으면 그대로 우리의 영혼이 해를 받습니다. 그렇기에 우리는 꿈에서도 영적으로 깨어서 분별해야 합니다. 꿈속에서도 자신의 영혼을 지킬 만큼의 영성을 겸비해야 합니다.

또 꿈으로 말씀하시는 하나님의 음성을 분별해야 합니다.

"바로께서 꿈을 두 번 겹쳐 꾸신 것은 하나님이 이 일을 정하셨음이라 하나님이 속히 행하시리니"(창 41:32)

2. 위기의 순간에 무의식이 표출됩니다.

우리의 무의식은 꿈뿐만 아니라 인생의 위기의 순간에도 표출될 수 있습니다. 극심한 고난을 만나거나 급박한 환난을 만났을 때 우리는 우리 안에 숨겨왔던 무의식을 드러낼 수 있습니다. 꿈이나 취한 상태, 실수, 습관 등은 무의식의 피상적인 단면만을 드러낸다면 고난은 무의식의 보다 더 깊은 곳을 드러내는 통로가 된다고 할 수 있습니다.

사람들은 고난을 만났을 때 진정한 자신을 만날 수 있습니다. 고난 당하기 전에는 여러 가지 관습과 체면, 형식과 규율에 묶여서 자기 속마음을 보지 못하다가 고난 속에 자신의 실체를 만나게 되는 것입니다.

이스라엘 백성들도 출애굽한 후 40년 동안 광야 길을 걸으면서 그들의 무의식을 고스란히 드러내게 되었습니다. 이스라엘 백성들은 광야 40년을 통해 그들의 무의식 속에 있는 불평과 대적, 원망과 두려움, 소극성과 변명, 책임전가와 수치심 등의 부끄러운 죄악을 외면으로 표출시켰습니다.

> "네 하나님 여호와께서 이 사십 년 동안에 네게 광야 길을 걷게 하신 것을 기억하라 이는 너를 낮추시며 너를 시험하사 네 마음이 어떠한지 그 명령을 지키는지 지키지 않는지 알려 하심이라"(신 8:2)

하나님은 우리의 마음 깊은 곳을 시험하시기 위해 고난의 광야를 허락하십니다. 고난 당하기 전에는 내 마음 깊은 곳에 어떤 동기가 숨어있는지, 나의 삶을 추진하는 내 인생의 동인과 동력이 무엇인지를 자기 자신도 간파 못할 때가 종종 있습니다. 그러나 고난을 당하면 우리 속에 무엇이 있는지 밝히 볼 수 있습니다. 그러므로 우리는 고난을 통해 우리의 무의식의 세계를 드러내고 우리 속사람의 맨얼굴을 보일 수 있습니다. 고난 속에 내가 얼마나 연약한지, 얼마나 간사하고 이중적인 사람인지를 확인하며 믿음의 정직한 현주소를 파악할 수 있습니다. 이것이 고난이 허락하는 첫 번째 축복입니다.

하나님은 우리의 무의식의 세계를 치료하여 진정한 생명을 잉태하게 하기 위해 고난의 처방을 내리십니다. 고난을 통해 우리의 숨은 마음을 드러내고, 숨은 질병을 보게 하십니다. 그러므로 우리는 고난의 때에 우리의 깊은 치부를 드러내어 하나님께 고침 받아야 합니다.

3. 실수를 통해 무의식이 표출됩니다.

'취중진담'이라는 말처럼 술에 취해서 무의식 속에 있던 말을 할 수도 있고, 아무 생각 없이 하는 습관적인 행동을 통해서 무의식을 드러낼 수도 있습니다. 얼떨결에 실수로 자기 속마음을 드러낼 수도 있습니다. 이에 대해 프로이트는 말실수에 대해 "감추고 싶은 속마음을 무의식적으로 밖으로 드러내는 행위이자 억압된 무의식이 의식에 대입하는 현상"이라고 말했습니다.

물론 프로이트의 주장이 지나친 확대해석이라는 지적도 많습니다. 잠시 단어를 혼동하거나 생각이 뒤엉켜서 또는 감정의 격동에 의해 내 의도와 다르게 엉뚱한 단어가 튀어나오는 경우도 많기 때문입니다. 하지만 얼떨결에 나온 말이 우리의 속마음을 드러내는 경우가 많은 것이 사실입니다. 그래서 적성검사나 각종 설문조사를 할 때 '깊이 생각하지 말고 즉각적으로 답할 것'을 강조합니다. 생각을 여러 번 하면 자신의 정직한 생각을 이성적 사고가 가로막을 수 있기 때문입니다.

이렇게 무의식은 꿈을 통해, 고난이나 위기의 상황을 통해, 실수나 습관에 의해 드러나지만, 드러나는 무의식은 극히 일부분에 지나지 않습니다.

우리 내면의 무의식은 실로 끝과 깊이를 측량할 수 없는 우주와 같습니다. 양파는 껍질을 벗기고 벗겨도 또 그 안에 또 다른 양파의 속살이 드러나듯이 우리의 내면세계는 속을 파고 파도 끝을 알 수 없는 수많은 층으로 이루어져있습니다. 무의식 안에는 우리가 직간접적으로 경험한 모든 기억이 축적되어 있습니다. 아주 어릴 때 무심코 지나친 것까지 무의식 안에 저장되고 아무 생각 없이 보고 들은 것도 무의식 안에 축적됩니다.

또 실제로 경험한 일이 아니라 상상한 내용이 무의식으로 형성될 수도 있습니다. 사실과 다른 내용이 무의식의 기억으로 자리 잡을 수도 있습니다. 참으로 우리의 무의식은 우리가 섣불리 가늠할 수 없는 방대한 세계입니다. 그래서 우리가 쉽게 감지하는 무의식은 일반적으로 무의식의 표층에 지나지 않는 경우가 많습니다.

어둠의 세력들은 우리의 깊은 무의식을 통해 역사하며 우리 영혼의 심층부에 사단의 견고한 진을 형성합니다. 그러므로 우리는 깊은 우울과 분노, 교만과 불신, 음란과 탐욕을 품고 있는 깊은 무의식의 세계를 십자가의 능력으로 치료받고 영혼의 깊은 곳에 형성된 사단의 견고한 진을 무너뜨려야 합니다.

"우리가 육신으로 행하나 육신에 따라 싸우지 아니하노니 우리의 싸우는 무기는 육신에 속한 것이 아니요 오직 어떤 견고한 진도 무너뜨리는 하나님의 능력이라 모든 이론을 무너뜨리며 하나님 아는 것을 대적하여 높아진 것을 다 무너뜨리고 모든 생각을 사로잡아 그리스도에게 복종하게 하니"(고후 10:3-5)

미국의 정신과 의사 모건 스콧 펙[4]은 그의 책 『아직도 가야할 길』에서 무의식의 세계를 치료하지 않고 방치하는 것을 '게으름'이라고 표현했습니다. 그는 무의식의 세계를 외면하는 삶의 방식을 게으름이라고 표현하면서 이것이 우리의 내면적 성장을 막는 최대의 적이 된다고 말했습니다.

그는 '게으름'을 '혼란을 겪으면서 새로 적응하기를 노력하기보다는 지금까지의 질서를 유지하는 것을 좋아하는 상태, 그냥 버티다보면 시간이 해결해 줄 것이라고 생각하며 안일하게 있는 마음의 상태, 자신에 대해 지켜오던 틀이 깨져 어지러운 상황인데도 눈과 귀를 닫아버리는 태도'라고 설명하면서 무의식의 세계를 외면하고 회피하며 방관해서는 안 된다고 했습니다.

방치한 무의식 속에 남아있는 상처와 죄의 응어리는 인생 전반을 불편하게 만들고 어렵게 합니다. 무의식 속에 해결되지 않은 문제가 많이 있을수록, 억압된 감정이 많이 있을수록 삶은 많은 부분에서 예민해지고 막연한 두려움이 커지게 됩니다. 무의식 속에 특정인에 대한 상처가 눌려있는 사람은 특정인과 비슷한 사람만 봐도 두렵고, 무의식 속에 깊은 충격의 기억이 억압되어있는 사람은 비슷한 상황만 되어도 예민한 반응을 나타내게 됩니다. 그러므로 우리는 무의식의 세계를 치료받아야 합니다.

사실 영이 민감해질수록 우리는 우리의 무의식 세계에 대해 깊은 관심과 주의를 기울이게 됩니다. 영이 미숙할 때는 자신의 말과 행동에 대해 자신만만한 태도를 취하며 자신이 인지하지 못하는 죄는 없을 것이라고 호언장담합니다. 하지만 영이 성숙할수록 우리는 자신 속의 무의식의 영향이 얼마나 막강한지 인정하게 되고, 모르고 짓는 죄에 대해 겸허한 자세를 취하게 됩니다. 그리고 자기도 모르는 무의식 세계를 하나님 앞에 내어놓고 치료를 간구하게 됩니다.

"여호와여 내가 깊은 곳에서 주께 부르짖었나이다 주여 내 소리를 들으시며 나의 부르짖는 소리에 귀를 기울이소서"(시 130:1-2)

"하나님이여 나를 살피사 내 마음을 아시며 나를 시험하사 내 뜻을 아옵소서 내게 무슨 악한 행위가 있나 보시고 나를 영원한 길로 인도하소서"(시 139:23-24)

성경은 우리가 무의식 중에 짓는 죄에 대해서도 엄격한 태도를 취합니다.

대표적으로 레위기 4장에는 이스라엘 백성들이 알지 못하고 지은 죄에 대하여 용서받기 위하여 죄의 헌물을 드리는 규례가 기록되어 있습니다. 이스라엘 백성들은 알고 지은 죄나 모르고 지은 죄를 용서받으려면 모두 죄에 해당하는 헌물을 드려야 했습니다. 사실 대부분의 이스라엘 백성들은 하나님을 두려워하여 죄를 짓지 않으려고 주의했습니다. 그럼에도 불구하고 사람들은 그 많은 율법들의 각 조항을 다 기억하지 못하거나, 자기 앞에 닥친 상황이 바로 율법에서 언급하고 있는 경우에 해당한다는 것을 "알지 못하여" 죄를 짓는 일이 있었습니다. 즉 부지중에, 무의식중에 지은 죄에 대해서도 그들은 하나님께 속죄했습니다.

> "이스라엘 자손에게 말하여 이르라 누구든지 여호와의 계명 중 하나라도 그릇 범하였으되 만일 기름 부음을 받은 제사장이 범죄하여 백성의 허물이 되었으면 그가 범한 죄로 말미암아 흠 없는 수송아지로 속죄제물을 삼아 여호와께 드릴지니"(레 4:2-3)

존 웨슬리[5)]도 신자가 무의식적으로 범하는 죄도 죄라고 인정하며, 성결의 은혜를 받은, 완전한 기독자(the perfect)도 그들의 연약성으로 인하여 죄를 무의식적으로 짓는다고 말했습니다. 그리고 아무리 완전한 자라도 "우리의 죄를 사하여 주옵소서"라는 기도를 드림으로 무의식중에 범하는 죄에 대해 회개해야 한다고 했습니다.

우리는 십자가의 능력으로 무의식 세계를 치료받고 겉과 속이 같은 삶을 살아야 합니다. 우리는 무의식 세계를 치료받을수록 참된 나를 찾게 되고, 분명한 영적정체성을 가지고 하나님과 소통하고 자기 자신과 소통하며 이웃과 소통하는 삶을 살게 됩니다. 그러나 무의식세계에 가득한 어둠을 해결

받지 못한 사람은 무의식세계에 산재되어 있던 죄와 상처가 의식세계를 뒤흔들때마다 '나 자신에 대해 혼란스럽다', '내 마음을 나도 모르겠다' 등의 생각을 하면서 정서적인 어지러움에 빠지게 됩니다. 자기 안에 전혀 예상하지 못했던 악하고 음란하며 탐욕스러운 모습을 보게 될 때 극도의 절망과 당혹스러움을 느끼기도 합니다.

당신은 당신의 무의식에 어떤 기억과 감정이 쌓여있다고 여기십니까?

당신이 인식하거나 감지하지 못하는 당신의 무의식 안에서 당신은 어떤 모습으로 존재하고 있다고 생각하십니까?

우리는 깊은 무의식의 세계를 치료받으며 나도 모르는 내 모습을 예수 그리스도의 보혈로 씻김 받아야 합니다.

무의식의 상처는 시간이 오래 지난다고 해결되는 것이 아닙니다.

인간의 의지로 극복할 수 있는 것도 아닙니다. 깊은 무의식의 세계를 치료할 수 있는 능력은 오직 예수 그리스도의 십자가에 있습니다.

"여호와께서 말씀하시되 오라 우리가 서로 변론하자 너희의 죄가 주홍 같을지라도 눈과 같이 희어질 것이요 진홍 같이 붉을지라도 양털 같이 희게 되리라"(사 1:18)

"우리가 마음에 뿌림을 받아 악한 양심으로부터 벗어나고 몸은 맑은 물로

씻음을 받았으니 참 마음과 온전한 믿음으로 하나님께 나아가자"(히 10:22)

오늘날 많은 교회와 성도가 온전한 변화를 누리지 못하는 이유는 무의식의 세계를 방치한 채 혼적인 예배, 혼적인 기도, 혼적인 신앙생활에 머무르기 때문입니다. 영혼의 깊은 곳을 터치하지 못한 의식세계에서의 결단과 결심은 얼마 가지 못합니다. 누가 봐도 착한 삶을 살지만 내면 안에 억울함과 분노를 가지고 있으면 진정으로 자유한 삶을 살지 못합니다. 스스로 지난 상처에 대해 아무렇지 않다고 여겨도 내면 깊은 곳에 상처의 응어리가 남아있으면 완전히 새로운 삶을 살 수 없습니다.

우리는 의식하지 못하는 세계까지 온전하게 새롭게 되어서 숨은 생각, 숨은 의도, 숨은 동기까지 성결의 은혜를 받을 때 온전한 변화를 드러내는 새로운 피조물로서의 삶을 살 수 있습니다. 이 시간 우리가 십자가의 강력한 능력으로 모든 무의식의 세계를 깨끗하게 씻음 받고, 맑은 물로 역사하는 성령님의 은혜로 새 영, 새 마음을 받기를 바랍니다.

"만물보다 거짓되고 심히 부패한 것은 마음이라 누가 능히 이를 알리요마는 나 여호와는 심장을 살피며 폐부를 시험하고 각각 그의 행위와 그의 행실대로 보응하나니"(렘 17:9-10)

"맑은 물을 너희에게 뿌려서 너희로 정결하게 하되 곧 너희 모든 더러운 것에서와 모든 우상 숭배에서 너희를 정결하게 할 것이며 또 새 영을 너희 속에 두고 새 마음을 너희에게 주되 너희 육신에서 굳은 마음을 제거하고 부드러운 마음을 줄 것이며 또 내 영을 너희 속에 두어 너희로 내 율례를 행하게 하리니 너희가 내 규례를 지켜 행할지라 내가 너희 조상들에게 준 땅에서 너희가 거주하면서 내 백성이 되고 나는 너희 하나님이 되리라"(겔 36:25-28)

오늘 본문의 욥은 하나님이 특별하게 사랑하고 자랑스러워하는 사람이었습니다. 그는 동방의 의인으로 정평이 난 사람이었고, 철두철미한 예배의 삶을 산 사람이었습니다.

"우스 땅에 욥이라 불리는 사람이 있었는데 그 사람은 온전하고 정직하여 하나님을 경외하며 악에서 떠난 자더라 그에게 아들 일곱과 딸 셋이 태어나니라 그의 소유물은 양이 칠천 마리요 낙타가 삼천 마리요 소가 오백 겨리요 암나귀가 오백 마리이며 종도 많이 있었으니 이 사람은 동방 사람 중에 가장 훌륭한 자라 그의 아들들이 자기 생일에 각각 자기의 집에서 잔치를 베풀고 그의 누이 세 명도 청하여 함께 먹고 마시더라 그들이 차례대로 잔치를 끝내면 욥이 그들을 불러다가 성결하게 하되 아침에 일어나서 그들의 명수대로 번제를 드렸으니 이는 욥이 말하기를 혹시 내 아들들이 죄를 범하여 마음으로 하나님을 욕되게 하였을까 함이라 욥의 행위가 항상 이러하였더라"(욥 1:1-5)

그러나 하나님은 욥의 무의식 세계를 치료하기를 원하셨습니다. 욥은 의식세계 속에서 나름대로 의로운 삶을 살고, 최선의 예배를 드렸지만 욥의 무의식 세계에는 하나님이 기뻐하지 않는 어두움이 있었습니다. 그래서 하나님은 욥의 무의식까지로 깨끗이 씻어서 욥에게 더 큰 복을 주시고자 의도적으로 사탄의 시험을 허락하셨습니다.

"하루는 하나님의 아들들이 와서 여호와 앞에 섰고 사탄도 그들 가운데에 온지라 여호와께서 사탄에게 이르시되 네가 어디서 왔느냐 사탄이 여호와께 대답하여 이르되 땅을 두루 돌아 여기저기 다녀왔나이다 여호와께서 사탄에게 이르시되 네가 내 종 욥을 주의하여 보았느냐 그와 같이 온전하고 정직하여 하나님을 경외하며 악에서 떠난 자는 세상에 없느니라 사탄이 여호와께 대답하여 이르되 욥이 어찌 까닭 없이 하나님을 경외하리이까 주께서 그와 그의 집과 그의 모든 소유물을 울타리로 두르심 때문이 아니니이까 주께서 그의 손으로 하는 바를 복되게 하사 그의 소유물이 땅에 넘치게 하셨음이니이다 이제 주의 손을 펴서 그의 모든 소유물을 치소서 그리하시면 틀림없이 주를 향하여 욕하지 않겠나이까 여호와께서 사탄에게 이르시되 내가 그의 소유물을 다 네 손에 맡기노라 다만 그의 몸에는 네 손을 대지 말지니라 사탄이 곧 여호와 앞에서 물러가니라"(욥 1:6-12)

욥에게 허락된 사탄의 시험은 실로 엄청난 고난이었습니다.

최고의 부와 많은 자녀와 높은 명성을 지녔던 그는 한 순간에 모든 것을 다 잃어버렸습니다. 스바 사람들이 갑자기 쳐들어와 가축들을 빼앗고 종들을 죽였고, 동시에 하나님의 불이 하늘에서 떨어져 양과 종들을 태워버렸습니다.

또 그 시간에 갈대아 사람들의 무리가 쳐들어와 낙타들을 빼앗고 종들을 죽였습니다. 바로 그 시간에 욥의 자녀들이 맏아들의 집에서 음식을 먹고 있는데 큰 바람이 불어 닥쳐 그 집이 무너져 아들 일곱과 세 딸 즉 모든 자녀들이 순식간에 죽었습니다.

설상가상으로 욥은 발바닥에서 정수리까지 종기가 나서 재 가운데 앉아 질그릇 조각으로 온 몸을 긁게 되었습니다. 그의 아내가 그의 이런 모습을 보고 "당신이 그래도 자기의 온전함을 굳게 지키겠느냐 하나님을 욕하고 죽으라"라고 말하기까지 했습니다. 하지만 욥은 이러한 엄청난 고난 속에서도 의지적으로 그의 믿음을 지켰습니다.

> "욥이 일어나 겉옷을 찢고 머리털을 밀고 땅에 엎드려 예배하며 이르되 내가 모태에서 알몸으로 나왔사온즉 또한 알몸이 그리로 돌아가올지라 주신 이도 여호와시요 거두신 이도 여호와시오니 여호와의 이름이 찬송을 받으실지니이다 하고 이 모든 일에 욥이 범죄하지 아니하고 하나님을 향하여 원망하지 아니하니라"(욥 1:20-22)

그러나 욥의 친구들이 욥을 위로차 왔다가 너무 비참하게 변해버린 욥을 보면서 칠일 동안이나 입을 열지 못하자 욥의 무의식 세계는 해체되기 시작했습니다. 욥은 친구들이 자신을 불쌍히 여기며 책망하는 가운데 자존심을 드러냈고, 하나님을 향한 분노, 고난을 향한 불평을 드러냈습니다. 욥을 위로하러 왔던 친구들은 욥에게 줄기차게 회개하라고 권고했으나 욥은 자기 의를 드러냄으로 친구들로 하여금 할 말이 없게 만들었습니다.

"욥이 자신을 의인으로 여기므로 그 세 사람이 말을 그치니"(욥 32:1)

이렇게 자기를 의롭게 여기는 욥을 바라보고 있던 젊은 사람 엘리후는 분노했습니다. 그의 눈에는 욥이 하나님보다 자기를 더 의롭게 여기는 모습이 보였습니다.

"람 종족 부스 사람 바라겔의 아들 엘리후가 화를 내니 그가 욥에게 화를 냄은 욥이 하나님보다 자기가 의롭다 함이요"(욥 32:2)

지금까지 욥은 고난 중에 자신의 의로움을 반복적이고 연속적으로 드러냈습니다. 그는 스스로 온전하다고 말했고, 자신이 하나님의 모든 뜻을 바로 따랐다고 생각했습니다.

"나는 온전하다마는..."(욥 9:21)
"하나님께 불러 아뢰어 들으심을 입은 내가 이웃에게 웃음거리가 되었으니 의롭고 온전한 자가 조롱거리가 되었구나"(욥 12:4)

"내 발이 그의 걸음을 바로 따랐으며 내가 그의 길을 지켜 치우치지 아니하였고 내가 그의 입술의 명령을 어기지 아니하고 정한 음식보다 그의 입의 말씀을 귀히 여겼도다"(욥 23:11-12)

욥에게 임한 고난은 자기 의에 도취되어있는 욥의 무의식 세계를 드러냈습니다. 욥의 의식세계는 한없이 겸손하고 신실하며 조심스럽게 하나님 앞에 살아가는 정직한 모습이었지만, 욥의 무의식 세계에는 자신이 옳다고 여기는 영적 교만과 자신에게 고난을 허락하는 하나님의 판단을 이해할 수 없다는 영적인 반항과 대적이 숨어있었습니다. 그래서 고난의 끝에 그는 하나님 앞에 회의를 품게 되었고 불평을 하게 되었습니다.

"욥이 말하기를 내가 의로우나 하나님이 내 의를 부인하셨고 내가 정당함에도 거짓말쟁이라 하였고 나는 허물이 없으나 화살로 상처를 입었노라 하니"(욥 34:5-6)

자기 의를 주장하던 욥은 젊은 사람 엘리후에게 책망을 들었습니다.

"그대는 실로 내가 듣는 데서 말하였고 나는 그대의 말소리를 들었느니라 이르기를 나는 깨끗하여 악인이 아니며 순전하고 불의도 없거늘 참으로 하나님이 나에게서 잘못을 찾으시며 나를 자기의 원수로 여기사 내 발을

차꼬에 채우시고 나의 모든 길을 감시하신다 하였느니라"(욥 33:8-11)

젊은 사람 엘리후는 지금껏 욥을 책망하는 세 친구의 말과 자기 의를 드러내는 욥의 말을 조용히 듣고만 있었으나 욥기 33장에 들어서면서 고난을 통해 역사하시는 하나님의 섭리를 성급하게 판단한 욥을 책망했습니다

또 34장에서는 지나친 자기 의에 도취해 하나님을 비난한 욥을 책망했고, 35장에서는 욥의 기도에 대해 하나님이 응답치 않은 원인을 변론했으며, 36-37장에서는 하나님의 위대한 권능과 섭리에 대해 찬양하면서 상대적으로 욥의 작은 생각을 드러내어 욥이 하나님 앞에 회개할 것을 촉구했습니다. 하지만 욥은 깨닫지 못하고 자기 의를 인정하지 못했습니다. 결국 하나님이 직접 욥에게 책망하셨습니다.

"그 때에 여호와께서 폭풍우 가운데에서 욥에게 일러 말씀하시되 너는 대장부처럼 허리를 묶고 내가 네게 묻겠으니 내게 대답할지니라 네가 내 공의를 부인하려느냐 네 의를 세우려고 나를 악하다 하겠느냐"(욥 40:6-8)

폭풍우 속에서 나타나신 하나님은 욥에게 자기 의를 깨뜨리라고, 모든 교만과 노를 비우라고 말씀하셨습니다.

지금까지 욥은 자신에게 그러한 영적 교만과 분노, 자기 의가 있다는 사실을 몰랐습니다. 하지만 심한 고난은 그의 영혼의 깊은 곳에 있는 모든 죄악을 신랄하게 드러냈습

니다.

'자기 의'는 스스로 자신을 구원할 수 있다고 여기게 하는 무서운 영적 교만입니다. 자기 의에 도취된 사람은 하나님의 은혜를 알아차릴 수 없고 하나님의 구원을 찬양할 수도 없습니다. 입술로는 하나님께 영광을 돌릴 수 있어도 마음속 은근한 생각 속에는 언제나 자신의 잘남이 이 모든 것을 이루게 했다고 여기며 살게 됩니다.

그러므로 자기 의는 다른 무수한 죄악보다 더 무서운 죄입니다.

하나님은 욥 안에 있는 이러한 무서운 '자기 의'를 고난을 통해 드러내셨고, 고난을 통해 치료하셨습니다. 결국 욥은 자기 교만과 자기 의를 회개하며 하나님 앞에 가까이 나아갔습니다. 욥은 지금까지 자신이 했던 모든 말이 무지한 말이었으며, 깨닫지 못해서 나온 말이었다고 고백하며 하나님의 전지전능하심을 인정했습니다.

"욥이 여호와께 대답하여 이르되 주께서는 못 하실 일이 없사오며 무슨 계획이든지 못 이루실 것이 없는 줄 아오니 무지한 말로 이치를 가리는 자가 누구니이까 나는 깨닫지도 못한 일을 말하였고 스스로 알 수도 없고 헤아리기도 어려운 일을 말하였나이다"(욥 42:1-3)

이로써 욥은 하나님보다 앞서나갔던 자신의 생각을 모두

거두어들였습니다.

"그러므로 내가 스스로 거두어들이고 티끌과 재 가운데에서 회개하나이다"(욥 42:6)

여기 '거두어들이고'에 해당하는 히브리어 '마아쓰(מָאַס)'는 '거부하다, 싫어하다, 뉘우치다'라는 뜻입니다. 즉 욥이 자신의 어리석은 말과 행동을 싫어하며 스스로 거부한다는 뜻입니다. 과거에 대한 뉘우침을 표현한 것입니다. 티끌과 재 가운데서 회개한 것은 철저하고 완전한 회개의 표시이며 애통하며 스스로를 겸비하게 하는 것임을 나타내기 위함입니다.

이렇게 무의식 속에 숨어있던 죄를 드러내어 회개하자 욥의 영의 눈이 열렸습니다. 잃었던 분별력이 회복되었고, 상실했던 평안과 기쁨이 회복되었습니다. 그래서 귀로만 듣던 하나님을 눈으로 보는 체험적인 신앙, 관계적인 신앙, 사실적인 신앙으로 진보하게 되었습니다. 뿐만 아니라 하나님은 관계의 회복, 건강의 회복, 물질의 회복, 가정의 회복을 허락하시고 갑절의 축복을 누리게 하셨습니다.

하나님은 고난을 통해, 말씀을 통해, 여러 가지 방식으로 우리의 무의식을 드러내어 고치십니다. 무의식이 새로워지지 않으면 우리의 삶에는 근원적인 변화가 일어나지 않습니다. 무의식이 새로워져야 전인적인 변화가 일어납니다. 고난을 통해 드러나는 우리의 연약함, 부족함, 더러움, 악함을 주님 앞에 내어놓고 모든 죄를 씻음 받읍시다. 하나님은 우리의 깊은 곳을 치료하심으로 두 배의 축복, 최고의 축복을 허락하십니다.

이 시간 우리 모두가 무의식 세계를 치료하는 하나님의 고난의 처방을 달게 받고 영혼이 새로워짐으로 갑절의 축복을 누리는 인생이 되시기를 주님의 이름으로 축원합니다.

〈주님과 동행하는 기쁨 나누기〉

1. 무의식이 어떻게 표출되는지에 대해 아래에 기록돼 있습니다.

(　　) 안에 맞는 단어는 무엇입니까?

(1) (　　)을 통해 무의식이 표출됩니다.

우리는 꿈을 무시해서도 안되고, 너무 지나치게 집착해서 확대해석하거나 잘못된 해석을 하여 하나님과 관계없는 삶에 빠지면 안됩니다.

● 당신은 꾼 꿈에 대해 어떨 때 하나님과 관계있다고 생각합니까?

(2) (　　)의 순간에 무의식이 표출됩니다.

우리는 고난을 통해 우리의 무의식의 세계를 드러내고 우리 속사람의 맨얼굴을 보일 수 있습니다.

● 당신이 고난을 통해 자신을 발견한 경험을 나누십시오.

(3) 실수를 통해 무의식이 표출됩니다.

어둠의 세력들은 우리의 깊은 무의식을 통해 역사하며 우리 영혼의 심층부에 사단의 견고한 진을 형성합니다.

● 깊은 무의식의 세계와 영혼의 깊은 곳에 형성된 사탄의 견고한 진을 어떻게 무너뜨려야 합니까?

2. 아래 성구를 읽고 당신의 삶에 일어난 일을 나누십시오.

(1) 이사야 53장 5,6절 – "그가 찔림은 우리의 허물 때문이요 그가 상함은 우리의 죄악 때문이라 그가 징계를 받으므로 우리는 평화를 누리고 그가 채찍에 맞으므로 우리는 나음을 받았도다 우리는 다 양 같아서 그릇 행하여 각기 제 길로 갔거늘 여호와께서는 우리 모두의 죄악을 그에게 담당시키셨도다"

(2) 시편 103편 2–5절 – "내 영혼아 여호와를 송축하며 그의 모든 은택을 잊지 말지어다 그가 네 모든 죄악을 사하시며 네 모든 병을 고치시며 네 생명을 파멸에서 속량하시고 인자와 긍휼로 관을 씌우시며 좋은 것으로 네 소원을 만족하게 하사 네 청춘을 독수리 같이 새롭게 하시는도다"

(3) 요한계시록 3장 20절 – "볼지어다 내가 문 밖에 서서 두드리노니 누구든지 내 음성을 듣고 문을 열면 내가 그에게로 들어가 그와 더불어 먹고 그는 나와 더불어 먹으리라"

3. 아래 성구의 (　　)에 맞는 단어를 넣고 암송합시다.

"여호와께서 말씀하시되 오라 우리가 서로 변론하자 너희의 (　　)가 주홍 같을지라도 (　　)과 같이 희어질 것이요 진홍 같이 붉을지라도 (　　) 같이 희게 되리라"(사 1:18)

5. 십자가는 완전한 능력이라

제6장

고통의 이면을 보게 하는 복음

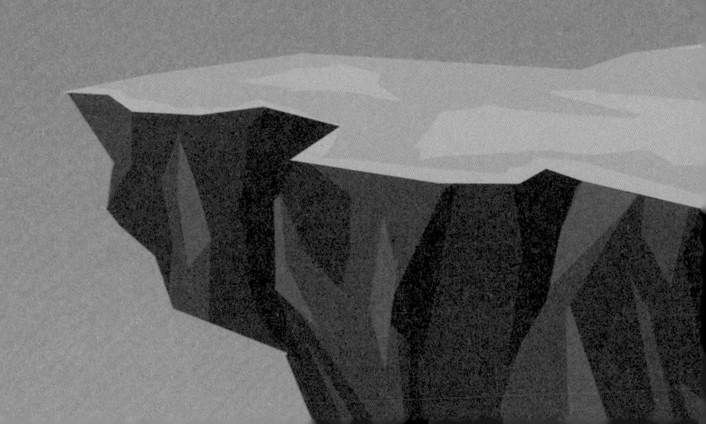

고린도후서 12장 7-10절

"여러 계시를 받은 것이 지극히 크므로 너무 자만하지 않게 하시려고 내 육체에 가시 곧 사탄의 사자를 주셨으니 이는 나를 쳐서 너무 자만하지 않게 하려 하심이라 8 이것이 내게서 떠나가게 하기 위하여 내가 세 번 주께 간구하였더니 9 나에게 이르시기를 내 은혜가 네게 족하도다 이는 내 능력이 약한 데서 온전하여짐이라 하신지라 그러므로 도리어 크게 기뻐함으로 나의 여러 약한 것들에 대하여 자랑하리니 이는 그리스도의 능력이 내게 머물게 하려 함이라 10 그러므로 내가 그리스도를 위하여 약한 것들과 능욕과 궁핍과 박해와 곤고를 기뻐하노니 이는 내가 약한 그 때에 강함이라"

6
고통의 이면을 보게 하는 복음

이면을 본다는 것은 '눈에 보이는 차원 너머를 보는 것'을 의미합니다. 겉으로 보이는 문제의 다른 면을 보고, 육안으로 보이는 현상의 영적인 차원을 읽는 능력이 '이면을 보는 힘'입니다.

성도는 험하고 악한 세상 속에서 하나님의 능력으로 승리하는 삶을 살기 위해 반드시 '이면을 보는 힘'을 겸비해야 합니다. 눈으로 보이는 것이 전부가 아니기 때문입니다.

세상에는 겉으로 보이는 것과 다른 이면을 가진 것들이 참으로 많습니다. 겉으로는 양의 탈을 쓰고 착하고 온유한 모습을 보여도 이리와 같은 악랄함과 잔인함을 가진 사람도 있고, 얼핏 보기에는 축복과 형통의 모습을 담고 있어도 사실상 영혼의 생명을 위협하는 미혹과 환난인 사건도 있습니다. 그러므로 우리는 겉으로 보이는 것의 이면을 통찰하고 진가를 판단할 수 있는 실력을 겸비해야 합니다.

우리가 사는 세상은 날이 갈수록 거짓과 위선이 늘어만 갑니다. 이 세상은 정치, 경제, 문화, 교육, 예술 등 사회 전반에서 거짓이 만연합니다. 이기고 성공하기 위해 적당히 거짓말하고, 위선으로 포장하는 것이 인생을 살아가는 하나의 처세술처럼 여겨지는 시대가 되었습니다.

최근 유명인들이 자신의 거짓들이 드러나면 "먹고 살려다 보니 어쩔 수 없었습니다"라며 일명 '생계형 거짓말'을 앞세웁니다.

'탈진실'이 시대를 대표하는 키워드가 될 정도로 거짓이 난무하고 있습니다. 이전에는 절대적으로 신뢰했던 언론보도도 이제는 편파적인 경우가 많아졌습니다. 다수에게 노출되는 인터넷 댓글, 여론 조사 결과, 데이터 분석 결과도 상당 부분 조작된 것으로 밝혀지기도 합니다.

우리는 거짓이 가득한 세상 속에서 표면적으로 보이는 것만 따라가는 어리석은 그리스도인이 되어서는 안 됩니다.

"보라 내가 너희를 보냄이 양을 이리 가운데로 보냄과 같도다. 그러므로 너희는 뱀 같이 지혜롭고 비둘기 같이 순결하라"(마 10:16)

예수님께서 "뱀처럼 지혜롭고 비둘기 같이 순결하라"라

고 말씀하신 것은 '악한 영의 전략을 분별할 수 있는 능력을 겸비하고, 그들보다 탁월하여 전쟁에 승리해야 한다'라는 뜻입니다. 우리가 싸우는 대상인 악한 영은 거짓에 능하고, 우리 안의 죄의 경향성을 이용하여 우리를 넘어뜨리는 일에 능하기 때문입니다.

하나님은 성도가 이면을 보며 분별하기를 원하십니다.

그러므로 우리는 역사의 배후에서, 자연재해와 사건사고의 배후에서, 질병과 고통의 배후에서, 문화와 가치관의 배후에서, 정치와 경제의 배후에서 역사하는 사탄의 궤계를 알고 맞서야 합니다. 이 땅의 그리스도인은 문화라는 이름으로, 예술이라는 이름으로, 인권이라는 이름으로 공격해 오는 사탄과 정면으로 대치하는 상황에 있습니다.

예를 들어 '핼러윈데이'는 영미권에서 매년 10월 31일에 치루는 축제입니다. 핼러윈데이는 귀신에 대한 두려움에서 비롯된 것입니다.

기원전 500년경 영국과 아일랜드, 프랑스 북서부 지방에 살던 켈트족이 '죽은 영혼이 자신의 몸에 들어오는 것'을 막기 위해 귀신 복장을 하던 것에서 유래됐습니다. 핼러윈데이에는 호박을 뚫어 눈과 입을 장식하고, 악마 분장을 한 후에 파티 같은 것을 합니다.

어느 순간에 '핼러윈데이'가 우리나라에도 들어와 자리를 잡았습니다. 우리는 10월이 되면 대형 쇼핑몰과 놀이공원에서 호박과 해골, 다양한 유령 모형을 심심치 않게 만날 수 있습니다. 좀비 역시 여름이 되면 놀이공원에서 쉽게 찾는 테마입니다.

이러한 문화에 대해 문화선교원 백광훈[1] 목사는 "성령은 악은 모든 모양이라도 버리라고 했는데, 크리스천조차 핼러윈데이가 어떤 날인지 모르면서 파티에 참석하기도 한다. 신앙인이라면 자신도 모르는 사이에 악의 모습을 따르거나 악의 도구가 되는 일이 없도록 주의해야 한다"라고 말했습니다.

우리는 삶의 전 영역에서 하나님이 허락하시는 분별력과 통찰력을 발휘하며 살아야 합니다. 삶 가운데 일어나는 모든 일의 이면을 정확하게 보고 분별하여 성령이 아닌 다른 영의 역사를 대적해야 합니다.

"사랑하는 자들아 영을 다 믿지 말고 오직 영들이 하나님께 속하였나 분별하라 많은 거짓 선지자가 세상에 나왔음이라"(요일 4:1)

간사한 사탄은 위장술에 능합니다.

교활한 사탄은 자신이 존재하지 않는다는 식으로 위장하기도 하고, 또 때로는 친근한 존재, 인간미 있는 존재로 아름답게 포장하여 그 뒤에 자신의 추악한 모습을 숨깁니다.

또 사탄은 진화론과 같은 인본주의의 배후에서, 물질만능주의와 외모지상주의의 세상 풍조의 배후에서, 수많은 범죄와 악의 배후에서 역사합니다.

사냥꾼이 토끼나 새를 잡기 위해 덫을 놓을 때 먹잇감으로 덫을 위장하듯이, 마귀는 자신의 교활한 발톱을 전면에 드러내지 않고 숨어서 역사합니다. 그래서 마귀의 간계에 넘어간 사람들은 영적 존재를 인정하지 않는 것이 세련된 지성인의 사고방식이라고 생각합니다. 그리고 너무도 합법적으로 보여지는 세상 가치관들을 총동원하여 교회와 하나님의 법을 대적하고 창조질서를 무너뜨립니다. 이들은 철저히 사탄에게 조종을 당하면서도 사탄의 존재조차 알지 못합니다.

예수를 믿는 성도들 중에서도 영적인 세계에 무지하여 사탄의 간계에 속아서 의도와 다르게 사탄의 하수인 노릇을 하는 사람들이 있습니다.

우리는 이면을 보지 못하고 영을 분별하지 못할 때 얼마나 어리석은 삶을 살게 되는지 깨닫고 영을 깨워야 합니다. 무엇보다 우선적으로 이면에서 역사하는 영을 분별하고 시대를 분별할 수 있는 능력을 받아야 합니다.

"근신하라 깨어라 너희 대적 마귀가 우는 사자 같이 두루 다니며 삼킬 자를 찾나니 너희는 믿음을 굳건하게 하여 그를 대적하라 이는 세상에 있는

너희 형제들도 동일한 고난을 당하는 줄을 앎이라"(벧전 5:8-9)

"그런즉 너희는 하나님께 복종할지어다 마귀를 대적하라 그리하면 너희를 피하리라"(약 4:7)

보이는 육의 세계는 모두 보이지 않는 영의 세계의 다스림을 받습니다. 영의 세계는 성령 아니면 악령입니다. 그러므로 우리는 육의 세계에서 나타나는 열매로 이면에 역사하는 영적 세력을 분별할 수 있습니다.

성령님의 역사에는 언제나 생명과 평안을 동반하는 성령의 열매가 맺히고, 악령의 역사에는 언제나 상처와 죄악을 동반하는 어둠의 일, 육체의 일들이 일어납니다.

"거짓 선지자들을 삼가라 양의 옷을 입고 너희에게 나아오나 속에는 노략질하는 이리라 그들의 열매로 그들을 알지니 가시나무에서 포도를, 또는 엉겅퀴에서 무화과를 따겠느냐 이와 같이 좋은 나무마다 아름다운 열매를 맺고 못된 나무가 나쁜 열매를 맺나니 좋은 나무가 나쁜 열매를 맺을 수 없고 못된 나무가 아름다운 열매를 맺을 수 없느니라 아름다운 열매를 맺지 아니하는 나무마다 찍혀 불에 던져지느니라 이러므로 그들의 열매로 그들을 알리라"(마 7:15-20)

그러므로 우리는 열매를 통해 이면을 통찰할 수 있어야 합니다. 먼저 자신의 내면세계 이면에, 마음의 이면에, 무의식의 이면에 역사하는 영을 분별하고 자기 분별이 선행되어야 합니다. 자기 분별이 안 되는 사람은 자기 속에 있는 어둠을 눈에 보이는 대상에 투영시켜서 생각할 수 있기 때문입니다.

자신 속에 두려움이 있는 사람은 특정 사람이나 사건을 보며 자기 속에 있는 두려움을 느낄 수 있고, 또 사건과 사람을 해석할 때, 두려움의 관점에 치우쳐 해석함으로 사건과 사람을 객관적으로 바라보지 못하는 오류를 범합니다.

자신 속에 우울이 있는 사람은 외부 환경을 보면서 자기 내면에 있는 우울을 인지할 수 있습니다. 그러므로 우리는 이면을 보는 힘을 기르기 위해 먼저 자기 내면을 봐야 합니다.

성도는 자기 자신에 대해 철저히 절망하고 하나님을 소망하는 과정을 거쳐야 합니다.

그럴 때 영적 분별력과 믿음의 성숙이 이루어집니다.

사도 바울도 율법을 깨닫고 자기 내면에 역사하는 죄의 세력의 실체를 보고 절망했습니다. 그리고 예수 그리스도의 진리로 자유를 얻는 자기 분별의 과정을 거쳤습니다. 자기 분별이 제대로 이루어지기까지 내적인 영적 전쟁을 치룬 사람은 모든 사건 사고와 존재의 배후에 역사하는 성령과 악령의 역사를 분별할 수 있는 영적 감각을 지니게 됩니다.

사실 모든 사건과 존재에는 양면성이 있습니다.

이는 모든 사건과 존재에서 성령님의 역사와 악령의 역사가 공존할 수 있는 가능성이 있다는 것입니다.

사람의 마음만 봐도 이러한 사실을 쉽게 알 수 있습니다. 사람의 마음은 성령의 역사가 나타나는 생명의 근원이기도 하지만 동시에 악령의 역사가 일어나는 심히 부패한 장소이기도 합니다.

> "모든 지킬 만한 것 중에 더욱 네 마음을 지키라 생명의 근원이 이에서 남이니라"(잠 4:23)
>
> "만물보다 거짓되고 심히 부패한 것은 마음이라 누가 능히 이를 알리요마는 나 여호와는 심장을 살피며 폐부를 시험하고 각각 그의 행위와 그의 행실대로 보응하나니"(렘 17:9-10)

자기 내면의 양면성을 보고 내면의 부패를 십자가에 못 박은 사람은 마음에서 솟아나는 충만한 생명력을 누리며 살아갈 수 있습니다. 마찬가지로 우리는 모든 존재와 사건의 이면을 보고 성령님의 인도를 구할 때 사탄에게 속지 않고 승리할 수 있습니다. 이면을 보고, 이면에서 역사하는 어둠의 세력을 대적할 때 우리는 고통과 박해, 상처와 미혹, 절망과 죽음 앞에서도 은혜와 생명, 자유와 능력을 누리며 성령의 열매를 맺는 삶을 살 수 있습니다. 우리 안에서 역사하시는 성령님은 역전의 하나님이시기 때문입니다.

살아계신 하나님은 공허를 진리로 뒤집고, 혼돈을 질서로 이기며, 어둠을 빛으로 바꾸시는 분이십니다. 우리가 어떤 역경과 환난을 만나도 그 문제 이면에서 역사하시는 성령님을 주목하기만 하면 성령으로 말미암는 역전의 역사를 경험할 수 있습니다. 이면에서 역사하시는 하나님의 섭리를 깨달을 때 우리는 질 수밖에 없는 상황에서 승리하고, 주저앉을 수밖에 없는 상황에서 일어서며, 망할 수밖에 없는 상황에서 성공할 수 있습니다. 우리는 예수 그리스도의 이름으로 이면을 보는 힘을 간구해야 합니다.

이면을 볼 수 있는 힘이 생기면 우리의 삶에서 일어나는 고통 너머에 있는 이면도 분별하여 그 의미를 알 수 있습니다. 베를린예술대학교 철학·문화학 교수를 지낸 한병철[2]은 자신의 책 『고통 없는 사회』에서 '고통이란 우리의 몸과 마음에 어떤 해결해야 할 문제가 발생했음을 불쾌한 감각, 감정 등으로 알려주는 문제의 해결을 촉구하는 경고신호'라고 정의합니다. '고통'은 힘들고 어려우며 쓰고 아픈 통증을 느끼는 감정이나 감각입니다.

사람은 누구나 태어나서 죽을 때까지 수많은 고통을 경험하면서 힘들고 아픈 통증을 느낍니다. 엄마 뱃속에서 세상에 태어나는 순간 좁은 산도를 통과해서 낯선 세상으로 던져지는 고통을 경험하게 되고 얼마 지나지 않아 여러 가지 다양한 육체의 고통, 정신의 고통, 마음의 고통을 경험하면서 성장하게 됩니다. 때때로 그 고통은 눈에 띄지도 않을 만큼 작고 사소한 것일 수도 있고, 감당하기 어려울 만큼 크고 치명적인 것일 수도 있습니다. 쉽게 이겨내고 털어낼 수 있는 고통도 있고, 그 누구에게도 이해받을 수 없을 것이라 여겨지는 수치스럽고 절망스러운 고통도 있습니다.

사람은 누구나 여러 가지 고통 속에서 살아가지만 어떤 누구도 고통을 달갑게 느끼거나 즐거워하지는 않습니다. 일반적으로 사람은 아프고 힘겨운 고통을 싫어합니다. 대부분의 사람은 고통스럽고 힘든 일은 기피하면서 고통 없는 삶을 원합니다.

그러나 그 누구도 고통 없는 삶을 살 수는 없습니다.

인생은 그 자체가 고통입니다. 한 가지 문제가 해결되면 또 다른 문제가 나타나고, 현재의 극심한 고통이 줄어들면 예기치 못한 또 다른 고통이 찾아오는 것이 인생입니다.

마틴 루터는 "인간은 존재적 우울의 고통을 가지고 태어난다"라고 했습니다.

아담과 하와의 범죄 이후로 원죄를 갖고 태어난 인간은 아무런 문제나 결핍이 없는 상황 속에서도 내재된 죄가 만드는 고통에 시달리는 삶을 살 수밖에 없습니다. 결국 죄의 속성에 물들어 태어나 일평생 죄의 지배를 받는 인간은 죄로 인해 고통을 받고, 고통으로 인해 다시 죄를 지으며 고통과 죄로 범벅된 삶을 살게 되었습니다.

"기록된바 의인은 없나니 하나도 없으며 깨닫는 자도 없고 하나님을 찾는 자도 없고 다 치우쳐 함께 무익하게 되고 선을 행하는 자는 없나니 하나도 없도다 그들의 목구멍은 열린 무덤이요 그 혀로는 속임을 일삼으며 그 입술에는 독사의 독이 있고 그 입에는 저주와 악독이 가득하고 그 발은 피 흘리는 데 빠른지라 파멸과 고생이 그 길에 있어 평강의 길을 알지 못하였고 그들의 눈 앞에 하나님을 두려워함이 없느니라 함과 같으니라"(롬 3:10-18)

C. S. 루이스[3]는 "고통의 가능성은 영혼들이 서로 마주치는 세계의 존재 그 자체에 이미 내재되어 있다. 영혼들이 악해질 때에는 틀림없이 이런 가능성을 이용하여 서로를 해치려 들 것이다. 인간이 겪는 고통의 5분의 4는 여기에 그 원인이 있다. 고문과 채찍과 감옥과 노예와 총과 총검과 폭탄을 만든 이는 하나님이 아니라 사람이다. 우리의 가난과 과로는 자연의 심술 때문에 생기는 것이 아니라 인간의 탐욕 내지는 어리석음 때문에 생기는 것이다"라고 했습니다.

고통은 죄의 다른 이름입니다.

그러므로 죄에서 자유하지 못한 사람은 고통에서 자유로울 수 없습니다. 미세먼지가 사람의 깊은 내부까지 침투하여 무서운 질병을 유발시키듯이, 죄는 우리가 느끼지 못하는 마음의 밀실, 영혼의 밀실까지 침투하여 깊은 고통을 만들어냅니다. 결국 사람들은 저마다 질병의 고통, 관계의 고통, 마음의 고통, 영혼의 고통에 신음소리를 내면서 살아갑니다.

모든 사람들이 고통 때문에 아파하지만 그 누구도 이 고통을 해결할 수 있는 완전한 방법을 찾아내지 못했습니다. 선행을 많이 해서 고통을 상쇄시키려고 하고, 명상을 통해 마음치료를 시도하지만 모두가 헛될 뿐입니다.

인간의 모든 노력은 진통제에 지나지 않습니다.

진통제나 마취제는 상처를 치료하는 것이 아니라 일시적으로 고통을 느끼지 못하게 만드는 것입니다. 인간의 힘으로 죄를 해결해보려는 시도는 진통제와 같아서 시간이 지나면 다시 고통이 찾아오고 상처가 악화되는 일을 피할 수 없습니다. 우리의 모든 고통을 완전히 이기는 힘은 오직 예수 그리스도에게 있습니다.

"그가 찔림은 우리의 허물 때문이요 그가 상함은 우리의 죄악 때문이라 그가 징계를 받으므로 우리는 평화를 누리고 그가 채찍에 맞으므로 우리는 나음을 받았도다 우리는 다 양 같아서 그릇 행하여 각기 제 길로 갔거늘 여호와께서는 우리 모두의 죄악을 그에게 담당시키셨도다"(사 53:5-6)

예수님은 십자가에서 못 박혀 죽으시는 무서운 고통을 당하심으로 우리의 고통의 문제를 해결해 주셨습니다. 그러므로 우리는 고통 중에서 우리를 구원하신 예수 그리스도의 십자가를 의지할 때 고통의 이면을 보는 능력을 얻게 됩니다. 고통의 십자가를 통해 영의 눈을 열어 고통의 이면에 있는 능력과 사랑, 은혜를 발견하게 되는 것입니다.

예수님께서는 생명을 누릴 수 없는 죄인인 우리에게 새 생명을 주시기 위해 오셨습니다. 이 목적은 십자가의 고난에 의해 성취되었습니다.

예수님께서는 그 고통을 거절하지 않고 기꺼이 받으셨습니다. 예수님의 고통이 우리의 회복이었기에, 예수님의 십자가가 우리의 생명이었기에 십자가를 지셨습니다. 대부분의 사람들은 고난을 받을 때 하나님께 징계를 받는다고 생각합니다. 그러나 죽음 외에 하나님께서 우리에게 허락하시는 고난은 우리를 향한 용서의 메시지, 구원의 메시지입니다. 그렇기에 죽음을 제외한 고난은 하나님께 다시 돌아와 회복할 수 있는 기회가 됩니다. 사람은 모두 죄인이기 때문에 고난과 고통을 피할 수는 없습니다. 그러나 고통의 이면을 볼 수 있다면 그 고난의 결과는 생명이 될 수 있는 것입니다.

"고난 당한 것이 내게 유익이라 이로 말미암아 내가 주의 율례들을 배우게 되었나이다"(시 119:71)

"다만 이뿐 아니라 우리가 환난 중에도 즐거워하나니 이는 환난은 인내를, 인내는 연단을, 연단은 소망을 이루는 줄 앎이로다"(롬 5:3-4)

어거스틴은 "당신을 괴롭히고 슬프게 하고 있는 일들은 하나의 시련이라고 생각하라. 쇠는 달구어야 굳어진다. 당신도 지금의 그 시련을 통하여 더욱 굳건한 정신을 얻게 될 것이다"라고 말했습니다.

"내 형제들아 너희가 여러 가지 시험을 당하거든 온전히 기쁘게 여기라 이는 너희 믿음의 시련이 인내를 만들어 내는 줄 너희가 앎이라 인내를 온전히 이루라 이는 너희로 온전하고 구비하여 조금도 부족함이 없게 하려 함이라"(약 1:2-4)

그러므로 우리는 모든 고통을 이기게 하신 예수 그리스도의 십자가를 의지하여 고통의 이면을 보는 힘을 겸비해야 합니다. 사실 사람들은 각기 다른 태도로 고통을 대합니다. 작은 고통 앞에서도 쉽게 굴복하며 극단적인 비관과 우울에 빠지는 사람이 있고, 큰 고통 중에도 영적인 자유를 누리며 고통이 주는 유익을 누리는 사람도 있습니다.

위대한 업적을 남겨 역사를 바꾼 사람들은 대부분 삶에서 고통을 만날 때 초월적으로 위대한 열매를 맺었습니다. 프란시스 파크맨[4]은 시력이 약해 종이에 커다란 글씨로 써서

『미국사』라는 20권의 대작을 집필했습니다.

독실한 크리스천인 파스퇴르[5)]는 반신불수의 상태에서 질병에 대한 면역체를 개발했습니다. 그리고 에디슨은 청각장애자였지만 축음기를 발명했습니다. 또 『실락원』의 저자 밀턴[6)]은 시각장애인이었으나 영국 최고의 시인으로 칭송을 받았습니다. 프랭클린 루스벨트[7)]는 소아마비였으나 미국의 대통령이 되어 미국을 경제대공황에서 회복시켰습니다.

건강한 태도를 가진 사람은 고통을 디딤돌로 삼고 고통을 통해 인생의 발전을 이루어갑니다. 그러나 감당하기 힘든 고통 앞에서 믿음과 소망을 잃고 의지를 놓고 병들어 패닉 상태에 빠져 모든 감각을 상실하는 사람들도 있습니다. 이들은 자신에게 닥친 고통을 이길 수 없기에 완악하고 딱딱한 마음으로 모든 고통을 무의식 세계에 밀어 넣고 현실을 회피합니다. 아픈 고통이 길어질 때 하나님을 향한 신앙을 버리고 불평과 원망을 일삼으며 하나님을 대적하는 사람도 있습니다.

당신은 고통 앞에서 어떤 태도를 취하고 계십니까?

지금 우리는 코로나 사태의 장기화로 인해 여러 가지 고통을 겪고 있습니다. 경제적으로, 관계적으로, 정서적으로 고통을 당하고 있고, 무엇보다 신앙적으로 예배의 자유를 상실한 시간을 보내야 하는 고통을 당하고 있습니다.

코로나가 아니더라도 인생을 살아가는 사람들은 누구나 물질의 고난, 질병의 고난, 인간관계의 고난, 환경의 고난 등에 시달리며 고통을 당합니다. 이러한 고통 앞에 하나님으로부터 멀어져 세상길로 가는 사람도 있을 것이고, 오히려 더욱 하나님께 가까이 나아와 성령의 권능을 받고 영적인 비상을 이루는 사람도 있을 것입니다.

이에 대해 팀 켈러 목사는 그의 책 『고통에 답하다』에서 "고통은 우리를 고통 이전의 상태로 내버려 두지 않습니다. 고통은 우리를 더 나은 사람으로 만들어 주든지, 아니면 더 나쁜 사람이 되게 하든지 할 것입니다. 고통은 우리를 좀 더 긍휼이 있는 사람으로 만들어 주든지, 아니면 냉소적인 사람으로 만들어 주든지 할 것입니다. 그리고 그 고통은 여러분을 하나님께로 더 가까이 인도하든지, 아니면 하나님으로부터 더 멀어지게 하든지 할 것입니다. 좋은 쪽이든 나쁜 쪽이든, 고통은 우리를 있는 그대로의 모습으로 내버려 두지 않습니다"라고 말했습니다.

고통은 반드시 변화를 가져옵니다.

그러나 긍정적인 변화를 이루느냐, 부정적인 변화를 이루느냐는 고통을 어떻게 바라보느냐에 따라 달라집니다. 오늘 우리는 모든 인생의 고통 앞에 영적인 비상을 이루기 위해 고통의 이면을 봐야 합니다. 사도 바울은 말세를 고통하는 때라고 했습니다.

“너는 이것을 알라 말세에 고통하는 때가 이르러 사람들이 자기를 사랑하며 돈을 사랑하며 자랑하며 교만하며 비방하며 부모를 거역하며 감사하지 아니하며 거룩하지 아니하며 무정하며 원통함을 풀지 아니하며 모함하며 절제하지 못하며 사나우며 선한 것을 좋아하지 아니하며 배신하며 조급하며 자만하며 쾌락을 사랑하기를 하나님 사랑하는 것보다 더하며 경건의 모양은 있으나 경건의 능력은 부인하니 이 같은 자들에게서 네가 돌아서라”(딤후 3:1-5)

여기서 ‘고통하는’은 헬라어로 ‘칼레포이(χαλεποί)’로 ‘귀신들린’이란 뜻입니다. 이 ‘칼레포이’는 신약성경에 딱 두 번 사용되는 단어인데 본문 1절과 가다라 지방의 귀신들린 두 사람의 사나운 상태를 묘사하는 마태복음 2장 28절에 등장합니다.

“또 예수께서 건너편 가다라 지방에 가시매 귀신 들린 자 둘이 무덤 사이에서 나와 예수를 만나니 그들은 몹시 사나워 아무도 그 길로 지나갈 수 없을 지경이더라”(마 8:28)

즉 ‘말세에 고통하는 때’에서 말세는 귀신 들린 시대임을 뜻하는 말입니다.

정말 이 세상은 귀신 들린 세상입니다. 많은 사람들이 돈에 미치고, 쾌락에 미치고, 세상 명예에 미쳐서 살고 있습니다.

예전에 '마니아'라는 말이 유행했습니다. 이것은 헬라어 '마니아'에서 온 말로 '광기'를 의미합니다. 즉 어떤 특정한 분야를 지나치게 좋아하고 빠진 사람을 '마니아'라고 합니다. 자동차 마니아, 게임 마니아, 여행 마니아, 음악 마니아, 운동 마니아 등 여러 종류의 마니아들이 많습니다.

그런데 마니아들은 자신이 좋아하는 대상을 우상화시킵니다.

말세에 악한 영들에게 장악되어 살아가는 사람들은 자기를 사랑하고 돈을 사랑하고 자랑하며 교만하며 비방하기에 미친 행동을 정상인 것처럼 여기고, 거룩하지 않고 무정하며 선한 것을 좋아하지 않기에 죄를 죄라고 여기지도 않습니다.

말세의 사람들이 느끼는 고통은 이러한 죄가 만든 미친 정서, 미친 행동, 미친 인생으로 말미암은 것입니다. 그러나 하나님의 자녀 된 우리는 죄가 만든 저주의 고통이 아니라 복음을 위한 영광스런 고통을 누리게 됩니다. 예수님은 험하고 악한 세상 속에서 신앙의 지조를 지켜나가기로 결단한 사람들에게 박해와 핍박의 고통이 있을 것이라고 예고하셨습니다.

"세상이 너희를 미워하면 너희보다 먼저 나를 미워한 줄을 알라 너희가 세상에 속하였으면 세상이 자기의 것을 사랑할 것이나 너희는 세상에 속한 자가 아니요 도리어 내가 너희를 세상에서 택하였기 때문에 세상이 너희를 미워하느니라 내가 너희에게 종이 주인보다 더 크지 못하다 한 말을 기억하라 사람들이 나를 박해하였은즉 너희도 박해할 것이요 내 말을 지켰은즉 너희 말도 지킬 것이라 그러나 사람들이 내 이름으로 말미암아 이 모든 일을 너희에게 하리니 이는 나를 보내신 이를 알지 못함이라"(요 15:18-21)

존 파이퍼[8] 목사는 믿음을 근육에 비유했습니다.

"믿음은 근육 조직과 같습니다. 한계까지 압력을 가하면, 그것은 약해지는 것이 아니라 더욱 강해집니다. 당신의 믿음이 위협을 당하고, 시험받고, 한계점까지 압박을 받으면, 그 결과 견디는 용량이 늘어나게 됩니다. 하나님은 믿음을 중요하게 생각하셔서, 이를 순결하고 강하게 유지하도록 하기 위해 한계점까지 믿음을 시험하실 것입니다. 하나님은 우리의 전심을 다한 믿음을 너무나 가치 있게 여기십니다. 그렇기에 세상속의 모든 것들을 기쁘게 가져가실 것입니다. 심지어 우리의 생명까지도 말입니다."

우리는 고통의 이면을 보는 힘을 길러서 고통을 초월하여 신앙을 지키고 복음을 위해 살아야 합니다. 앞으로 우리는 예수님을 믿기 때문에 유익을 얻기보다 불이익을 당하는 일이 많은 세상에서 살게 될 것입니다.

"이것을 너희에게 이르는 것은 너희로 내 안에서 평안을 누리게 하려 함이라 세상에서는 너희가 환난을 당하나 담대하라 내가 세상을 이기었노라"

(요 16:33)

“그 중에 이 세상의 신이 믿지 아니하는 자들의 마음을 혼미하게 하여 그리스도의 영광의 복음의 광채가 비치지 못하게 함이니 그리스도는 하나님의 형상이니라”(고후 4:4)

사탄의 손아귀에 있는 세상은 갈수록 악해져서 하나님의 일을 대적하고 교회와 성도를 핍박하게 된다는 것을 예수님이 이미 말씀하셨습니다. 그러므로 우리는 예수님을 위해 고통 받는 것을 이상하게 여겨서는 안됩니다. 그리스도의 군사 된 우리는 의를 위해 박해도 받을 수 있어야 합니다. 의를 위해 받는 고통은 수치가 아니라 영광이요, 괴로움이 아니라 기쁨입니다.

“의를 위하여 박해를 받은 자는 복이 있나니 천국이 그들의 것임이라 나로 말미암아 너희를 욕하고 박해하고 거짓으로 너희를 거슬러 모든 악한 말을 할 때에는 너희에게 복이 있나니 기뻐하고 즐거워하라 하늘에서 너희의 상이 큼이라 너희 전에 있던 선지자들도 이같이 박해하였느니라”(마 5:10-12)

복음을 위해 고통도 당할 각오가 되어 있을 때 우리는 세상을 이기는 성도로서의 삶을 살아갈 수 있습니다. 주님을 위해 모든 것을 다 바치고, 생명까지 바칠 결단을 할 때 하나님은 우리의 모든 것을 지키시고 차원이 다른 기쁨과 평안, 능력을 누리게 하십니다. 그러므로 우리는 세상을 이기는 담대한 믿음을 소유하기 위해 고통을 만드는 죄를 떨쳐내고 오직 복음으로 무장하여 복음 때문에 주어지는 박해도 달게 받을 결단을 해야 합니다. 더불어 고통의 이면에서 역사하는 성령님과 악령의 활동을 분별해야 합니다.

고통의 이면에서 역사하는 악한 영의 활동

1. 고통의 이면에서 역사하는 악한 영은 하나님을 불신하게 만들고 영적인 빈궁에 처하게 만듭니다.

간사한 악한 영은 성도가 고통을 당할 때 하나님을 의심하게 만듭니다.

"하나님은 너를 사랑하시지 않아. 하나님이 널 사랑하시면 이렇게 고통스럽게 내버려 두시겠니? 사실 하나님은 없어. 이렇게 네가 고통스러운 걸 보면 네가 지금까지 열심히 기도하고 예배드리고 헌신한 것이 다 소용없다는 것을 모르겠니?"

이렇게 속삭이며 신앙생활에 회의를 갖게 하고 영적인 빈궁함에 처하게 합니다.

영적인 빈궁함은 위축된 마음을 의미합니다.

빈궁하면 여유가 없습니다. 나 살기에 바빠서 남들을 돌아볼 겨를이 없습니다. 인생의 본질, 인생의 우선순위를 고민하고 추구하기보다 그저 하루하루 견디는 삶을 살게 됩니다. 예배와 기도, 말씀을 뒷전으로 하고 세상일에 골몰하며 염려, 근심에 빠지게 됩니다. 천지의 주재이신 아빠 아버지를 두고도 여전히 종의 자리에 머물게 됩니다.

"무릇 하나님의 영으로 인도함을 받는 사람은 곧 하나님의 아들이라 너희는 다시 무서워하는 종의 영을 받지 아니하고 양자의 영을 받았으므로 우리가 아빠 아버지라고 부르짖느니라. 성령이 친히 우리의 영과 더불어 우리가 하나님의 자녀인 것을 증언하시나니 자녀이면 또한 상속자 곧 하나님의 상속자요 그리스도와 함께 한 상속자니 우리가 그와 함께 영광을 받기 위하여고난도 함께 받아야 할 것이니라"(롬 8:14-17)

'무서워하는'에 해당하는 헬라어 '에이스 포본(εἰς φόβον)'은 두려움을 뜻하는 '포본'과 '목적' 또는 '방향'의 의미를 나타내는 전치사 '에이스'의 합성어입니다. 원문에 충실하게 말씀을 해석한다면 이 단어의 올바른 뜻은 '두려움으로 이끄는'입니다.

여기에서 '두려움'은 하나님에 대한 경외심이 아니라, 인간을 정서적으로 속박하고 움츠러들게 만드는 공포심으로 어떤 금기를 어기면 화를 당한다는 불안, 신의 노여움을 사서 심판당할 것이라는 공포심, 자신의 행위가 신의 분노를 초래할 것이라는 등의 이유로 노심초사하는 마음의 상태 등을 말합니다.

이것은 모두 간사하고 악한 영의 계략임을 알아야 합니다.

우리는 하나님의 자녀이고 상속자입니다. 부모는 자녀를 속박하고 저주하고 심판하지 않습니다.

사도 바울은 우리가 상속자로서 영광과 함께 고난도 받아야 한다고 말합니다. 상속자로서 받는 고난은 영광이 예비된 고난이요, 상속을 향해 나아가기 위한 관문과 같은 고난이기 때문에 넉넉히 이겨낼 수 있습니다.

우리는 하나님의 자녀로서 우리의 정체성을 분명히 하고 고난을 대해야 합니다. 빈궁에 처한 사람들의 대표적인 특징은 비교의식에 빠져 있다는 것입니다. 비교의식에 빠져 있는 사람은 많은 것을 가져도, 좋은 환경에 있어도 자족하지 못하며 늘 열등감에 빠져 패배주의자로 살게 됩니다.

하나님은 성도에게 고통 없는 삶을 약속하지 않으셨습니다. 하나님은 때때로 고통을 통해 죄를 회개하게 하고 영적인 성장과 성숙을 이루게 하십니다. 하나님은 고통의 때에 하나님께 기도하며 하나님께 부르짖는 영혼에게 응답하시고 치료와 회복의 은혜를 베푸십니다.

"여호와여 들으시고 내게 은혜를 베푸소서 여호와여 나를 돕는 자가 되소서 하였나이다 주께서 나의 슬픔이 변하여 내게 춤이 되게 하시며 나의 베 옷을 벗기고 기쁨으로 띠 띠우셨나이다 이는 잠잠하지 아니하고 내 영광으로 주를 찬송하게 하심이니 여호와 나의 하나님이여 내가 주께 영원히 감사하리이다"(시 30:10-12)

2. 고통의 이면에서 역사하는 악한 영은 절망에 빠지게 하고 육적인 사고와 행동을 부추깁니다.

악한 영들은 고통 속에 있는 영혼에게 절망을 주입하여 이 고통이 결코 끝나지 않을 것이라는 생각을 하게 합니다. 그리고 앞으로 더욱 비관적인 상황이 펼쳐질 것이라는 부정적인 생각에 잠기게 만듭니다. 결국 온갖 부정적인 생각 속에 깊이 절망한 영혼은 하나님의 계획을 신뢰하지 않고 체념하거나 육적인 사고와 행동으로 살려는 오기를 부리게 됩니다.

대표적인 예가 바벨탑 사건입니다.

노아의 홍수 심판 후에 노아의 후손들은 하나님이 세우신 무지개 언약을 믿지 않고 인간적인 방법으로 흩어짐을 면하고 그들의 이름을 내려고 했습니다. 그들은 돌 대신 벽돌을 만들고 진흙대신 역청을 사용하면서 그들의 기술이 탁월하다고 자부하며 탑 꼭대기를 하늘 꼭대기까지 닿게 할 수 있을 것이라고 생각했습니다. 홍수 심판에 대한 두려움의 고통으로 인해 하나님께 가까이 간 것이 아니라 오히려 육의 길로 치달은 것입니다.

> "온 땅의 언어가 하나요 말이 하나였더라 이에 그들이 동방으로 옮기다가 시날 평지를 만나 거기 거류하며 서로 말하되 자, 벽돌을 만들어 견고히 굽자 하고 이에 벽돌로 돌을 대신하며 역청으로 진흙을 대신하고 또 말하되 자, 성읍과 탑을 건설하여 그 탑 꼭대기를 하늘에 닿게 하여 우리 이름을 내고 온 지면에 흩어짐을 면하자 하였더니 여호와께서 사람들이 건설하는 그 성읍과 탑을 보려고 내려오셨더라 여호와께서 이르시되 이 무리가 한 족속이요 언어도 하나이므로 이같이 시작하였으니 이 후로는 그 하고자 하는 일을 막을 수 없으리로다 자, 우리가 내려가서 거기서 그들의 언어를 혼잡하게 하여 그들이 서로 알아듣지 못하게 하자 하시고 여호와께서 거기서 그들을 온 지면에 흩으셨으므로 그들이 그 도시를 건설하기를 그쳤더라 그러므로 그 이름을 바벨이라 하니 이는 여호와께서 거기서 온 땅의 언어를 혼잡하게 하셨음이니라 여호와께서 거기서 그들을 온 지면에 흩으셨더라"(창 11:1-9)

인간들이 쌓은 바벨탑은 하나님이 보시기에 어리석고 악한 것이었습니다. 결국 하나님은 온 땅의 언어를 혼잡하게 하심으로 더 이상 바벨탑을 쌓지 못하게 하셨고, 흩어짐을 면하려 했던 그들을 온 지면에 흩으셨습니다.

우리는 절망 속에 육적인 사고와 행동을 부추기는 악한

영의 간계를 분별해야 합니다. 선하신 하나님은 우리에게 고통을 주셔도 그 안에서 미래와 희망을 주시고 우리 영혼을 위한 최종적인 유익을 허락하신다는 것을 신뢰해야 합니다. 그리고 고통이 클수록 더 적극적으로 하나님께 나아가 기도하며 하나님만을 바라보아야 합니다.

> "여호와의 말씀이니라 너희를 향한 나의 생각을 내가 아나니 평안이요 재앙이 아니니라 너희에게 미래와 희망을 주는 것이니라 너희가 내게 부르짖으며 내게 와서 기도하면 내가 너희들의 기도를 들을 것이요 너희가 온 마음으로 나를 구하면 나를 찾을 것이요 나를 만나리라"(렘 29:11-13)

3. 고통의 이면에서 역사하는 악한 영은 가식의 옷을 입게 하고 고립되게 만듭니다.

악한 영들은 성도가 하나님으로부터 분리되고, 이웃들로부터 분리되면 영적인 생명을 잃고 영원한 파멸에 처하게 된다는 사실을 잘 알고 있습니다. 그래서 악한 영들은 고통 중에 있는 성도들에게 수치심과 죄책감을 주입하여 하나님과 이웃들로부터 고립되게 만듭니다. 진실한 자기 본심은 숨기고 가식의 옷을 입어서 자기 고통을 감추게 만들고, 죽을 것 같은 아픔 속에서도 태연한 척을 하면서 자기 영혼을 스스로 짓누르게 만듭니다.

또한 비본질에 집착하면서 외식하는 삶을 살게 하고 체면치레에 빠진 채 영혼의 본질을 놓치게 만듭니다.

고립되어 있는 사람은 자신의 생각에만 빠져 그 누구의 말도 듣지 않으며, 결국에는 스스로가 만든 자아의 세계에 갇히게 됩니다. 그리하여 사회적 외톨이가 될 뿐 아니라, 감정적 외톨이, 문화적 외톨이, 경제적 외톨이가 되어 결국 스스로를 파멸로 이끌어 갑니다.

하지만 성령님은 고통의 이면에서 본질이 무엇인지 알게 하고 가장 정직한 자신의 본심에 직면하게 만듭니다. 우리는 고통의 때에 가식의 옷을 입게 하는 악한 영의 계략을 물리치고 가장 정직하고 진실한 모습으로 하나님께 가까이 가야 합니다.

주님은 우리가 환난을 당했을 때 어린아이처럼 주님을 부르짖어 찾기를 원하십니다. 모든 허례허식을 버리고 아버지 하나님을 향한 전적인 신뢰로 주님께 달려오기를 원하십니다.

"환난 날에 나를 부르라 내가 너를 건지리니 네가 나를 영화롭게 하리로다"(시 50:15)

우리 모두에게 고통의 이면에서 역사하는 악한 영의 역사를 볼 수 있는 영의 눈이 열리기를 소원합니다. 고통의 이면에서 역사하는 악한 영은 언제나 우리를 하나님으로부터 분리시키는데 초점을 맞춥니다.

우리는 고통의 때에 정신을 차리고 사탄에게 속지 말아야 합니다. 고통의 때에 적극적으로 예배하고 부르짖어 기도하며 하나님께 가까이 가야 합니다. 하나님께 가까이 가면 고통의 이면에 놓인 하나님의 선하신 의도를 깨닫게 됩니다. 고통의 때에 하나님의 음성에 귀를 기울이면 잠깐의 고통을 통해 얻게 되는 영원한 영광이 무엇인지 알게 됩니다.

어거스틴은 다음과 같이 말했습니다.

"고통이란 수놓은 천을 보는 것 같다. 천의 뒷면을 보면 많은 색깔의 실이 무질서하게 얽혀 있어 보기 흉하다. 고통이 괴로움이나 부조리로만 느껴지는 것은 우리가 고통의 뒷면만 보기 때문이다. 천의 앞면을 보면 무수한 실이 아름다운 형태와 색채로 수놓아져 있다. 하나님께서 역사를 움직이심을 믿는 사람들은 고통스러운 혼잡함을 뚫고 아름다운 미래를 볼 수 있다."

"우리가 알거니와 하나님을 사랑하는 자 곧 그의 뜻대로 부르심을 입은 자들에게는 모든 것이 합력하여 선을 이루느니라"(롬 8:28)

본문을 쓴 사도 바울은 복음을 전하면서 여러 가지 고통을 당했습니다. 유대교에 심취해서 예수님을 믿는 교회와 성도를 박해했다가 빛으로 오신 예수님을 만난 후 회심한 바울은 유대인들로부터 엄청난 미움과 공격을 받았습니다. 유대인들 중에는 바울을 죽이기까지 먹지도 않고 마시지도 않겠다고 결의한 사람이 40여 명이나 있었습니다.

"날이 새매 유대인들이 당을 지어 맹세하되 바울을 죽이기 전에는 먹지도 아니하고 마시지도 아니하겠다 하고 이같이 동맹한 자가 사십여 명이더라"(행 23:12-13)

유대인들은 집요하게 바울의 사역을 반대했고 공격했습니다. 뿐만 아니라 바울은 복음을 전하러 세 차례에 걸친 선교여행을 다니면서 여러 가지 다양한 종류의 고통을 만나야 했습니다.

"그들이 그리스도의 일꾼이냐 정신없는 말을 하거니와 나는 더욱 그러하도다 내가 수고를 넘치도록 하고 옥에 갇히기도 더 많이 하고 매도 수없이 맞고 여러 번 죽을 뻔하였으니 유대인들에게 사십에서 하나 감한 매를 다섯 번 맞았으며 세 번 태장으로 맞고 한 번 돌로 맞고 세 번 파선하고 일주야를 깊은 바다에서 지냈으며 여러 번 여행하면서 강의 위험과 강도의 위험과 동족의 위험과 이방인의 위험과 시내의 위험과 광야의 위험과 바다의 위험과 거짓 형제 중의 위험을 당하고 또 수고하며 애쓰고 여러 번 자지 못하고 주리며 목마르고 여러 번 굶고 춥고 헐벗었노라 이 외의 일은 고사하고 아직도 날마다 내 속에 눌리는 일이 있으니 곧 모든 교회를 위하여 염려하는 것이라"(고후 11:23-28)

바울은 복음을 전하면서 수도 없이 많은 박해를 받았고 죽을뻔한 고비를 수차례 넘겨야 했습니다. 억울하게 모함을 당하기도 했고, 형제들로부터 배신을 당하기도 했으며, 여러 번 잠을 자지 못하고 배를 주리며 목말라했던 고통을 당했습니다. 하지만 바울은 그 어떤 고통에도 해를 받지 않았습니다. 바울은 고통의 이면을 보는 사람이었기에 오히려 예수 그리스도를 위해 고난을 당하는 것을 영광으로 여겼습니다.

"성령이 친히 우리의 영과 더불어 우리가 하나님의 자녀인 것을 증언하시나니 자녀이면 또한 상속자 곧 하나님의 상속자요 그리스도와 함께 한 상속자니 우리가 그와 함께 영광을 받기 위하여 고난도 함께 받아야 할 것이니라 생각하건대 현재의 고난은 장차 우리에게 나타날 영광과 비교할 수 없도다"(롬 8:16-18)

그런 바울이 견디기 어려워 세 번이나 기도하며 사라지기를 원했던 고통이 있었습니다. 이는 '육체의 가시'라고 표현된 고통이었습니다.

"여러 계시를 받은 것이 지극히 크므로 너무 자만하지 않게 하시려고 내 육체에 가시 곧 사탄의 사자를 주셨으니 이는 나를 쳐서 너무 자만하지 않게 하려 하심이라 이것이 내게서 떠나가게 하기 위하여 내가 세 번 주께 간구하였더니"(고후 12:7-8)

육체의 가시가 무엇인지 정확하게 알 수는 없습니다.

학자들도 저마다 다양하게 육체의 가시를 해석합니다.

칼빈[9]은 영적인 유혹이나 의심, 가책, 갈등이라고 해석했고, 루터는 바울이 받았던 모든 핍박, 환란을 육체의 가시라고 해석을 했습니다. 그러나 교부 터툴리안(Tertulian)[10]은 바울에게 있는 두통, 안질이었을 것이라고 해석했습니다. 대개 일반적으로 터툴리안의 해석을 받아들이는데 바울의 안질은 평생을 괴롭힌 고질병이었다고 봅니다.

"그들의 말이 그의 편지들은 무게가 있고 힘이 있으나 그가 몸으로 대할 때는 약하고 그 말도 시원하지 않다 하니"(고후 10:10)

우리는 바울이 가지고 있었던 육체의 가시가 무엇인지는 정확히 모르지만 그 가시가 '사탄의 사자'라고 표현될 만큼 바울에게 치명적인 고통이었음은 확실히 알 수 있습니다. 바울은 육체의 가시가 자신을 찔러올 때마다 한없는 초라함, 비참함, 절망과 고통을 느꼈을 것입니다. 이 가시로 말미암아 결정적인 순간마다 한없이 낮아지는 자신을 발견했을 것입니다.

그래서 그는 그 고통이 제발 사라지게 해달라고 하나님께 세 번 간절히 구했습니다. 유대 사회에서 숫자 3은 완전수입니다. 즉 '세 번'간구했다는 것은 절박한 심정으로 할 수 있는 대로 기도한 것을 의미합니다.

그런데 하나님은 바울에게 신유의 응답을 주시지 않았습니다. 세 번이나 간절하게 기도한 바울에게 하나님이 주신 것은 '고통의 이면을 보는 힘'이었습니다.

많은 그리스도인이 하나님께 간구하며 기도에 대한 응답이 이뤄지지 않을 때 어려워하는 모습을 보입니다. 하나님이 자신의 기도대로 응답하지 않으시면 하나님의 존재에 대해 의심하고 쉽게 원망하기도 합니다. 하지만 하나님은 우리에게 가장 좋은 것을 주기 원하십니다. 우리에게 응답되지 않는 기도가 하나님의 입장에서는 응답해 주신 것일 수 있다는 것입니다.

하나님은 우리에게 유익이 될 만한 것으로 응답해 주십니다. 어린 자녀가 칼을 달라는데 줄 사람은 아무도 없을 것입니다. 우리는 본문의 사도 바울처럼 자신이 당한 고통 가운데 그 고통의 이면을 보는 힘을 길러야 합니다.

"나에게 이르시기를 내 은혜가 네게 족하도다 이는 내 능력이 약한 데서 온전하여짐이라 하신지라 그러므로 도리어 크게 기뻐함으로 나의 여러 약한 것들에 대하여 자랑하리니 이는 그리스도의 능력이 내게 머물게 하려 함이라"(고후 12:9)

이전까지 바울에게 육체의 가시는 그저 견디기 어려운 고통이었습니다. 육체의 가시가 찔러올 때마다 바울은 고통 속에 아파하기만 했습니다. 그러나 가시의 고통 때문에 세 번 기도하는 동안 바울은 하나님이 자신에게 준 은혜가 얼마나 많고 크고 놀라운 것인지 깨달았습니다. 특별히 그는 그가 받은 환상과 계시가 얼마나 큰 것인지 알게 되었습니다.

"무익하나마 내가 부득불 자랑하노니 주의 환상과 계시를 말하리라 내가 그리스도 안에 있는 한 사람을 아노니 그는 십사 년 전에 셋째 하늘에 이끌려 간 자라(그가 몸 안에 있었는지 몸 밖에 있었는지 나는 모르거니와 하나님은 아시느니라) 내가 이런 사람을 아노니(그가 몸 안에 있었는지 몸 밖에 있었는지 나는 모르거니와 하나님은 아시느니라) 그가 낙원으로 이끌려 가서 말로 표현할 수 없는 말을 들었으니 사람이 가히 이르지 못할 말이로다 내가 이런 사람을 위하여 자랑하겠으나 나를 위하여는 약한 것들 외에 자랑하지 아니하리라"(고후 12:1-5)

여기서 '환상'은 헬라어로 '옵타시아스(ὀπτασίας)'인데, '초자연적이며 기적적으로 어떤 실체를 보는 것'을 뜻합니다.

사실 바울은 자주 환상을 경험했습니다.

처음 예수님을 만날 때도 다메섹 도상에서 환상을 통해서 만났고, 선교 여행 중에도 환상을 통해 성령의 인도를 받았습니다.

"밤에 환상이 바울에게 보이니 마게도냐 사람 하나가 서서 그에게 청하여

이르되 마게도냐로 건너와서 우리를 도우라 하거늘"(행 16:9)

뿐만 아니라 장래의 일을 알게 하시는 성령의 계시를 통해 자신이 예루살렘에 가면 결박과 환난을 만나게 될 것을 알면서도 죽음을 두려워하지 않고 사명을 향해 전진하기도 했습니다.

"오직 성령이 각 성에서 내게 증언하여 결박과 환난이 나를 기다린다 하시나 내가 달려갈 길과 주 예수께 받은 사명 곧 하나님의 은혜의 복음을 증언하는 일을 마치려 함에는 나의 생명조차 조금도 귀한 것으로 여기지 아니하노라"(행 20:23-24)

바울이 경험한 환상 체험은 인간의 이성으로 이해할 수 없는 초월적인 사건이었습니다. 특히 환상으로 셋째 하늘을 경험한 것은 인간의 언어로 표현이 불가능한 너무도 신비로운 것이었습니다. 그는 환상으로 낙원에 이끌려 가서 '말로 표현할 수 없는 말'을 들으며 사람들에게 알려져서는 안되는 신적 비밀을 깨닫게 되었습니다.

바울은 육체의 가시 때문에 기도하다가 하나님이 자신에게 허락하신 환상과 계시가 그를 자만하게 만들 수 있을 만큼 크고 경이로운 것이라는 사실을 알게 되었고, 이 은혜가 자신에게 족한 은혜임을 깨닫게 되었습니다. 그리고 바울 자신보다 바울의 기질과 속성, 연약함을 잘 아시는 하나님께서 그가 혹시 자만할까 봐 허락하신 겸손의 도구가 육체의 가시임을 알게 되었습니다.

이제 바울의 초점은 '육체의 가시가 만드는 고통'에서 '고통으로 말미암아 얻게 되는 유익'으로 옮겨지게 되었습니다. 고통의 이면에 있는 고통의 유익을 발견하는 순간 바울의 고통은 바울의 자랑거리가 되었습니다. 이렇게 깨닫는 것이 은혜입니다.

바울의 가시처럼 우리 모두는 저마다 고통을 느끼는 가시를 가지고 있습니다. 하나님은 우리에게 순간적인 고통을 허락하시지만 그 고통으로 인해 성장하기 원하십니다.

우리가 만나는 고통은 영원한 것이 아닙니다.

마치 어린아이가 자라면서 성장통을 앓듯 그리스도인도 장성한 분량에 이르기까지 고통스러운 시간을 보내게 됩니다. 자아와의 싸움에서 오는 고통, 내려놓지 못하는 욕심에서의 고통, 내 뜻대로 되지 않을 때 괴로워하는 고통들 가운데서 잊지 말아야 할 것은 "하나님은 우리가 고통의 이면을 바라보길 원하신다"라는 것입니다.

하나님은 우리가 아파하면 더욱 마음 아파하시며 고통의 시간을 얼른 뚫고 나오길 원하십니다. 복음의 눈을 뜨고 고난을 바라보면 그 이면에 역사하시는 하나님의 크신 은혜와 사랑을 깨달을 수 있습니다.

"그러므로 너희가 이제 여러 가지 시험으로 말미암아 잠깐 근심하게 되지 않을 수 없으나 오히려 크게 기뻐하는도다 너희 믿음의 확실함은 불로 연단하여도 없어질 금보다 더 귀하여 예수 그리스도께서 나타나실 때에 칭찬과 영광과 존귀를 얻게 할 것이니라"(벧전 1:6-7)

나치 강제수용소에 수감된 경험이 있는 정신과 의사 빅터 프랭클[11]에게 사랑하는 아내를 먼저 떠나보내고 우울증에 걸린 의사가 찾아왔습니다. 그는 빅터 프랭클에게 자신이 너무나도 사랑했던 아내를 먼저 보내니 인생을 살아야 할 이유를 찾지 못하겠다고 말했습니다. 그러자 프랭클은 그에게 "만약 당신이 먼저 죽고 아내가 살아남았다면 어떻게 됐을 것 같습니까?"라고 물었습니다.

그는 자신의 죽음이 아내에게 아주 끔찍한 일이 됐을 것이라고 말했습니다. 이어서 프랭클은 그에게 이렇게 말했습니다. "그럼 아내가 혼자 남아 겪을 고통을 당신이 면하게 해준 것이네요."

이 말을 들은 의사는 큰 위안을 얻고 병실을 떠났습니다.

후에 프랭클은 "고통은 그것의 의미를 알게 되는 순간 멈춘다"라고 말했습니다.

악한 사탄은 바울의 고통의 배후에서 바울이 실족하고 쓰러질만한 여러 가지 영적인 공격, 정신적인 공격, 신체적인 공격을 퍼부었지만, 바울은 고통 속에서도 하나님께 기도함으로 사탄에게 속지 않고 하나님의 음성을 들었습니다.

우리도 고통의 이면을 보기 위해 기도해야 합니다.

모든 고통은 하나님의 허락 아래에 주어진 것입니다.

예수님 안에 있는 자에게는 우연이 없습니다.

모든 것이 하나님의 섭리 가운데 있습니다. 바울도 하나님이 사탄의 사자를 자신에게 보냈다고 설명하면서 고통에 대한 하나님의 주권을 인정했습니다. 참으로 참새 한 마리도 하나님이 허락하지 않으시면 떨어지지 않습니다.

"사람이 감당할 시험 밖에는 너희가 당한 것이 없나니 오직 하나님은 미쁘사 너희가 감당하지 못할 시험 당함을 허락하지 아니하시고 시험 당할 즈음에 또한 피할 길을 내사 너희로 능히 감당하게 하시느니라"(고전 10:13)

육체의 가시가 만든 고통의 이면을 본 바울은 이제 자신이 느끼는 모든 고통에 대해 기뻐하게 되었습니다.

"그러므로 내가 그리스도를 위하여 약한 것들과 능욕과 궁핍과 박해와 곤고를 기뻐하노니 이는 내가 약한 그 때에 강함이라"(고후 12:10)

바울은 자신의 약한 것들이 그리스도의 능력이 온전하게 자신을 통해 나타나게 하는 은혜의 수단임을 알았고, 예수 그리스도로 말미암아 능욕 받고 궁핍과 박해와 곤고를 견디는 것이 영적인 강함을 나타내는 통로가 되는 줄 알았습니다. 그래서 이전에 수치와 아픔이었던 그의 모든 고통이 영광과 기쁨으로 바뀌게 된 것입니다.

우리는 복음의 눈으로 고통의 이면을 보고 우리 인생에 허락된 고통을 통해 온전한 하나님의 은혜와 능력을 누려야 합니다. 바울은 육체의 가시 이면에 있는 하나님의 섭리와 사랑을 발견하고 그 가운데 자유를 얻었습니다. 우리도 고통 중에 기도함으로 고통의 이면에서 하나님을 불신하게 하고, 절망을 주입시켜 육체의 생각과 행동을 유발시키며, 가식의 옷을 입게 하는 악한 영의 간계를 복음으로 분별해야 합니다.

더 나아가 십자가의 고통으로 우리를 살리신 예수 그리스도의 이름을 의지하여 고통 중에 더욱 성령의 인도를 받아야 합니다. 고통의 이면에 있는 하나님의 완전한 은혜를 보게 하는 복음의 능력을 발견하고 고통이 기쁨과 영광으로 역전되는 은혜를 누리시기를 주님의 이름으로 축원합니다.

〈주님과 동행하는 기쁨 나누기〉

1. 고통의 이면에서 역사하는 악한 영이 하는 일입니다.

(　　) 안에 맞는 단어는 무엇입니까?

(1) 하나님을 (　　)하게 만들고 영적인 (　　)에 처하게 만듭니다.

영적인 빈궁함은 인생의 본질, 인생의 우선순위를 추구하기보다 하루하루 견디는 삶을 살게 됩니다. 예배와 기도, 말씀을 뒷전으로 하고 천지의 주재이신 아버지를 두고도 여전히 종의 자리에 머물게 됩니다.

- 영적 빈곤 상태 때의 경험을 나눕시다.

(2) (　　)에 빠지게 하고 (　　)인 사고와 행동을 부추깁니다.

선하신 하나님은 우리에게 고통을 주셔도 그 안에서 미래와 희망을 주시고 우리 영혼을 위한 최종적인 유익을 허락하신다는 것을 신뢰해야 합니다.

- 고통 중에 있을 때 하나님이 주신 미래와 희망을 나눕시다.

(3) (　　)의 옷을 입게 하고 (　　)되게 만듭니다.

고통의 이면에서 역사하는 악한 영은 언제나 우리를 하나님으로부터 분리 시키는데 초점을 맞춥니다. 우리는 사탄에게 속지 말아야 합니다.

● 어려웠을 때 주님을 부르짖어 찾은 경험을 나눕시다.

2. 아래 성구를 읽고 당신의 삶에 일어난 일을 나누십시오.

(1) 요한일서 4장 1절 – "사랑하는 자들아 영을 다 믿지 말고 오직 영들이 하나님께 속하였나 분별하라 많은 거짓 선지자가 세상에 나왔음이라"

(2) 베드로전서 5장 8,9절 – "근신하라 깨어라 너희 대적 마귀가 우는 사자 같이 두루 다니며 삼킬 자를 찾나니 너희는 믿음을 굳건하게 하여 그를 대적하라 이는 세상에 있는 너희 형제들도 동일한 고난을 당하는 줄을 앎이라"

(3) 잠언 4장 23절 – "모든 지킬 만한 것 중에 더욱 네 마음을 지키라 생명의 근원이 이에서 남이니라"

3. 아래 성구의 (   )에 맞는 단어를 넣고 암송합시다.

"다만 이뿐 아니라 우리가 (   ) 중에도 즐거워하나니 이는 환난은 (   )를, 인내는 (   )을, 연단은 (   )을 이루는 줄 앎이로다"(롬 5:3–4)

6. 약할 때 강함 되시는

작사/작곡 이 순 희
♩ = 76
약 할 때 — 강 함 되 시 는 — 주 님 의 능 력 — 의 지 하 세
육 — 체 의 가 시 는 자 만 하 지 않 게 — 하 시 려 고 —
예 수 의 — 능 력 을 나 타 나 게 하 는 은 혜 라 네
고 통 중 의 기 도 로 악 한 영 의 간 계 를
물 리 치 고 고 난 의 의 미 를 깨 달 아
환 란 중 에 감 사 하 는 주 님 의 용 사 되 어
십 자 가 의 고 통 으 로 우 리 를 살 리 신
예 수 님 만 의 지 하 여 약 할 때 강 함 되 시 는
주 님 의 능 력 으 로 찬 양 하 며 살 아 가 리 라

제7장

절망에서 도약을 이끌어내는 복음

에스겔 37장 5-10절

"주 여호와께서 이 뼈들에게 이같이 말씀하시기를 내가 생기를 너희에게 들어가게 하리니 너희가 살아나리라 너희 위에 힘줄을 두고 살을 입히고 가죽으로 덮고 너희 속에 생기를 넣으리니 너희가 살아나리라 또 내가 여호와인 줄 너희가 알리라 하셨다 하라 이에 내가 명령을 따라 대언하니 대언할 때에 소리가 나고 움직이며 이 뼈, 저 뼈가 들어맞아 뼈들이 서로 연결되더라 내가 또 보니 그 뼈에 힘줄이 생기고 살이 오르며 그 위에 가죽이 덮이나 그 속에 생기는 없더라 또 내게 이르시되 인자야 너는 생기를 향하여 대언하라 생기에게 대언하여 이르기를 주 여호와께서 이같이 말씀하시기를 생기야 사방에서부터 와서 이 죽음을 당한 자에게 불어서 살아나게 하라 하셨다 하라 이에 내가 그 명령대로 대언하였더니 생기가 그들에게 들어가매 그들이 곧 살아나서 일어나 서는데 극히 큰 군대더라"

7
절망에서 도약을 이끌어내는 복음

지금 우리는 우울과 절망이 강타한 세상 속에 살고 있습니다.

수많은 사람들이 우울증을 감기처럼 앓으며 절망을 인생의 당연한 부분으로 여기면서 고통당하고 있습니다. 우울과 절망의 영에 뒤덮인 사람들은 자기 힘으로 헤쳐 나올 수 없는 깊은 죽음의 수렁에서 고통당하다가 영원한 멸망길에 들어서게 됩니다. 그런데 너무도 많은 사람들이 이러한 우울과 절망에 빠져서 허우적거리고 있습니다.

대한민국은 연애, 결혼, 출산을 포기하는 3포 세대가 나타난지 얼마 지나지 않아 연애, 결혼, 출산, 집, 경력을 포기하는 5포 세대가 나타났고, 이제는 연애, 결혼, 출산, 집, 경력,

취미, 인간관계를 포기한 7포 세대의 나라가 되었으며 N포 세대라는 신조어까지 등장했습니다.

꿈도 없고 미래가 없으니 우울과 절망이 압도하게 되고 자살이라는 극단적인 선택을 하는 사람들의 수가 자꾸 늘어나고 있습니다.

2020년 9월 22일 통계청이 발표한 '2019년 사망원인 통계'에 따르면 고의적 자해, 즉 자살에 의한 사망자 수는 총 1만 3,799명으로 전년 대비 0.9%(129명)가 증가했습니다. 1일 평균 자살 사망자는 37.8명으로, 전년 하루 평균 37.5명보다 더 증가한 숫자입니다. 이러한 자살률은 OECD 국가 중 가장 높은 것으로 OECD 국가 평균 자살자보다 약 두 배 이상 높은 것입니다.

정말 우리나라의 절망과 우울의 문제는 심각합니다.

상황이 바뀌고 새로운 법과 제도가 도입되어도 절망의 분위기는 가속화될 뿐입니다. 국민들은 저마다 습관처럼 한숨을 내쉬면서 노력해도 나아질 것 없는 현실에 절망하고 있습니다.

우리가 살아가는 이 시대는 그 어느 때보다도 복음의 능력이 절실한 시대입니다. 하나님의 평안이 이 시대를 강권하지 않으면 소망이 없습니다.

존 뉴턴[1)]은 "세상에서 낙심하게 하는 것들이 많이 있으나 믿음의 사전에는 그런 말이 없다. 다른 사람에게서 낙심되는 것들이 신자들에게는 하나님의 길로 들어서는 것을 알리는 신호이다"라고 말했습니다.

우리는 먼저 된 자로서 하나님께 나아가 부르짖어 주님께서 예비해 놓으신 평안과 미래를 쟁취해야 합니다. 그리고 더 나아가 이 시대를 하나님의 평안과 소망으로 가득 채워야 합니다.

"여호와의 말씀이니라 너희를 향한 나의 생각을 내가 아나니 평안이요 재앙이 아니니라 너희에게 미래와 희망을 주는 것이니라 너희가 내게 부르짖으며 내게 와서 기도하면 내가 너희들의 기도를 들을 것이요 너희가 온 마음으로 나를 구하면 나를 찾을 것이요 나를 만나리라"(렘 29:11-13)

우울과 절망의 뿌리는 모두 영혼에 있습니다.

2017년 4월 12일 보건복지부가 발표한 주요 정신질환의 유병률, 의료 서비스 이용 현황 등에 관한 2016년도 정신질환실태 역학조사 결과에 따르면 자살 생각자의 50.1%, 자살 계획자의 68.7%, 자살 시도자의 75.1%가 평생 한 번 이상 정신장애를 경험한 것으로 나타났습니다. 영혼이 병들고 속사람이 곪아서 고통받는 사람들이 우울과 절망의 삶을 살다가 비관적인 선택을 하게 되는 것입니다. 그러므로 우리는 먼저 영혼을 깨우고 영혼을 치료하며 영혼을 살려야 합니다.

가장 시급한 것이 영혼의 병을 고치는 것입니다.

우리의 영혼을 고치고 살릴 길은 오직 예수 그리스도 밖에 없습니다. 주 예수님께 나아와야 영혼이 회복되고, 예수님을 확실하게 만나야 만족과 기쁨을 누릴 수 있습니다. 예수님은 하나님이시며 생명의 근원이시고 인생의 목적이십니다. 우리는 살아계신 예수 그리스도로 말미암아 영혼의 상처를 치료받고 강건한 내면세계를 회복해야 합니다.

"사랑하는 자여 네 영혼이 잘됨 같이 네가 범사에 잘되고 강건하기를 내가 간구하노라"(요삼 1:2)

오늘 우리는 복음의 힘으로 우울과 절망의 자리를 기쁨과 소망의 자리로 만들어야 합니다. 우리가 처한 우울과 절망이 하나님의 시선으로 해석되면 그 자리는 회복과 도약의 자리가 됩니다. 절망과 우울이 하나님을 만날 수 있는 결정적인 기회가 되기 때문입니다.

절망의 자리에서는 그 누구도 의지할 수 없고, 우울의 자리에서는 더 이상 자기 힘을 믿을 수 없기에 가장 진실하고 정직하게 하나님을 찾을 수 있습니다.

하나님은 인생의 한계에 놓인 사람들을 찾아오시고, 그들에게 기적의 은혜를 베풀어주십니다. 그러므로 우리는 절망을 하나님께 나아갈 수 있는 기회로 보아야 합니다. 그러기 위해서는 철저히 내 생각을 내려놓고 온전히 하나님의 생각으로 가득 채워야 합니다.

이것을 위해 필요한 것이 바로 영적 전쟁입니다.

죄의 경향성을 여전히 가지고 있는 우리가 단번에 생각을 내려놓고 하나님의 생각으로 채우는 것은 그리 쉬운 일이 아닙니다. 많은 시행착오와 연단의 과정이 필요합니다.

그러나 불가능한 것 또한 아닙니다.

우리의 능력으로 하는 것이 아니라 하나님의 능력으로 하는 것이기 때문입니다. 복음의 능력이 우리를 강권할 때, 우리는 넉넉히 이 치열한 영적 전쟁을 이기고 승리할 수 있습니다. 그러므로 하나님을 간절히 찾으십시오. 하나님의 능력을 구하십시오.

"너희는 여호와를 만날 만한 때에 찾으라 가까이 계실 때에 그를 부르라 악인은 그의 길을, 불의한 자는 그의 생각을 버리고 여호와께로 돌아오라 그리하면 그가 긍휼히 여기시리라 우리 하나님께로 돌아오라 그가 너그럽게 용서하시리라 이는 내 생각이 너희의 생각과 다르며 내 길은 너희의 길과 다름이니라 여호와의 말씀이니라 이는 하늘이 땅보다 높음 같이 내 길은 너희의 길보다 높으며 내 생각은 너희의 생각보다 높음이니라"(사 55:6-9)

본문 속의 에스겔은 바벨론에 포로로 끌려간 제사장 가문 출신의 선지자입니다. 에스겔이 태어난 남유다는 당시 전 세계의 패권을 놓고 다투던 강대국 앗수르와 이집트, 그리고 신흥 강대국 바벨론의 사이에 낀 작은 나라였습니다. 막강한 제국들 사이에는 패권을 차지하기 위한 수없이 많은 크고 작은 전쟁들이 있었고, 그 사이에 낀 유다는 마치 고래 싸움에 새우등이 터지는 것과도 같았습니다.

마침내 패권을 잡은 바벨론은 예루살렘을 초토화시키면서, 유다의 수많은 왕족과 귀족, 종교 지도자들을 포로로 끌고 갔습니다. 세 번에 걸친 바벨론의 침공으로 유다 사람들은 3차에 걸쳐 포로로 잡혀 갔는데, 에스겔은 25세의 청년으로 다른 포로들과 함께 제2차 침공 때 끌려갔습니다.

제사장 가문에서 태어난 에스겔은 어렸을 때부터 총명했고 학문에도 조예가 깊었습니다. 젊은 나이에 깊은 영성과 지혜로운 처신으로 사람들의 존경을 한 몸에 받던 사람입니다. 그러니까 장차 나라를 이끌 특급 차세대 리더로서 장래가 보장되어 있던 엘리트였습니다.

아름답고 웅장한 예루살렘 성전에서 하나님의 백성들을 이끄는 영적 리더가 된다는 것은 항상 그의 가슴을 설레게 했을 것입니다. 그런데 그러한 꿈을 이루기도 전에 바벨론 제국의 무시무시한 침공으로 예루살렘은 잿더미가 되었습니다. 그리고 포로로 끌려간 머나먼 타국 땅, 이방신들의 우상으로 가득 찬 바벨론에서 에스겔은 자신의 꿈을 잃고 실의에 빠지게 되었습니다. 하지만 에스겔은 포로로 끌려와 살면서도 언젠가는 고국으로 돌아갈 것이라고 꿈을 꾸며 포기하지 않았습니다.

그러나 에스겔 앞에 계속해서 펼쳐진 현실은 그의 기대와 소망과는 거리가 멀었습니다. 얼마 안 되어 바벨론의 3차 침공으로 예루살렘 성전까지 모두 파괴되고, 수많은 사람들이 살육당하고, 시드기야 왕은 두 눈이 뽑혀 포로로 끌려왔다는, 하늘이 무너지는 것과 같은 소식을 듣게 되었습니다. 설상가상으로 사랑하는 젊은 아내마저 세상을 떠나는 청천벽력과 같은 아픔을 겪어야 했습니다(겔 24:15-18).

에스겔은 이제 조국도, 직장도, 사랑하는 가족도 없이 절망의 벼랑에 서게 되었습니다. 의지할 나라도, 사랑할 가족도 없는 그는 더 이상 어떤 미래나 소망도 보이지 않는 절망의 자리에 서게 되었습니다. 또한 에스겔뿐만 아니라 바벨론의 포로가 된 유다 백성들은 포로로서 수모를 당하며 대제국 바벨론의 위용에 완전히 기가 죽어 있었습니다. 엄청난 도시의 화려함과 세계 최강의 군사력, 그리고 거대한 우상 신상과 신전들을 보면서 유다 사람들은 압도될 수밖에 없었습니다. 복수를 꿈꾸면서도 너무나 강한 상대의 힘에 기가 질려서 체념할 수밖에 없었습니다. 이렇게 절망이 겹겹이 둘러싼 어둠 속에 있었지만 하나님은 에스겔이 바벨론에 포로로 잡혀온 지 5년이 지난 어느날 벼랑 끝에서 에스겔을 만나주셨습니다.

"서른째 해 넷째 달 초닷새에 내가 그발 강 가 사로잡힌 자 중에 있을 때에 하늘이 열리며 하나님의 모습이 내게 보이니 여호야긴 왕이 사로잡힌 지 오 년 그 달 초닷새라 갈대아 땅 그발 강 가에서 여호와의 말씀이 부시의 아들 제사장 나 에스겔에게 특별히 임하고 여호와의 권능이 내 위에 있으니라"(겔 1:1-3)

절망의 때는 하늘 문이 열릴 절호의 찬스입니다.

절망의 순간에 하나님께 매달림으로 하늘 문이 열리는 은혜를 체험해야 합니다. 그런데 절망 중에 하늘을 열어주신 하나님은 어느 날 또 에스겔을 골짜기로 인도하셨습니다. 하나님이 인도해 주시는 곳이면 젖과 꿀이 흐르는 좋은 곳이라고 예측이 되는데, 정작 하나님이 인도해 주신 곳은 절망스러운 현실보다 더 절망스러운 죽음의 골짜기였습니다.

그 곳에는 마른 뼈들이 가득했습니다.

"여호와께서 권능으로 내게 임재하시고 그의 영으로 나를 데리고 가서 골짜기 가운데 두셨는데 거기 뼈가 가득하더라 나를 그 뼈 사방으로 지나가게 하시기로 본즉 그 골짜기 지면에 뼈가 심히 많고 아주 말랐더라"(겔 37:1-2)

여호와의 영은 에스겔을 이끌고 뼈가 가득한 골짜기로 데리고 가셨습니다. 여호와의 영에 의해 한 골짜기로 이끌려 온 에스겔은 수많은 뼈들 사이로 지나가게 되었습니다.

에스겔이 지나간 '그 뼈'에 해당하는 '알레헴(עֲלֵיהֶם)'은 직역하면 '그들 위에'란 뜻입니다. 즉 에스겔이 뼈들을 직접 대면하여 얼마나 잘 관찰하고 있는지 부각시키는 것입니다.

에스겔은 이 뼈들을 관찰한 결과 두 가지 사실을 알게 되었습니다. 하나는 뼈들이 매우 많다는 것입니다. 골짜기에 쌓인 뼈들은 한 눈에 다 보이지 않을 정도로 많았습니다. 또 다른 하나는 매우 말랐다는 것입니다. '말랐다'는 것은 죽은지가 오래되었다는 의미를 강조하는 것입니다. '말랐더라'에 해당하는 '예베쇼트(יְבֵשׁוֹת)'의 원형 '야베쉬(יָבֵשׁ)'는 '나무나 풀이 말랐다'는 의미 외에도 어떤 것이 쇠약해진 상태를 묘사하거나 하나님의 심판에 직면한 인간의 초라한 모습을 묘사하는 의미로도 사용되었습니다.

이는 이스라엘의 절망적인 상황을 부각시키는 표현이었습니다.

팔다리 없이 전 세계를 누비는 희망 전도사인 닉 부이치치[2)]가 2010년에 출판한 책 이름이 바로 『한계 없는 삶』입니다.

양팔과 양다리가 없이 얼굴과 몸통만 덩그러니 있는 그는 자신의 인생에 한계가 없다고 외칩니다.

닉 부이치치에게도 한없이 절망하던 때가 있었습니다.

그가 가진 장애는 그가 태어나는 순간에 온 가족과 그의 가족이 속한 교회 전체가 비통한 슬픔에 잠기게 만들었습니다. 어린 시절 친구들로부터 '괴물'이나 '외계인 같다'는 놀림을 받을 때는 이루 말할 수 없는 비참함을 느꼈고 이로 인해 여러 번 자살시도를 하기도 했습니다.

그런 그가 자신을 창조하신 하나님을 인격적으로 만나고 자신의 인생에 부여된 사명을 깨닫고 나서 완전히 새로운 삶을 살게 되었습니다. 그는 자신을 사랑하시는 하나님의 전지전능하심을 믿게 되었고 하나님이 허락하신 인생 안에 얼마나 놀라운 잠재력이 숨어있는지 발견하게 되었습니다.

그때부터 그에게는 불가능이 없었습니다.

매장되지도 못한 채 오랜 세월동안 비바람에 치이고 뜨거운 햇볕 아래에 노출되어 살은 이미 다 썩어 없어진 메마른 뼈를 본다는 것은 그 자체로 끔찍하고 절망스러운 일입니다.

메마른 뼈들을 보면서 그 어떤 긍정적인 생각이나 건설적인 계획을 세울 수 있겠습니까?

메마른 뼈들이 연상시키는 것은 속절없는 죽음과 패배뿐입니다. 그런데 하나님은 고의적으로 에스겔을 그러한 죽음의 골짜기로 데려가셨습니다. 마른 뼈를 보면서 더 절망하라는 것입니다. 처해진 환경 속에서 애매하게 절망하지 말고 더욱 철저하게 제대로 절망하라는 것입니다. 지금 조국의 현실은 메마른 뼈와 같이 절망적이기에 인간의 힘으로 돌이킨다는 것은 불가능하다는 것을 깊이 깨달으라는 것입니다.

우리는 절대 소망을 위해 절대 절망을 이루어야 합니다.

철저히 나에 대해서는 절망하고 하나님께 대하여 소망을 가져야 합니다. 제대로 절망하지 않은 사람은 끊임없이 자기 방법, 자기 노력을 포기하지 않고 전적으로 하나님께 매달리지 못합니다. 우리는 하나님만을 의지하여 절대적인 소망을 붙잡기 위해 자기 자신에 대해 절대적으로 절망해야 합니다. 절망하되 하늘 문을 열기 위한 절망을 해야 합니다. 그런 의미에서 절망은 도약을 위해 사용하시는 하나님의 도구입니다. 영적 도약은 하나님만 의지하는 믿음에서 비롯되는 것입니다. 그래서 하나님은 영적 도약을 위해 우리에게 철저히 절망할 수 있게 하는 고난을 허락하십니다.

"형제들아 우리가 아시아에서 당한 환난을 너희가 모르기를 원하지 아니하노니 힘에 겹도록 심한 고난을 당하여 살 소망까지 끊어지고 우리는 우리 자신이 사형 선고를 받은 줄 알았으니 이는 우리로 자기를 의지하지 말고 오직 죽은 자를 다시 살리시는 하나님만 의지하게 하심이라"(고후 1:8-9)

우리는 오직 십자가를 의지하기 위해 자기 자신에게 절망해야 하고 자기를 부인해야 합니다. 사도 바울은 계명을 깨닫고 자기 안에서 활개 치는 죄의 세력을 보고 철저히 절망하는 과정을 거친 후 예수 그리스도만이 승리의 비결이라는 사실을 확실히 깨달았습니다.

"전에 율법을 깨닫지 못했을 때에는 내가 살았더니 계명이 이르매 죄는 살아나고 나는 죽었도다"(롬 7:9)

하나님의 말씀이 우리 내면을 비추는 순간 깊이 감추었던 죄가 살아나고 죄와의 전쟁이 시작됩니다.

우리는 사도 바울이 겪은 내면의 싸움의 고백을 통해 우리를 지배하려는 죄의 권세에 대해 알 수 있습니다.

"내 속 곧 내 육신에 선한 것이 거하지 아니하는 줄을 아노니 원함은 내게 있으나 선을 행하는 것은 없노라 내가 원하는 바 선은 행하지 아니하고 도리어 원하지 아니하는 바 악을 행하는도다 만일 내가 원하지 아니하는 그것을 하면 이를 행하는 자는 내가 아니요 내 속에 거하는 죄니라 그러므로 내가 한 법을 깨달았노니 곧 선을 행하기 원하는 나에게 악이 함께 있는 것이로다 내 속사람으로는 하나님의 법을 즐거워하되 내 지체 속에서 한 다른 법이 내 마음의 법과 싸워 내 지체 속에 있는 죄의 법으로 나를 사로잡는 것을 보는도다 오호라 나는 곤고한 사람이로다 이 사망의 몸에서 누가 나를 건져내랴 우리 주 예수 그리스도로 말미암아 하나님께 감사하리로다 그런즉 내 자신이 마음으로는 하나님의 법을 육신으로는 죄의 법을 섬기노라"(롬 7:18-25)

영적인 세계에 무지한 사람은 자기 힘으로 영적 전쟁에서 이겨보려는 무모한 시도를 하게 됩니다. 그러나 영적인 진리를 깨달은 사람은 자기를 완전히 포기하고 성령님을 의지해야만 영적 전쟁에서 승리할 수 있다는 것을 알게 됩니다.

자신의 힘으로 할 수 있다는 생각이 클수록, 자기 생각이 가미될수록 사단에게 질 수밖에 없다는 것을 알기에, 영적으로 눈뜬 성도는 먼저 자기를 죽이는 일에 집중하게 됩니다.

사도 바울은 죄 앞에서 무력한 자신을 발견하고 예수 그리스도와 함께 날마다 죽고(고전 15:31), 예수 그리스도와 함께 다시 살아나는 것이 생명의 지혜임을 알았습니다.

"내가 그리스도와 함께 십자가에 못 박혔나니 그런즉 이제는 내가 사는 것이 아니요 오직 내 안에 그리스도께서 사시는 것이라 이제 내가 육체 가운데 사는 것은 나를 사랑하사 나를 위하여 자기 자신을 버리신 하나님의 아들을 믿는 믿음 안에서 사는 것이라"(갈 2:20)

영적 전쟁은 죄에 속한 자아가 죽어야 승리하는 싸움입니다.

내가 살아있을수록, 내 힘을 의지할수록, 내 고집을 주장할수록 영적 전쟁에서 패배할 수밖에 없습니다. 철저히 나를 죽이고 하나님만 의지할 때 우리는 승리할 수 있습니다. 나 자신에 대해 절망할수록 성령으로 말미암아 도약할 수 있는 것입니다.

영적 전쟁에서 승리하기 위해 마른 뼈와 같은 우리 스스로의 영적 실상을 발견하고 깨달아야 합니다. 제아무리 많은 돈과 지식, 명예와 권세를 가졌다 해도 하나님을 떠난 인간은 물을 떠난 물고기처럼 죽을 수밖에 없는 연약한 존재입니다. 우리의 영적 실상을 제대로 깨닫지 못하면 우리는 회칠한 무덤과 같은 삶을 살 수밖에 없습니다.

예수님은 서기관들과 바리새인들을 향하여 회칠한 무덤과 같다고 말씀하시면서 그 안에 죽은 사람의 뼈와 모든 더러운 것이 가득하다고 하셨습니다(마 23:25-28, 33).

에스겔 선지자가 보고 있는 마른 뼈들이 바로 그들의 내면 안에 있다는 것입니다. 그러므로 지금 에스겔 선지자가 보고 있는 마른 뼈들은 우리의 내면세계를 반영하는 것입니다.

우리는 우리 내면세계를 제대로 볼 수 있는 눈을 열어 진짜 내 모습을 바로 알아야 합니다. 동시에 마른 뼈와 같은 심령도 포기하지 않으시는 하나님의 사랑을 깨달아야 합니다.

하나님은 상한 갈대도 꺾지 않으시고 꺼져가는 심지도 끄지 않으시는 분입니다(마 12:20).

애굽의 왕자로서 잘나가던 모세는 자기 힘대로 하다가 애굽 사람 하나를 죽이고 도망자 신세가 되었습니다.

하나님은 그런 그를 그대로 내버려 두셨습니다. 그리고 미디안 광야에서 40년 동안 철저히 무력한 존재, 잊힌 존재로 살며 마른 뼈처럼 되어버린 모세를 찾아오셨습니다.

모세가 하나님께 부름을 받은 때는 80세가 되던 해였습니다. 80세는 모든 인생의 희망이 꺾인 나이를 의미합니다.

과거에 모세에게도 꿈이 있었습니다.

모세는 40세까지 애굽의 왕자로 지냈습니다. 그러다 자기 민족을 학대하는 애굽 사람을 보고 분개하여 죽였고 이 사실이 발각되어 미디안 광야로 도망쳐 나왔습니다. 그리고는 과거의 영광으로 돌아가지 못한 채, 자신의 꿈을 실현하지도 못한 채 40년이 흘러버렸습니다.

이처럼 무기력하며 희망 없는 인생을 살던 모세에게 하나님이 나타나셨습니다. 그의 인생의 놀라운 변화가 막 시작되려는 찰나였습니다.

하나님은 떨기나무에 불이 붙은 불꽃의 모습으로 모세를 찾아오셨습니다. 떨기나무는 히브리어로 '스네(סְנֶה)'라고 합니다. '시내' 산과 유사한 발음입니다. 아마도 시내 산에 스네가 많았던 듯합니다. 스네는 사막에서 흔히 볼 수 있는 가시덤불입니다. 사막의 떨기나무는 작고 메말라 사막의 뜨거운 열기에 쉽게 불이 붙어 사그라지곤 합니다. 그런데 모세가 보았던 떨기나무 불은 오랫동안 붙어있어도 떨기나무가 타지 않았습니다.

“여호와의 사자가 떨기나무 가운데로부터 나오는 불꽃 안에서 그에게 나타나시니라 그가 보니 떨기나무에 불이 붙었으나 그 떨기나무가 사라지지 아니하는지라”(출 3:2)

모세는 이상히 여겨 가까이 다가갔습니다.

이 작고 마른 떨기나무는 이스라엘을 상징합니다.

이스라엘을 히브리인이라고 부르는데 그 의미는 ‘강 건너온 사람들’이라는 뜻입니다. 이들은 유프라테스 강을 건너온 사람들로 정처 없이 이곳저곳을 떠도는 유목민입니다.

지금은 애굽 땅에서 노예살이를 하는 비참한 민족입니다. 이들은 강대국의 횡포에 삽시간에 사라질 떨기나무와도 같은 연약한 존재들이었습니다.

또한 떨기나무는 모세의 인생을 상징하는 나무입니다.

모세는 떨기나무에 붙은 불처럼 자기 혈기로 애굽 사람을 죽였습니다. 그러나 그것으로 끝이었습니다. 불붙은 떨기나무가 불기운에 금세 사그라지고 재만 남듯 그렇게 흔적도 없이 사라질 존재였습니다.

그런데 놀라운 일이 일어났습니다.

떨기나무 위에 불이 붙었지만 떨기나무는 전혀 사그라지지 않았습니다. 바로 하나님의 불이 붙었기 때문입니다. 인간의 불이 아니라 하나님의 불이 붙으면 그것은 결코 꺼지지 않습니다.

하나님의 불이 붙자 모세는 더 이상 연약한 존재가 아니었습니다. 이스라엘을 출애굽 시킨 위대한 지도자가 되었습니다. 우리 인생의 키(key)는 우리 안에 하나님의 불이 붙는 것입니다. 하나님의 불이 붙어야 하나님의 일을 할 수 있고, 주님의 위대한 일을 할 수 있습니다. 모세의 미디안 광야 40년은 하나님의 불을 받기 위해 준비된 세월이었다고 할 수 있습니다. 우리 주님은 성령의 불을 주시는 분입니다.

"내가 불을 땅에 던지러 왔노니 이 불이 이미 붙었으면 내가 무엇을 원하리요"(눅 12:49)

하나님은 떨기나무 같은 인생에게 찾아오십니다.

마른 뼈와 같은 사람들에게 찾아오십니다.

자신의 지식과, 물질, 건강을 믿고 의지하는 사람은 하나님의 일을 할 수 없습니다. 하나님은 미련하고 연약해도 하나님을 의지하는 자를 들어 사용하십니다. 하나님은 연약한 자에게는 힘을 더하시고, 무지한 자에게는 지혜를 더하시며, 하나님의 영광을 드러내는 삶을 살게 합니다.

"형제들아 너희를 부르심을 보라 육체를 따라 지혜로운 자가 많지 아니하며 능한 자가 많지 아니하며 문벌 좋은 자가 많지 아니하도다 그러나 하나님께서 세상의 미련한 것들을 택하사 지혜 있는 자들을 부끄럽게 하려 하시고 세상의 약한 것들을 택하사 강한 것들을 부끄럽게 하려 하시며 하나님께서 세상의 천한 것들과 멸시 받는 것들과 없는 것들을 택하사 있는 것들을 폐하려 하시나니 이는 아무 육체도 하나님 앞에서 자랑하지 못하게 하려 하심이라"(고전 1:26-29)

하나님은 우리 인간을 누구보다 잘 아는 분이십니다.

인간은 상상을 초월할만큼 간사한 구석이 있습니다. 그래서 웬만한 고난 앞에서는 철저히 절망하고 하나님께 항복하지 않습니다.

힘들고 아프다고 하면서도 하나님께 쉽사리 나오지 않는 것이 인간의 죄성입니다. 인간은 자신의 죄를 인정하기보다 언제나 핑계를 대고 변명을 하면서 하나님을 피해 숨는 것에 익숙한 존재들입니다. 그래서 하나님은 사랑하는 유다 백성들을 바벨론의 포로로 보내셨고 마른 뼈와 같은 절망을 맛보게 하셨습니다.

하나님을 떠나 우상숭배를 일삼은 그들의 죄를 깨닫게 하기 위해, 다시 한번 하나님의 거룩한 백성으로 거듭나게 하기 위해 도약을 위한 절망의 시간을 허락하신 것입니다. 그래서 지금 하나님은 에스겔 선지자를 마른 뼈들로 가득찬 골짜기에 세우시고 문제를 정확히 보게 하셨습니다. 우리는 마른 뼈와 같은 우리의 내면세계, 외면세계를 직시하고 하나님 앞에 항복해야 합니다.

"하나님, 내 힘으로는 아무것도 할 수 없습니다. 내 생각,

내 이론을 버리고 하나님께 복종하겠습니다"라는 고백으로 하나님께 나아가야 합니다.

> "우리의 싸우는 무기는 육신에 속한 것이 아니요 오직 어떤 견고한 진도 무너뜨리는 하나님의 능력이라 모든 이론을 무너뜨리며 하나님 아는 것을 대적하여 높아진 것을 다 무너뜨리고 모든 생각을 사로잡아 그리스도에게 복종하게 하니"(고후 10:4-5)

마른 뼈의 골짜기는 자기를 무너뜨리는 장소입니다.

자기 이론, 고집, 생각, 틀을 무너뜨리고 하나님의 음성을 듣는 곳입니다. 마른 뼈의 골짜기에서 철저히 무너지고 부서지면, 능력 있는 하나님의 군대로 도약하는 역사가 일어납니다.

사사 기드온은 겁이 많고 연약한 마른 뼈와 같은 사람이었습니다. 하지만 그가 미디안 사람들을 피해서 밀을 포도즙 틀에서 타작하고 있을 때 하나님은 그를 큰 용사로 불러주셨습니다(삿 6:12).

그는 마른 뼈와 같은 연약한 자로 하나님께 부름받았기에 오직 하나님의 말씀에 의지하여 사역했습니다. 그래서 미디안 군대 135,000명과 싸우러 갈 때에도 하나님의 명령에 따라 300명의 말도 안 되는 적은 숫자를 데리고 가서 승리했습니다.

마른 뼈 같은 자는 하나님만 의지할 수 있는 역설의 은혜를 가지고 있는 사람입니다.

나의 절망스러운 상황으로 인해 오히려 주님만 의지하는 권능을 얻어야 합니다.

"그러므로 내가 그리스도를 위하여 약한 것들과 능욕과 궁핍과 박해와 곤고를 기뻐하노니 이는 내가 약한 그 때에 강함이라"(고후 12:10)

하나님은 430년 동안 애굽의 종살이를 하며 절망의 끝을 맛보았던 이스라엘 백성을 출애굽시키면서도 '여호와의 군대'라고 불러주셨습니다(출 12:41).

분명 갓 출애굽 한 이스라엘 백성들의 모습은 오합지졸 노예들의 모임이었을 것입니다. 그 어떤 결속력이나 조직력, 전투력을 찾아볼 수 없는 형편없는 모습이었을 것입니다. 그런데 그런 그들을 바라보시는 하나님의 시각은 다릅니다. 하나님은 그들을 '여호와의 군대'라고 부르셨습니다. 하나님은 이스라엘 민족을 향한 '마스터플랜'을 가지고 계셨던 것입니다.

지금은 초라할지라도, 지금은 연약할지라도 하나님은 그들을 여호와의 군대로 만들어 그들을 통해 하나님의 뜻을 이루실 것입니다. 하나님의 전능하심과 끝없는 사랑이 하나님의 뜻을 이루도록 역사할 것입니다. 그렇기에 이미 하나님의 눈에 그들은 '여호와의 군대'로 보이는 것입니다.

'시몬'을 '게바'라 부르신 예수님도 마찬가지입니다.

> "데리고 예수께로 오니 예수께서 보시고 이르시되 네가 요한의 아들 시몬이니 장차 게바라 하리라 하시니라(게바는 번역하면 베드로라)"(요 1:42)

베드로가 처음 예수님을 만난 장면입니다.

베드로는 어부였고, 예수님에 대해 잘 알지 못하는 사람이었으며, 그 어떤 영적 훈련도 받지 못한 상태였습니다.

사실 베드로는 다혈질의 기질을 가진 사람으로, 성급하고 서툴렀으며 나서기를 좋아하고 자기 의에 쉽게 미혹되는 약점투성이의 사람이었습니다. 그런데 예수님의 눈에는 이미 베드로가 반석을 의미하는 게바로 보였습니다. 예수님은 이미 베드로를 흔들림 없는 반석으로 삼아 그 위에 교회를 세울 것이라는 위대한 계획을 가지고 계셨습니다.

하나님은 자신의 한계를 인정하고 철저히 절망하는 자를 하나님의 군대로 일으켜주실 것입니다. 마른 뼈와 같은 현실 앞에 불신의 절망만 늘어놓고 있으면 평생 그저 마른 뼈에 머무르겠지만, 마른 뼈에게 임하시는 하나님께 응답하면 하나님의 군대로 설 수 있는 것입니다.

하나님은 에스겔에게 질문하셨습니다.

"그가 내게 이르시되 인자야 이 뼈들이 능히 살 수 있겠느냐 하시기로 내가 대답하되 주 여호와여 주께서 아시나이다"(겔 37:3)

'하나님이 질문하신다'라는 것은 '해결의 의도를 가지고 계신다'라는 뜻입니다. 하나님이 뜻을 정하시면 안 되는 일이 없습니다. 하나님이 열면 닫을 자가 없고, 하나님이 닫으면 열 자가 없습니다. 그러므로 절망만 하지 말고 하나님을 붙드십시오! 하나님은 절망의 깊이보다 더 높은 도약을 이뤄내시는 분이십니다.

절망에서 도약을 이끌어내는 하나님의 방법

1. 하나님의 말씀은 절망에서 도약을 이끌어 냅니다.

하나님은 에스겔에게 당신의 말씀을 대언하라고 명령하셨습니다.

"또 내게 이르시되 너는 이 모든 뼈에게 대언하여 이르기를 너희 마른 뼈들아 여호와의 말씀을 들을지어다"(겔 37:4)

말씀은 하나님의 역사 방법입니다.
하나님은 천지창조도 말씀으로 이루셨습니다.

하나님의 말씀이 임하기 전에는 세상이 암흑과 혼돈뿐 이었는데, 하나님의 말씀이 그분의 입에서 나오면서 하늘과 땅이 나뉘고, 태양과 달과 별들이 생기고, 산과 바다가 생기고, 수백만 종에 달하는 동식물들이 생겨났습니다. 하나님의 말씀은 무에서 유를 창조하고, 혼란에서 질서를 만들어내며, 절망에서 기적을 이루어내는 힘이 있습니다.

결국 절망에서 도약을 이끌어내는 힘은 바로 하나님의 말씀에 있습니다. 그래서 마른 뼈 같이 절망적인 상황에 있는 사람일수록 하나님의 말씀을 들어야 하고 읽어야 합니다. 하나님의 말씀을 지식으로만 받는 것이 아니라 영과 혼과 관절과 골수를 찌르는 검으로 받아야 합니다.

「레 미제라블」의 작가 빅토르 위고는 "영국은 두 개의 책을 가지고 있는데 하나는 셰익스피어의 저서이고 하나는 성경"이라고 했습니다.

또한 빅토리아 여왕[3]은 성경대로 통치하겠다고 약속하며 64년의 재위 기간 동안 찬란한 대영 제국을 건설했습니다.

독일에서도 마틴 루터의 종교 개혁을 통해 서민들의 손에 성경을 나누어 준 후부터 독일 국민들이 깨어나기 시작했습니다. 독일의 유명한, 기라성같은 역사의 인물들도 성경이 시민들의 손에 들어간 이후에 나타났습니다. 하나님의 말씀이 임하는 곳곳마다 기적의 역사, 역전의 역사가 임합니다.

에스겔이 하나님의 말씀을 대언할 때 뼈들이 서로 맞아 들어가는 역사가 일어났습니다.

"이에 내가 명령을 따라 대언하니 대언할 때에 소리가 나고 움직이며 이 뼈, 저 뼈가 들어 맞아 뼈들이 서로 연결되더라 내가 또 보니 그 뼈에 힘줄이 생기고 살이 오르며 그 위에 가죽이 덮이나 그 속에 생기는 없더라"(겔 37:7-8)

'말씀의 특징'에 대해 더 구체적으로 알아보겠습니다.

"하나님의 말씀은 살아 있고 활력이 있어 좌우에 날선 어떤 검보다도 예리하여 혼과 영과 및 관절과 골수를 찔러 쪼개기까지 하며 또 마음의 생각과 뜻을 판단하나니 지으신 것이 하나도 그 앞에 나타나지 않음이 없고 우리의 결산을 받으실 이의 눈 앞에 만물이 벌거벗은 것 같이 드러나느니라"(히 4:12-13)

(1) 하나님의 말씀에는 **활력이 있습니다.**

말씀이 우리 안에서 역사하시면 내면에 활력이 생깁니다. 활력이 있다는 것은 활동력, 운동력이 있다는 뜻입니다. 힘, 영적인 에너지가 있다는 뜻입니다. 열을 가하면 분자가 활성화됩니다. 그래서 말씀을 들으면 무기력하게 살았던 지난날을 청산할 수 있습니다. 기쁨과 소망, 평강을 누리게 됩니다. 그리고 말씀의 원동력은 머리로만 아는 말씀을 가슴으로 내려오게 합니다. 결국 손발을 움직여 세상이 감당치 못하는 능동적인 삶을 살게 합니다.

(2) 하나님의 말씀은 **예리합니다.**

하나님의 말씀은 예리해서 우리의 영과 혼과 관절과 골수를 찔러 쪼갭니다. 예리하다는 것은 날카롭다는 뜻이며 칼과 같다는 뜻입니다. 그래서 우리의 죄악, 옛 습관을 도려냅니다. 그러므로 우리는 말씀의 능력으로 무장하여 내면의 죄와 싸워 이겨야 하며, 하나님의 일을 게을리해서는 안됩니다(렘 48:10).

또 말씀은 날카로워서 공격하는 무기가 됩니다.

에베소서 6장에는 말씀을 성령님의 검이라고 말씀합니다.

"구원의 투구와 성령의 검 곧 하나님의 말씀을 가지라"(엡 6:17)

그래서 성도는 언제나 말씀의 검을 지니고 있어야 합니다. 성령님의 검인 말씀은 방어와 공격, 양쪽 면을 모두 갖춘 무기이며 마귀가 가장 무서워하는 무기입니다.

전쟁에서 군인들의 검이 적을 무찌르는데 매우 중요한 역할을 하는 것처럼 성령의 검, 곧 하나님의 말씀은 영적 전쟁에서 승리하는데 가장 필수적인 무기입니다.

예수님도 광야에서 40일 금식한 후에 마귀에게 시험을 받으실 때, 기록된 말씀으로 마귀를 대적하고 이기셨습니다.

"예수께서 대답하여 이르시되 기록되었으되 사람이 떡으로만 살 것이 아니요 하나님의 입으로부터 나오는 모든 말씀으로 살 것이라 하였느니라 하시니"(마 4:4)

말씀으로 세상을 이기고 영적 전쟁에서 승리하시기 바랍니다.

(3) 하나님의 말씀은 **늘 새롭고 영원합니다.**

말씀은 우리의 옛사람을 깨닫게 하고 몰아내어서 새사람으로 변화시켜줍니다(엡 4:23-24). 생명력 있는 말씀은 언제나 들어도 새롭습니다. 똑같은 구절도 새롭게 다가옵니다.

풀은 마르고 꽃은 시들지만, 하나님의 말씀은 영원히 살아있고 변하지 않습니다(사 40:8). 주님의 약속은 영원히 우리의 영혼과 삶을 지켜 보호합니다. 영원하지 않은 것은 영원한 것을 결코 이길 수 없습니다. 우리의 삶의 문제와 영적인 갈급함 그 모든 것은 영원하신 주님의 약속 앞에 힘을 잃고 맙니다.

2. 하나님의 생기는 절망에서 도약을 이끌어 냅니다.

오스왈드 챔버스[4]는 "당신 생애 최고의 축복은 그리스도인이 되려는 노력에 종지부를 찍고 인위적인 애씀도 버리고 오직 성령께 구걸하며 그를 영접하는 데서 온다"라고 했고 맥클라렌[5]은 "마음속에 성령이 같이 하고 손에 성경을 가지고 있는 사람은 그가 필요로 하는 모든 것을 가지고 있는 사람이다"라고 했습니다. 또한 로버트 버튼[6]은 "성령님 안에 하루를 사는 것이 육체 안에 천 날을 사는 것보다 낫다"라고 말했습니다.

생기는 성령님을 의미합니다.

하나님의 말씀이 임할 때 마른 뼈들이 서로 들어맞고 힘줄이 생기고 살이 오르고 가죽이 덮였지만 정작 생기, 곧 생명은 없었습니다. 생기가 들어가기 전까지 그들 안에는 생명이 없었습니다. 에스겔이 하나님의 명을 따라 마른 뼈에 생기가 들어가게 할 때 비로소 그들이 살아나서 군대가 되었습니다.

"이에 내가 그 명령대로 대언하였더니 생기가 그들에게 들어가매 그들이 곧 살아나서 일어나 서는데 극히 큰 군대더라"(겔 37:10)

히브리어로 '루아흐(רוּחַ)'라고 쓰는 '생기'는 원래 '하나님의 영'을 의미했습니다. 하나님께서 사람을 지으실 때, '흙'으로 지으시고 창조를 마치지 않으셨습니다. 하나님은 사람을 흙으로 지으신 후에 코에 생기를 불어넣어 사람으로 하여금 생령이 되게 하셨습니다.

"여호와 하나님이 땅의 흙으로 사람을 지으시고 생기를 그 코에 불어넣으시니 사람이 생령이 되니라"(창 2:7)

사람을 창조하신 하나님이 생기를 불어넣으셨듯이, 부활 후 제자들을 찾아오신 예수님도 숨을 내쉬시고 "성령을 받으라"라고 말씀하셨습니다.

"예수께서 또 이르시되 너희에게 평강이 있을지어다 아버지께서 나를 보내신 것 같이 나도 너희를 보내노라 이 말씀을 하시고 그들을 향하사 숨을 내쉬며 이르시되 성령을 받으라 너희가 누구의 죄든지 사하면 사하여질 것이요 누구의 죄든지 그대로 두면 그대로 있으리라 하시니라"(요 20:21-23)

하나님은 지금 에스겔 선지자를 통해 생기 즉 하나님의 영을 불어넣어 마른 뼈에 생명을 더하셨습니다. 우리 영혼에 하나님의 영이 임하면 하나님의 기운이 우리 영혼을 살리고 우리에게 깨달음을 얻게 합니다(욥 32:8).

하나님의 영을 받은 사람은 하나님의 군대로 서게 됩니

다. 우리는 하나님의 새 영, 새 마음을 받음으로 하나님의 군대로 일어서야 합니다.

"맑은 물을 너희에게 뿌려서 너희로 정결하게 하되 곧 너희 모든 더러운 것에서와 모든 우상 숭배에서 너희를 정결하게 할 것이며 또 새 영을 너희 속에 두고 새 마음을 너희에게 주되 너희 육신에서 굳은 마음을 제거하고 부드러운 마음을 줄 것이며 또 내 영을 너희 속에 두어 너희로 내 율례를 행하게 하리니 너희가 내 규례를 지켜 행할지라"(겔 36:25-27)

군대는 힘과 행동을 의미합니다.

지휘관의 명령을 즉시 행동으로 옮기며 나가 싸우는 것이 군대입니다. 강한 군대에는 위엄과 승리가 있고 누구도 함부로 업신여기지 못합니다. 강하기 때문입니다.

오늘 우리는 절망에서 일어나 세상이 넘볼 수 없는 거룩함과 힘을 겸비한 하나님의 군대로 도약해야 합니다. 하나님은 우리가 힘 있는 군사로 일어서서 백전백승하는 삶을 살기를 원하십니다. 결코 마른 뼈와 같은 비참한 모습으로 살길 원하지 않으십니다.

"내가 또 내 영을 너희 속에 두어 너희가 살아나게 하고 내가 또 너희를 너희 고국 땅에 두리니 나 여호와가 이 일을 말하고 이룬 줄을 너희가 알리라 여호와의 말씀이니라"(겔 37:14)

마른 뼈와 같은 절망에서 백전백승하는 하나님의 군대로 일어서는 것, 이것이 바로 우리가 누려야 할 복음의 진정한 부흥입니다. 하나님의 군대는 하나님의 뜻을 이룰 목적으로 만들어진 군대입니다. 이 시간 성령의 기름부음을 받고 하나님의 동역자가 되어 하나님의 뜻을 이루어드리는 우리 모두가 되기를 소원합니다.

"주의 성령이 내게 임하셨으니 이는 가난한 자에게 복음을 전하게 하시려고 내게 기름을 부으시고 나를 보내사 포로 된 자에게 자유를, 눈 먼 자에게 다시 보게 함을 전파하며 눌린 자를 자유롭게 하고 주의 은혜의 해를 전파하게 하려 하심이라 하였더라"(눅 4:18-19)

"하나님이 나사렛 예수에게 성령과 능력을 기름 붓듯 하셨으매 그가 두루 다니시며 선한 일을 행하시고 마귀에게 눌린 모든 사람을 고치셨으니 이는 하나님이 함께 하셨음이라"(행 10:38)

또 하나님의 군대는 하늘의 능력을 힘입은 강력한 전투력을 가진 군대입니다. 우리 예수님은 세상을 이겨놓으셨습니다.

"무릇 하나님께로부터 난 자마다 세상을 이기느니라 세상을 이기는 승리는 이것이니 우리의 믿음이니라 예수께서 하나님의 아들이심을 믿는 자가 아니면 세상을 이기는 자가 누구냐"(요일 5:4-5)

예수 그리스도를 따르는 성도는 때로 세상에서 미움을 살 수 있습니다(요 15:18–19). 그러나 승리를 주관하신 예수 그리스도 안에 머무는 성도는 담대할 수 있습니다.

"이것을 너희에게 이르는 것은 너희로 내 안에서 평안을 누리게 하려 함이라 세상에서는 너희가 환난을 당하나 담대하라 내가 세상을 이기었노라" (요 16:33)

하나님께 속한 군대의 대장은 예수 그리스도입니다.

예수님은 만왕의 왕이시며 전쟁에 능하신 분입니다.

오직 예수님을 앞세워 나갈 때, 예수님의 말씀에 순종할 때 우리는 백전백승하는 군대가 될 수 있습니다.

하나님은 절망 속에 있는 에스겔을 더 깊은 절망의 골짜기로 인도하셨습니다. 제대로 절망하여 하나님만 의지하게 하기 위해서였습니다. 우리도 오늘 우리의 내면세계 안에 있는 마른 뼈들, 외면세계에 깔려있는 마른 뼈들을 보고 철저하게 절망해야 합니다.

예수님은 바리새인들을 향해 회칠한 무덤 같으나 속에는 죽은 사람의 뼈와 모든 악한 것이 가득하다고 하셨습니다.

우리 주님은 이와 같이 너희도 겉으로는 사람에게 옳게 보이나 안에는 외식과 불법이 가득하다고 말씀하셨습니다.

사도 바울도 자신 속의 죄로 인해 탄식했습니다.

우리는 우리의 힘으로 이 문제를 해결할 수 없습니다.

오직 하나님만이 마른 뼈들을 향해 소망의 도약을 선포하실 수 있습니다. 말씀으로 마른 뼈를 일으키고, 하나님의 영으로 생명을 불어넣어서 마른 뼈를 하나님의 군대로 일으키시는 하나님을 경험하시길 원합니다.

마른 뼈와 같은 절망에서 예수 그리스도를 대장으로 모시는 백전백승의 하나님의 군대가 되는 영광을 누리시기를 바랍니다.

〈주님과 동행하는 기쁨 나누기〉

1. 절망에서 도약을 이끌어내는 하나님의 방법입니다.

(　　) 안에 맞는 단어는 무엇입니까?

(1) 하나님의 (　　)은 절망에서 도약을 이끌어냅니다.

영원하지 않은 것은 영원한 것을 결코 이길 수 없습니다. 우리의 삶의 문제와 영적인 갈급함 그 모든 것은 영원하신 주님의 약속 앞에 힘을 잃고 맙니다.

- 하나님의 말씀으로 승리한 경험을 나눕시다.

(2) 하나님의 (　　)는 절망에서 도약을 이끌어냅니다.

하나님은 사람을 흙으로 지으신 후에 생기를 그 코에 불어넣어 사람으로 하여금 생령이 되게 하셨습니다.

- 살면서 강한 하나님의 군사같은 느낌을 가진 경험을 나눕시다.

2. 아래 성구를 읽고 당신의 삶에 일어난 일을 나누십시오.

(1) 요한삼서 1장 2절 – "사랑하는 자여 네 영혼이 잘됨 같이 네가 범사에 잘되고 강건하기를 내가 간구하노라"

(2) 이사야 55장 6,7절 – "너희는 여호와를 만날 만한 때에 찾으라 가

까이 계실 때에 그를 부르라 악인은 그의 길을, 불의한 자는 그의 생각을 버리고 여호와께로 돌아오라 그리하면 그가 긍휼히 여기시리라"

(3) 고린도전서 12장 10절 – "그러므로 내가 그리스도를 위하여 약한 것들과 능욕과 궁핍과 박해와 곤고를 기뻐하노니 이는 내가 약한 그 때에 강함이라"

3. 아래 성구의 (   )에 맞는 단어를 넣고 암송합시다.

"여호와의 말씀이니라 너희를 향한 나의 생각을 내가 아나니 (   )이요 재앙이 아니니라 너희에게 (   )와 (   )을 주는 것이니라 너희가 내게 부르짖으며 내게 와서 (   )하면 내가 너희들의 기도를 들을 것이요 너희가 온 (   )으로 나를 구하면 나를 찾을 것이요 나를 만나리라"(렘 29:11-13)

7. 절망속에 있는 나를

작사/작곡 이 순 희

제8장

근성을 변화시키는 복음

갈라디아서 2장 20절

"내가 그리스도와 함께 십자가에 못 박혔나니 그런즉 이제는 내가 사는 것이 아니요 오직 내 안에 그리스도께서 사시는 것이라 이제 내가 육체 가운데 사는 것은 나를 사랑하사 나를 위하여 자기 자신을 버리신 하나님의 아들을 믿는 믿음 안에서 사는 것이라"

8
근성을 변화시키는 복음

근성은 한 사람에게 뿌리 깊게 박힌 고유의 성질입니다.

날 때부터 가지고 있는 근본적인 성질을 말합니다.

우리는 "저 사람은 정말 근성이 나쁜 사람인 것 같아!", "저 사람은 근성이 참 좋아 보이지?"라는 말을 자주 합니다.

"나는 원래 소심해, 나는 원래 겁이 많아, 나는 원래 자아가 강해, 나는 원래 교만해, 나는 원래 게을러, 나는 원래 독해"라는 말등을 흔하게 사용하며 근성을 표현하기도 합니다.

이러한 근성은 선천적으로 타고나거나, 어린 시절부터 깊이 습득된 것이기에 좀처럼 바뀌지 않습니다. 그래서 사람들은 흔히 "근성은 바뀌지 않는다", "사람은 변하지 않는다"

라는 말을 자주 합니다. 어떠한 계기를 통해서 일시적이고 표면적인 변화는 가능할지 몰라도 근원적인 성질은 쉽게 변할 수 없다는 말입니다. 하지만 성경은 우리에게 근성의 변화를 이루어야 한다고 가르칩니다.

> "너희는 유혹의 욕심을 따라 썩어져 가는 구습을 따르는 옛 사람을 벗어 버리고 오직 너희의 심령이 새롭게 되어 하나님을 따라 의와 진리의 거룩함으로 지으심을 받은 새 사람을 입으라"(엡 4:22-24)

성경의 상당 부분은 근성을 변화시킨 믿음의 선진들에 대한 증거로 이루어져 있습니다.

성경은 비겁한 아브라함이 믿음의 조상이 되고, 자기 힘을 믿고 기세가 등등했던 모세가 철저히 하나님만 의지하는 영적 지도자가 됨을 보여줍니다. 또 높아지기를 좋아했던 예수님의 제자들이 성령님으로 말미암아 변화되어 위대한 영적 지도자들이 된 것을 보여줍니다. 이뿐 아니라 예수 믿는 사람들을 박해했던 사도 바울이 최고의 전도자, 영성가가 된 것을 보여줍니다.

즉 성경은 누구나 변화될 수 있다는 것을 말합니다. 이는 하나님의 음성이요, 하나님의 계시입니다. 우리는 변화될 수 있습니다. 그것도 완전한 변화, 근성의 변화를 이룰 수 있습니다.

"그런즉 누구든지 그리스도 안에 있으면 새로운 피조물이라 이전 것은 지나갔으니 보라 새 것이 되었도다"(고후 5:17)

천한 자에서 존귀한 자로, 무익한 자에서 유익한 자로, 어둠의 자녀에서 빛의 자녀로, 묶인 자에서 자유한 자로…. 근성의 변화를 이루고 승리의 지름길로 달려 나갑시다.

본래 우리는 마귀의 근성을 가지고 태어났습니다.

"너희는 너희 아비 마귀에게서 났으니 너희 아비의 욕심대로 너희도 행하고자 하느니라 그는 처음부터 살인한 자요 진리가 그 속에 없으므로 진리에 서지 못하고 거짓을 말할 때마다 제 것으로 말하나니 이는 그가 거짓말쟁이요 거짓의 아비가 되었음이라"(요 8:44)

"그 때에 너희는 그 가운데서 행하여 이 세상 풍조를 따르고 공중의 권세 잡은 자를 따랐으니 곧 지금 불순종의 아들들 가운데서 역사하는 영이라 전에는 우리도 다 그 가운데서 우리 육체의 욕심을 따라 지내며 육체와 마음의 원하는 것을 하여 다른 이들과 같이 본질상 진노의 자녀이었더니"(엡 2:2-3)

우리는 예수 그리스도의 십자가 공로로 거룩한 왕의 근성으로 변화 받게 되었습니다. 하나님은 우리를 택하셨고 왕 같은 제사장, 거룩한 나라, 그의 소유가 된 백성으로 불러주셨습니다.

"그러나 너희는 택하신 족속이요 왕 같은 제사장들이요 거룩한 나라요 그의 소유가 된 백성이니 이는 너희를 어두운 데서 불러 내어 그의 기이한 빛에 들어가게 하신 이의 아름다운 덕을 선포하게 하려 하심이라"(벧전 2:9)

성도의 신앙생활은 근성을 변화시키는 과정입니다.

우리가 예수를 구주로 영접하고 은혜를 받는다고 해서 한 순간에 근성의 변화를 이룰 수 있는 것은 아닙니다. 우리를 구원하신 하나님은 우리가 예수를 믿는 순간 의롭다고 여기시며 하나님의 자녀가 되게 하시지만, 예수님을 믿는 순간부터 마음의 연단을 받게 하십니다.

"도가니는 은을, 풀무는 금을 연단하거니와 여호와는 마음을 연단하시느니라"(잠 17:3)

우리는 변화의 원동력이 되시는 성령의 능력을 의지하여 날마다 신의 성품에 참여하도록 근성의 변화를 이루어야 합니다. 아무리 예수를 잘 믿고 예배를 열심히 드린다고 자부하며 살아도 자기 안에 역사하는 죄의 세력과 싸우지 않고, 자아가 만들어내는 욕심에 미혹되어 살아가는 사람은 온전한 하나님의 사람이 될 수 없습니다.

성도는 진리를 따르고 순종하는 만큼 의와 평강과 희락으로 보여지는 성령의 역사를 나타내게 되고, 진리를 거스르고 불순종하는 만큼 죄를 조장하는 악령의 역사를 나타내게 됩니다. 그러므로 우리는 우리의 무의식까지 예수 그리스도의 성품을 닮아가도록 철저히 자아를 죽이고 진리에 복종하는 삶을 살아야 합니다.

> "이로써 그 보배롭고 지극히 큰 약속을 우리에게 주사 이 약속으로 말미암아 너희가 정욕 때문에 세상에서 썩어질 것을 피하여 신성한 성품에 참여하는 자가 되게 하려 하셨느니라"(벧후 1:4)

하나님은 택하신 자의 근성의 변화를 위해 인생의 광야를 허락하십니다. 실패의 광야, 질병의 광야, 가난의 광야, 실망의 광야, 고독의 광야에서 교만한 마음을 꺾으시고 하나님의 음성을 듣고 온전하게 순종하는 법을 배우게 하십니다.

> "네 하나님 여호와께서 이 사십 년 동안에 네게 광야 길을 걷게 하신 것을 기억하라 이는 너를 낮추시며 너를 시험하사 네 마음이 어떠한지 그 명령을 지키는지 지키지 않는지 알려 하심이라"(신 8:2)

하나님이 택한 민족인 이스라엘은 출애굽 후에 근성의 변화를 위한 광야생활을 했습니다. 그들은 하나님이 애굽 사람들에게 내린 10가지 재앙과 홍해가 갈라지는 기적을 체험했습니다. 그리하여 430년간의 노예생활을 청산하고 출애굽 했습니다.

그런데 이스라엘 백성들은 그저 몸만 출애굽하고 생각과 태도, 가치관과 마음은 출애굽 하지 못했습니다. 몸은 출애굽 해서 자유를 얻었지만 마음과 생각은 여전히 노예근성에 묶여 있었던 것입니다. 이는 왕자가 된 거지가 화려한 옷과 왕관을 쓰면서도 거지처럼 먹고, 거지처럼 걸으며, 거지처럼 말하는 것과 같은 것이었습니다.

이스라엘 백성들은 출애굽 했지만 끊임없이 불평하고 원망했으며 주의 종 모세와 아론을 대적했습니다. 몸은 자유자가 되었을지라도 그들의 생각과 마음이 여전히 노예 수준이었기 때문에 그들은 끊임없이 불평하고 원망했으며 영혼의 평안함을 추구할 고귀한 마음을 품지 못했습니다. 그들은 자유가 무엇인지도 모르는 노예의 삶에 찌들어 있었기에 그들에게 주어진 자유를 하찮은 것으로 여기고 오히려 노예에게 허락된 찌꺼기 음식을 더 귀한 것으로 여겼습니다. 그들은 노예생활에 미련을 가지고 과거를 왜곡하여 해석하기까지 했습니다(출 16:2-3).

출애굽 했지만 근성의 변화를 이루지 못했던 이스라엘 백성들은 그들이 얻은 자유의 가치를 몰랐고, 하나님이 약속하신 가나안의 축복을 이해하지 못했습니다. 이스라엘 백성들 안에 끈질기게 남아있던 악한 근성은 그들에게 어려움이 닥쳐올 때마다 드러났고, 하나님이 주신 축복을 마주할 때 드러났습니다.

이스라엘 백성은 출애굽 한 후 1년이 지나서 각 지파 대표 한 명씩을 뽑아 가나안 땅을 정탐했습니다. 그런데 총 12명의 정탐꾼 중에 갈렙과 여호수아를 제외한 10명의 정탐꾼은 가나안을 주시겠다고 약속한 하나님은 잊고 가나안의 거주민과 성읍들의 위용에 기가 죽어 낙심하여 부정적이고 불신앙적인 보고를 했습니다.

"사십 일 동안 땅을 정탐하기를 마치고 돌아와 바란 광야 가데스에 이르러 모세와 아론과 이스라엘 자손의 온 회중에게 나아와 그들에게 보고하고 그 땅의 과일을 보이고 모세에게 말하여 이르되 당신이 우리를 보낸 땅에 간즉 과연 그 땅에 젖과 꿀이 흐르는데 이것은 그 땅의 과일이니이다 그러나 그 땅 거주민은 강하고 성읍은 견고하고 심히 클 뿐 아니라 거기서 아낙 자손을 보았으며 아말렉인은 남방 땅에 거주하고 헷인과 여부스인과 아모리인은 산지에 거주하고 가나안인은 해변과 요단 가에 거주하더이다"(민 13:25-29)

이에 대해 갈렙은 "우리가 곧 올라가서 그 땅을 취하자. 능히 이기리라"라고 말하며 백성들의 믿음을 북돋았지만 다른 정탐꾼들은 더욱 가나안 땅을 악평하며 비관적이고 소심한 전망을 내놓았습니다.

"이스라엘 자손 앞에서 그 정탐한 땅을 악평하여 이르되 우리가 두루 다니며 정탐한 땅은 그 거주민을 삼키는 땅이요 거기서 본 모든 백성은 신장이 장대한 자들이며 거기서 네피림 후손인 아낙 자손의 거인들을 보았나니 우리는 스스로 보기에도 메뚜기 같으니 그들이 보기에도 그와 같았을 것이니라"(민 13:32-33)

이스라엘 백성들은 10명의 정탐꾼들의 비관적인 보고에 맞장구를 치며 함께 통곡했고 다시 애굽으로 돌아가자고 했습니다. 아무리 갈렙과 여호수아가 믿음의 선포를 해도 그들의 깊은 곳에 새겨진 불신의 근성, 대적의 근성, 불평의 근성은 가실 줄 몰랐습니다. 이에 대해 하나님은 "어느 때까지 나를 멸시하겠느냐"라고 하시며 분노하셨습니다(민 14:11).

하나님은 광야에서 행한 하나님의 이적을 보고서도 근성의 변화를 이루지 못하고 불순종의 길로 간 이스라엘 백성들을 가나안 땅에 들어가지 못하게 하셨습니다. 그래서 하나님의 말씀을 온전히 따른 갈렙과 여호수아를 제외한 모든 출애굽 1세대는 가나안에 들어가지 못하고 광야에서 죽고 말았습니다(민 14:22-24).

뿐만 아니라 이스라엘 안에 남아있는 불순종은 그들을 광야생활 사십 년에 이르도록 만들었습니다.

"너희의 자녀들은 너희 반역한 죄를 지고 너희의 시체가 광야에서 소멸되기까지 사십 년을 광야에서 방황하는 자가 되리라"(민 14:33)

본래 애굽에서 가나안까지의 길은 보름 정도면 갈 수 있는 길이었습니다. 하지만 이스라엘 백성들이 버리지 못한 악한 근성은 승리의 지름길을 가로막고 무려 40년 동안 광야 생활을 이어가게 만들었습니다.

하나님이 우리에게 허락하신 것은 풍성한 생명이요, 영원한 축복이며, 넉넉한 능력입니다. 하지만 근성의 변화를 이루지 못한 사람은 하나님의 약속과 관계없는 삶을 살게 됩니다. 그러므로 성도는 영적 전쟁에 승리하고 열매 맺는 삶을 살기 위해 철저한 근성의 변화를 이루어야 합니다.

승리를 위해 버려야 할 근성들

1. 노예근성을 버려야 합니다.

노예근성은 무엇이든지 남의 지시가 있어야만 행동하고, 자주적으로 행동하지 않는 성질입니다. 반대로 주인의식을 가지고 있는 사람은 자주적으로 행동하며 책임감이 있습니다. 자기 것에 대한 올바른 마음을 가지고 있기 때문에 그것을 지키려는 책임감이 강합니다. 그러나 노예근성이 있는 사람은 책임감이 없습니다. 노예근성을 가진 사람은 스스로 생각하거나 자의에 의해 행동하는 것을 두려워합니다.

누군가로부터 부당한 대우를 받아도 저항하지 못하고, 옳지 않은 방법이라 할지라도 타인의 뜻을 부정하지 않고 따르기도 하는데, 대체적으로 노예근성을 가진 사람은 자신의 뜻을 내세우거나, 자신이 해야 할 일을 능동적으로 찾지 않습니다. 그리하여 자연스럽게 무책임한 태도와 게으른 태도로 주변 사람을 피곤하게 할 때도 있습니다.

430년 동안 애굽의 종살이를 했던 이스라엘 백성들은 뼛속 깊이 노예의식이 박혀 있었습니다. 태어나서 본 것이 노예의 삶이었기 때문에 노예의 습성이 그들의 근성이 되어버렸습니다. 그들의 노예근성 안에는 불안과 두려움, 열등감과 패배의식이 가득했습니다. 그들에게 광야생활 40년은 노예근성이 표면으로 드러나 떠나가는 시간이었고, 자유자로서의 영적 능력을 갖추어나가는 시간이었습니다. 우리도 노예근성을 버리고 승리의 길로 가야 합니다.

우리 안에는 예수를 믿기 전에 마귀의 종살이를 하면서 생긴 노예근성이 깊이 박혀있습니다. 선천적 죄의 경향성으로 인해 우리 안에 박혀있는 거짓의 근성, 불안의 근성, 두려움의 근성, 절망의 근성은 우리 인생의 결정적인 순간에 드러나서 우리를 노예처럼 살게 합니다. 우리는 모든 노예근성을 벗고 자유자로 우뚝 서야 합니다.

"그리스도께서 우리를 자유롭게 하려고 자유를 주셨으니 그러므로 굳건

하게 서서 다시는 종의 멍에를 메지 말라"(갈 5:1)

노예는 물건처럼 여겨지는 존재로서 생명의 존엄성을 누리지 못합니다. 그래서 노예의 마음에는 항상 언제 버림 당할지, 죽임 당할지 모르는 두려움이 가득합니다. 처벌받을 것에 대한 두려움, 버림받을 것에 대한 두려움, 학대받을 것에 대한 두려움에 의해 지배를 받는 노예의 삶은 언제나 불안하고 위태롭습니다. 그래서 노예는 늘 눈치를 봅니다. 맞지 않을 만큼 일하면서 주인의 표정을 살핍니다. 이러한 노예는 행위에 집착하고 주인에게 처벌받지 않기 위하여 두려움에 이끌린 열심을 냅니다. 다시 말해 노예는 열심히 일해도 좋아서 하는 것이 아니라 두려워서 일하고, 죽지 않기 위해 일합니다. 이러한 노예에게는 노동의 기쁨과 안식이 없습니다.

또 노예는 늘 주인에게 반항하는 마음을 가지고 분노를 가지고 있습니다. 겉으로는 열심히 일하는 척하지만 속으로는 늘 대적하는 마음이 있는 것입니다. 그래서 노예의 생각과 마음은 불평과 원망으로 가득합니다.

이스라엘 백성들이 승리의 삶을 살지 못하고 광야에서 40년 동안 훈련을 받은 것은 바로 이 노예근성 때문이었습니다. 노예근성을 버리지 못한 그들은 자유자가 되었으나 노예처럼 살았습니다. 이들은 하나님과 하나님의 종 모세를 악독한 주인처럼 여기며 불평과 반항을 일삼았고, 자유의 권리와 책임을 다하지 못했습니다.

오늘 우리는 이러한 노예의식을 버리고 자유자로 우뚝 서야 합니다. 노예의 사고방식을 버리고 하나님의 자녀로서 천국의 주인의식을 가지고 살아야 합니다. 하나님을 믿어도 노예의식을 버리지 못하는 사람은 하나님을 아바 아버지로 모시지 못하고, 무서운 주인으로 생각하며 늘 두려워합니다.

또 자신이 열심히 해야, 하나님이 벌을 내리시지 않을 것이라는 생각 때문에 늘 행위에 집착합니다. 이러한 노예의 결박에서 자유하지 못하는 성도들은 조건 없는 하나님의 사랑과 은혜를 이해하지 못하고 받아들이지 못합니다. 우리는 다시 한번 하나님께서 우리를 자녀삼아 주셨음을 믿고, 자녀 된 권세를 회복해야 합니다.

"영접하는 자 곧 그 이름을 믿는 자들에게는 하나님의 자녀가 되는 권세를 주셨으니"(요 1:12)

하나님의 자녀가 되었으나 노예의식을 버리지 못한 사람은 누가복음 15장의 예수님이 말씀하신 탕자의 비유에 나오는 맏아들과 같은 삶을 살게 됩니다.

큰 아들은 동생처럼 아버지의 유산을 미리 챙기지도 않았습니다. 아버지의 재산을 축내지도 않았습니다. 아버지의 마음을 아프게 하지도 않았습니다. 그러나 그에게는 아버지의 사랑에 대한 고마움이나 감격이 없었습니다. 아버지가 돌아오기를 간절히 소망하는 동생에 대한 애정도 없습니다. 단지 마지못해 집 안에 남아 있었을 뿐입니다. 그는 항상 열심히 일했지만 아들로서 일한 것이 아니라 종들과 같은 마음으로 일했습니다.

누가복음 15장 29절을 보면 큰 아들은 아버지께 "내가 여러 해 아버지를 섬겨 명을 어김이 없거늘 내게는 염소 새끼라도 주어 나와 내 벗으로 즐기게 하신 일이 없더니"라고 말하며 화를 냈습니다.

큰 아들은 스스로 종처럼 살아가며 자기 의에 도취된 교만한 사람이었습니다. 그래서 오랜만에 돌아온 동생을 반가워하지 않았습니다. 큰 아들은 동생을 미워하는 마음으로 정죄하며, 아버지를 판단하며, 자신이 제일 억울하고 불쌍한 사람이라 생각하면서 스스로 불행을 자초했습니다.

이렇게 노예근성을 버리지 못한 성도는 하나님을 아버지라 부르면서도 종살이를 하며 자기 의에 묶이고 분노하며 정죄합니다. 우리는 거저 주시는 은혜에 감사하며 감격하며, 끊임없이 베푸시는 사랑을 신뢰하며 하나님의 자녀로 살아가야 합니다.

"너희는 다시 무서워하는 종의 영을 받지 아니하고 양자의 영을 받았으므로 우리가 아빠 아버지라고 부르짖느니라 성령이 친히 우리의 영과 더불어 우리가 하나님의 자녀인 것을 증언하시나니 자녀이면 또한 상속자 곧 하나님의 상속자요 그리스도와 함께 한 상속자니 우리가 그와 함께 영광을 받기 위하여 고난도 함께 받아야 할 것이니라"(롬 8:15-17)

2. 거지근성을 버려야 합니다.

'거지근성'이란 국어 사전적 의미로 '무슨 일을 하든지 다른 사람의 도움을 받아 일을 처리하려고 하는 성질'입니다. 거지근성에 물든 사람들은 늘 자신을 과도하게 불쌍히 여기며 누구를 만나든지 자신이 베풀 것은 생각하지 못하고 받을 것만 생각합니다.

거지근성을 가진 사람들은 늘 남보다 더 많이 가지고, 남보다 더 많이 받는 것에 안정감을 느끼기 때문에 늘 욕심을 따르는 삶을 살게 됩니다.

거지근성은 물질이 부족하다고 해서 갖게 되는 것이 아닙니다. 아무리 많이 가지고 있어도 나눌 줄 모르는 사람이 거지근성을 가진 자입니다. 받기만을 원하는 사람은 자신의 소유가 아무리 많아도 하나도 놓치지 않기 위해 아등바등 살아갑니다.

예수님을 믿어도 거지근성을 버리지 못하는 사람은 하나님 앞에서도 늘 자기가 받고 싶은 것만 구하고 하나님의 뜻을 이루는 삶에는 관심이 없습니다. 그저 하나님이 주시는 현세적 복만을 구하느라 자기를 부인하고 자기 십자가를 지는 삶은 살지 못합니다.

"누구든지 자기 십자가를 지고 나를 좇지 않는 자도 능히 나의 제자가 되지 못하리라"(눅 14:27)

거지근성을 갖고 있으면 당연히 도움을 받아야 하는 줄로 생각하고 은혜를 받아도 감사를 모릅니다. 받아도 늘 부족함을 느껴 욕심을 부리게 됩니다. 그리고 그들은 받을 줄은 아는데 나눌 줄 모르는 인생을 삽니다.

거지근성을 버리지 못한 성도는 마귀의 손쉬운 상대가 됩니다. 거지근성에서 나오는 감사하지 못하는 마음이 마귀가 쉽게 조종할 수 있는 악한 속성이기 때문입니다. 감사를 모르는 사람들은 하나님께서 베푸신 은혜는 쉽게 잊고 자신의 문제와 결핍에만 골몰합니다. 자신들에게 주어진 감사의 조건들이 너무나 많은데 받기만 하는 신앙을 갖고 만족할 줄 모릅니다.

자족할 줄 모르고 가지지 못한 것에만 집중하곤 합니다.

자신이 가진 것보다 다른 사람의 것이 더 크게 보여 욕심에 미혹되기도 합니다. 이들은 자기 욕심에 미혹을 받으며 더 가지고 더 인정받으려고 혈안이 된 삶을 살고 자기 상처에만 집착하며 다른 사람을 돌아보지 못합니다.

오늘 우리는 거지근성을 버리고 하나님의 뜻을 따라 나누고 베풀고 섬기는 삶을 살아야 합니다.

> "주라 그리하면 너희에게 줄 것이니 곧 후히 되어 누르고 흔들어 넘치도록 하여 너희에게 안겨 주리라 너희가 헤아리는 그 헤아림으로 너희도 헤아림을 도로 받을 것이니라"(눅 6:38)
>
> "흩어 구제하여도 더욱 부하게 되는 일이 있나니 과도히 아껴도 가난하게 될 뿐이니라 구제를 좋아하는 자는 풍족하여질 것이요 남을 윤택하게 하는 자는 자기도 윤택하여지리라"(잠 11:24-25)

특별히 만물의 마지막이 가까운 때에 살아가는 우리는 거지근성을 버리고 청지기 의식으로 살아야 합니다.

> "만물의 마지막이 가까이 왔으니 그러므로 너희는 정신을 차리고 근신하여 기도하라 무엇보다도 뜨겁게 서로 사랑할지니 사랑은 허다한 죄를 덮느니라 서로 대접하기를 원망 없이 하고 각각 은사를 받은 대로 하나님의 여러 가지 은혜를 맡은 선한 청지기 같이 서로 봉사하라"(벧전 4:7-10)

청지기론의 성경적 원리는 '언약 신학'에 뿌리를 두고 있습니다. 이는 하나님의 언약을 아는 것입니다.

이 언약에는 세 가지 포인트가 있습니다.

하나님이 계획을 갖고 계시고, 하나님이 우리를 보호해 주시고, 하나님이 우리를 위해 공급해 주신다는 것입니다. 그래서 청지기적 삶은 큰 집의 가사를 책임지고 돌보는 관리인의 역할입니다. 그래서 청지기는 주인을 대신하여 살림살이를 관리하는 일을 합니다. 우리는 시간의 청지기, 재물의 청지기, 가정의 청지기, 재능의 청지기, 모든 것의 청지기입니다. 모든 것이 하나님의 것이고, 우리는 잠깐 맡아서 관리하는 청지기라는 사실을 잊지 마시기 바랍니다.

"너희 몸은 너희가 하나님께로부터 받은 바 너희 가운데 계신 성령의 전인 줄을 알지 못하느냐 너희는 너희 자신의 것이 아니라 값으로 산 것이 되었으니 그런즉 너희 몸으로 하나님께 영광을 돌리라"(고전 6:19-20)

청지기 정신이 제자의 마인드라는 것을 명심하고 청지기 정신으로 무장해야 합니다. 그리고 하나님 나라와 영광을 위해 자신이 잠깐 맡은 모든 것을 잘 활용해야 합니다.

3. 비교 근성을 버려야 합니다.

'비교 근성'은 자신의 것으로 만족하지 못하는 욕심, 자신이 최고가 되지 않으면 만족하지 못하는 교만, 언제나 자신이 가장 좋은 것을 취해야 한다고 여기는 오만함에서 나옵니다. 그래서 비교 근성의 결과로는 악한 우월감 혹은 열등감이 나타납니다.

이런 비교의식으로 인한 열등감의 뒷면에는 반드시 결핍과 시기심이 존재합니다. 비교로 인해 자신이 가지지 못한 것을 가진 남을 미워하게 되고, 남들보다 부족한 자신을 미워하게 됩니다. 비교하는 자신을 제한할 뿐 아니라 다른 사람들을 인정하지 못하고 부정적으로 판단하게 됩니다. 그 결과 다른 사람에게 상처를 주고 스스로를 고립시키고 맙니다. 그러기에 비교의식을 제거하지 않으면 교회는 하나로 연합하기 힘듭니다. 그리고 성도들은 각자의 재량을 발휘하지 못하여 예수님을 따르는 삶을 살 수 없습니다. 우리는 비교의식을 버리고 남을 나보다 낫게 여기므로 연합하고 각자의 빛을 발해야 합니다.

오늘 우리는 노예근성, 거지근성, 비교 근성을 버리고 온전하게 근성의 변화를 이루어야 합니다. 그리고 온전한 근성을 소유하신 예수님을 따라 승리의 지름길로 가야 합니다.

예수 그리스도의 십자가는 근성의 변화를 이루는 곳입니다. 십자가는 우리 인생의 획기적인 전환점입니다.

십자가는 죽음을 생명으로 바꾸고, 절망을 소망으로 바꾸며, 모든 약함을 강함으로 바꾸는 능력입니다. 십자가를 깨닫는 순간 악한 근성은 우리 속에서 힘을 쓸 수 없습니다.

예수님은 십자가 위에서 우리의 모든 죄악을 대속하셨습니다. 그러므로 우리는 자신의 죄에 철저히 절망하고 예수 그리스도의 십자가만 소망해야 합니다.

예수 그리스도는 십자가에서 죽으심으로 마귀의 일을 멸하셨고 죄의 세력을 무력하게 만드셨습니다. 그러므로 예수 그리스도 안에 있는 사람에게는 반드시 변화가 일어납니다. 그러나 이 변화는 결코 한순간에 이루어지지 않습니다. 예수 그리스도의 십자가로 말미암은 변화는 예수 그리스도를 닮아가도록 우리 안에 악한 근성을 몰아내는 과정을 거쳐서 이루어지는 것입니다.

이것은 우리의 본성이 달라지는 것이며, 이러한 변화는 우리의 어떠한 노력과 공로가 아닌 우리 안에서 일하시는 하나님의 은혜로 가능해집니다. 열심히 노력하고 애쓴 결과로 나타나는 모습이 아니라 오직 우리 안에서 일하시는 성령님으로 인해 완전히 다르게 생각하고, 다르게 행동하고, 다르게 느끼는 전혀 다른 새로운 내가 되는 것입니다. 이러한 근성의 변화는 인간적인 노력으로 이루어지는 것이 아닙니다.

변화의 주체가 자신이 아닌 예수 그리스도임을 깨달을 때 근본적으로 일어나는 변화입니다. 하나님은 십자가의 능력을 통해 우리의 생각과 마음을 변화시키기 원하시며, 우리 안에 예수님의 성품을 빚어내기 원하십니다. 하나님은 우리에게 성령의 능력을 부어주시고 은혜를 힘입어 영생의 소망을 따라 살게 하시는 분이십니다(딛 3:5-7).

"너희 안에서 착한 일을 시작하신 이가 그리스도 예수의 날까지 이루실 줄을 우리는 확신하노라"(빌 1:6)

"너희 안에서 행하시는 이는 하나님이시니 자기의 기쁘신 뜻을 위하여 너희에게 소원을 두고 행하게 하시나니"(빌 2:13)

본문을 기록한 사도 바울은 십자가로 말미암은 근성의 변화를 체험하고 가르친 대표적인 인물입니다. 그는 십자가를 통한 근성의 변화를 명백하게 증언했습니다. 바울이 설명한 근성의 변화는 4단계로 나누어 이해할 수 있습니다. 근성의 변화를 위해 '내가 그리스도와 함께 십자가에 못 박혔음'을 알아야 합니다.

"내가 그리스도와 함께 십자가에 못 박혔나니…"(갈 2:20)

'내가 그리스도와 함께 십자가에 못 박혔나니'는 헬라어로 '쉬네스타우로마이(συνεσταύρωμαι)'로 완료형 시제입니다. 바울은 완료형 시제를 사용함으로 과거에 일어난 사건의 영향력이 현재까지 계속됨을 나타냅니다.

바울은 과거에 그리스도와 함께 십자가에 못 박혀 율법에 대해 완전히 죽었음과 그 영향이 영구적으로 지속된다는 것을 말합니다. 예수님의 십자가는 희생적이고 대속적인 것이었지만 바울에게는 율법과 죄에 대한 죽음과 이 둘에 대한 해방을 뜻합니다. 그리스도와 함께 십자가에 못 박혔다는 바울의 고백은 더 이상 자신의 자아가 삶의 주인이 아니라는 뜻입니다.

본성의 변화를 이루기 위해 우리의 자아는 예수 그리스도와 함께 십자가에 못 박혀 죽어야 합니다. 예수님과 함께 못 박혔다는 것은 예수 그리스도의 십자가를 나의 십자가로 믿는 것입니다.

십자가의 자리는 원래 내가 받아야 할 형벌의 자리였음을 고백하는 것이요, 내가 당할 수치, 내가 겪을 고통, 내가 당해야 할 죽음을 예수님이 대신 당하셨다는 것을 고백하는 것입니다. 즉 나를 위해 십자가에서 죽으신 예수 그리스도를 믿음으로 십자가의 효력을 자신의 삶에 적용받는 것입니다.

본래 십자가를 만나기 전 바울은 교만하고 날카로운 사람이었습니다. 예수님을 만나기 전 그는 스스로 율법에 흠이 없는 자라고 자부하던 사람이었고 자기 열심에 대해 한 치의 의심도 품지 않았던 사람이었습니다.

"나는 팔일 만에 할례를 받고 이스라엘 족속이요 베냐민 지파요 히브리인 중의 히브리인이요 율법으로는 바리새인이요 열심으로는 교회를 박해하고 율법의 의로는 흠이 없는 자라"(빌 3:5-6)

이렇게 바울은 자신에 대해 자신만만했습니다.

그는 스스로 완벽하다고 여겼고, 실제로 많은 사람들의 눈에도 바울은 완벽한 사람으로 보였습니다. 가말리엘의 문하생으로 당대 최고의 학벌을 소유한 바울은 로마 시민권을 가지고 있었고, 앞장서서 기독교를 박해할 만큼 유대인의 수장 역할을 한 사람이었습니다. 그런 그가 다메섹에서 예수님을 만나게 되었습니다.

예수님을 만난 바울은 더 이상 이전의 바울이 아닙니다. 예수님을 만남으로 바울의 모든 것이 변화되었기 때문입니다. 빛이신 예수님을 강하게 만난 바울은 눈이 멀게 되었습니다. 조금 전까지만 해도 혈기가 등등한 눈을 가지고 당당하게 달려왔는데, 이제는 앞을 보지 못한 채 남의 손에 이끌려서 다메섹에 들어가게 되었습니다. 이후로 바울은 사흘 동안을 보지 못한 채 먹지도 마시지도 않았습니다.

"사흘 동안 보지 못하고 먹지도 마시지도 아니하니라"(행 9:9)

그렇게 당당하고 자신만만하던 바울이 이젠 맹인이 되어 보지 못하는 무력한 사람이 되었습니다. 그렇게 바울은 사흘 동안 눈 먼 채로 지내다가 아나니아의 안수기도를 받고 눈을 뜨게 되었습니다. 빛으로 임한 예수 그리스도를 만난 바울은 정작 죽어야 할 자는 예수 믿는 성도가 아니라 자신이었음을 깨달았습니다.

인간은 어떤 누구도 율법의 의로 의로워질 수 없습니다. 오직 예수 그리스도의 십자가를 믿는 길 외에는 구원의 길이 없다는 것을 깨달았습니다. 그래서 바울은 빌립보서를 기록하면서 "율법의 의로는 흠이 없는 자"였다고 한 후에 바로 이어서 "예수 그리스도를 아는 지식이 가장 고상하기에 세상에서 모든 유익하던 것을 배설물로 여기게 되었다"라고 고백합니다(빌 3:7-9).

결국 바울은 십자가 앞에서 자기가 자랑했던 모든 것이 배설물과 같은 것임을 깨달았습니다. 성령님의 강권적인 은혜가 자신을 예수님과 함께 십자가에 못 박게 했음을 알게 되었습니다.

"그러나 내게는 우리 주 예수 그리스도의 십자가 외에 결코 자랑할 것이 없으니 그리스도로 말미암아 세상이 나를 대하여 십자가에 못 박히고 내가 또한 세상을 대하여 그러하니라"(갈 6:14)

그래서 바울은 "내가 그리스도와 함께 십자가에 못 박았나니"가 아니라 "내가 그리스도와 함께 십자가에 못 박혔나니"라고 하면서 강권적인 하나님의 구원을 강조했습니다. 그러므로 우리를 강권하시는 성령의 은혜로 옛 자아가 십자가에 못 박혔음을 알아야 합니다.

바울은 종종 '자아가 예수와 함께 십자가에 못 박혔음'에 대해 '세례'라는 표현을 사용했습니다.

"무릇 그리스도 예수와 합하여 세례를 받은 우리는 그의 죽으심과 합하여 세례를 받은 줄을 알지 못하느냐 그러므로 우리가 그의 죽으심과 합하여 세례를 받음으로 그와 함께 장사되었나니 이는 아버지의 영광으로 말미암아 그리스도를 죽은 자 가운데서 살리심과 같이 우리로 또한 새 생명 가운데서 행하게 하려 함이라"(롬 6:3-4)

바울이 말한 세례는 주님의 죽으심과 함께 나 또한 죄에 대하여, 세상에 얽매여 살던 옛사람에 대한 죽음을 의미합니다. 그리고 죽음을 이기시고 다시 사신 주님과 연합되어 나 또한 새사람으로 다시 살게 되는 표시입니다.

바울은 이러한 세례의 개념을 이스라엘이 출애굽 할 때 홍해를 건넌 사건과 접목시키기도 했습니다.

"형제들아 나는 너희가 알지 못하기를 원하지 아니하노니 우리 조상들이 다 구름 아래에 있고 바다 가운데로 지나며 모세에게 속하여 다 구름과 바다에서 세례를 받고 다 같은 신령한 음식을 먹으며 다 같은 신령한 음료를 마셨으니 이는 그들을 따르는 신령한 반석으로부터 마셨으매 그 반석은 곧 그리스도시라"(고전 10:1-4)

바울은 애굽에서 노예로 있던 이스라엘 백성들이 출애굽

하여 가나안으로 들어가기 위해서는 홍해를 건너며 근성의 변화를 받아야 했음을 상기시켰습니다. 그리고 이스라엘 백성들이 홍해를 건넌 것을 세례 받은 것으로 설명하며 홍해를 통해 이스라엘 백성의 옛 근성이 죽는 과정을 거쳤음을 설명했습니다.

오늘 우리는 근성의 변화를 이루고 승리의 지름길로 가기 위해 우리의 옛 자아가 예수 그리스도와 함께 십자가에 못 박힘으로 영적 홍해를 건넜음을 깨닫고 자아의 죽음을 선포해야 합니다.

근성의 변화를 위해 알아야 할 게 있습니다.

1. 근성의 변화를 위해 "이제는 내가 사는 것이 아니라 오직 내 안에 그리스도께서 사시는 것"임을 알아야 합니다.

"…그런즉 이제는 내가 사는 것이 아니요 오직 내 안에 그리스도께서 사시는 것이라…"(갈 2:20)

바울은 율법에 대해 죽지 않았을 때 자신의 의를 추구하며 하나님 앞에 인정받고자 하는 삶을 살았습니다. 그러나 그가 그리스도를 믿고 율법에서 해방된 뒤, 자아는 죽고 그리스도께서 살게 되었습니다. 즉 예수님이 바울의 모든 생을 주관하게 된 것입니다.

우리의 인생도 마찬가지입니다.

예수님과 함께 십자가에 못 박혔으니 우리는 죽은 것입니다. 이제 우리의 인생은 우리 것이 아닙니다.

얼마나 살지, 어떻게 살지, 무슨 일을 하며 살지는 이제 하나님의 손에 달렸습니다. 더불어 이제 중요한 것은 우리의 환경, 기질, 개성이 아니라 예수 그리스도입니다.

다시 말하면 '내가 사는 것이 아니라 주님이 사는 인생'은 '내가 원하는 것을 하는 것이 아니라 예수님이 원하는 것을 하는 삶'을 뜻합니다.

신앙생활은 자기를 세우는 삶이 아니라 자기를 낮추는 삶입니다. 믿음의 삶은 자기 성취의 삶이 아니라 자기 죽음의 삶입니다. 우리는 하나님의 계획, 하나님의 꿈, 하나님의 소원을 이루는 삶을 살아야 합니다. 우리는 진정 나는 죽고 예수님으로 살아 '작은 예수'로서의 사명을 감당해야 합니다.

내 눈에 미운 사람, 미워하는 것은 내가 사는 인생이지만, 원수를 사랑하라는 주님의 뜻에 따르는 인생은 예수님이 사는 인생입니다. 또 내가 하기 싫은 일을 하지 않는 것은 내가 사는 인생이지만, 주님의 뜻을 이루기 위해 때로는 하기 싫은 일도 할 수 있는 것이 예수님이 사는 인생이라고 할 수 있습니다.

"형제들아 내가 그리스도 예수 우리 주 안에서 가진 바 너희에 대한 나의 자랑을 두고 단언하노니 나는 날마다 죽노라"(고전 15:31)

2. 근성의 변화를 위해 '이제 내가 육체 가운데 사는 것은'의 의미를 알아야 합니다.

"… 이제 내가 육체 가운데 사는 것은…"(갈 2:20)

우리의 옛 자아는 예수님과 함께 십자가에 못 박혀 죽었지만 여전히 우리는 육체 가운데 살아가고 있습니다. 육체 가운데로 사용된 헬라어 '엔 사르키(ἐν σαρκί)'는 '몸 안에'라는 의미를 나타냅니다. 우리의 육체는 죄에 지배를 받는 인간의 본성을 가진 '사르크스(σάρξ)'와 영을 담는 그릇의 의미인 '소마(σῶμα)'가 있습니다.

본문에서 말하는 육체는 자연계에 남아있는 물질적 요소일 뿐 아니라, 하나님을 향해 도전하고 저항하는 실체입니다. 이는 성령의 소욕을 대적하는 죄의 속성입니다. 육체의 속성을 따라 살면 하나님의 나라를 유업으로 받을 수 없습니다.

"육체의 일은 분명하니 곧 음행과 더러운 것과 호색과 우상 숭배와 주술과 원수 맺는 것과 분쟁과 시기와 분냄과 당 짓는 것과 분열함과 이단과 투기와 술 취함과 방탕함과 또 그와 같은 것들이라 전에 너희에게 경계한 것 같이 경계하노니 이런 일을 하는 자들은 하나님의 나라를 유업으로 받지 못할 것이요"(갈 5:19-21)

하나님의 영과 육신은 서로 상극입니다.

육이 강한 곳에 영은 흐르지 않으며, 육이 높아진 만큼 영은 통하지 않습니다. 육이 죽어야 영이 삽니다. 육을 포기한 만큼 영이 활성화됩니다.

"육신의 생각은 하나님과 원수가 되나니 이는 하나님의 법에 굴복하지 아니할 뿐 아니라 할 수도 없음이라 육신의 생각은 하나님과 원수가 되나니 이는 하나님의 법에 굴복하지 아니할 뿐 아니라 할 수도 없음이라 육신에 있는 자들은 하나님을 기쁘시게 할 수 없느니라"(롬 8:6-8)

영의 세계를 누리려는 사람은 지금 자신을 두르고 있는 육신의 정욕, 안목의 정욕, 이생의 자랑이라는 육신의 껍질을 깨고 나와야 합니다. 아직 우리는 육체 안에 살고 있을지라도 육체의 일을 버려야 하나님의 나라가 우리 안에 임합니다.

"하나님의 나라는 먹는 것과 마시는 것이 아니요 오직 성령 안에 있는 의와 평강과 희락이라"(롬 14:17)

3. 근성의 변화를 위해 "나를 사랑하사 나를 위하여 자기 자신을 버리신 하나님의 아들을 믿는 믿음 안에서 사는 것"을 알아야 합니다.

육체의 일을 버리고 성령의 소욕을 따라 살기 위해 우리는 하나님의 아들 예수 그리스도를 믿어야 합니다. 예수 그리스도를 믿는 믿음은 육에 속한 인생을 영에 속한 인생으로 변화시키고, 성령님의 인도를 받는 삶을 살게 합니다.

오스왈드 챔버스는 "아무리 작은 것이라도 성령의 인도하심에서 벗어나는 것을 허락할 경우 그것은 영적 혼돈을 일으키는 충분한 원인이 된다"라고 말했습니다.

이러한 믿음과 충돌하는 개념은 행위입니다.

우리는 결코 율법을 잘 지켜서, 뛰어난 행위를 해서, 부단한 노력을 해서 구원을 받을 수 있는 것이 아닙니다. 그러므로 우리는 행위적 신앙이 아니라 존재적 신앙을 가져야 합니다. 사랑을 받기 위해 행위에 집중하던 삶을 떠나서 이제는 자신의 존재 그대로 하나님께 사랑받고 있음을 믿어야 합니다. 성령님의 열매는 우리의 행위로 맺을 수 없습니다. 우리의 모습 그대로 우리를 용납하신 주님의 사랑을 믿을 때 우리는 성령님으로 말미암아 하늘의 열매를 맺게 됩니다.

"오직 성령의 열매는 사랑과 희락과 화평과 오래 참음과 자비와 양선과 충

성과 온유와 절제니 이같은 것을 금지할 법이 없느니라"(갈 5:22-23)

"우리 주 예수 그리스도의 하나님, 영광의 아버지께서 지혜와 계시의 영을 너희에게 주사 하나님을 알게 하시고 너희 마음의 눈을 밝히사 그의 부르심의 소망이 무엇이며 성도 안에서 그 기업의 영광의 풍성함이 무엇이며 그의 힘의 위력으로 역사하심을 따라 믿는 우리에게 베푸신 능력의 지극히 크심이 어떠한 것을 너희로 알게 하시기를 구하노라"(엡 1:17-19)

더불어 우리는 우리를 사랑하셔서 생명을 주신 예수 그리스도께서 우리에게 필요한 모든 것을 넉넉히 주심을 믿어야 합니다. 이러한 믿음으로 육체 안에 남아있는 죄의 근성을 이기고 근성의 변화를 이루어야 합니다.

"내가 너희에게 뱀과 전갈을 밟으며 원수의 모든 능력을 제어할 권세를 주었으니 너희를 해할 자가 결단코 없으리라"(눅 10:19)

"그러나 이 모든 일에 우리를 사랑하시는 이로 말미암아 우리가 넉넉히 이기느니라"(롬 8:37)

우리는 복음을 통해 근성의 변화를 이루어야 합니다.

노예근성, 거지근성, 비교 근성을 버리고 자유자 의식, 청지기 의식, 은혜 의식으로 살아야 합니다. 근성의 변화를 이루기 위해 이미 나의 옛 자아가 성령님의 강권하시는 은혜에 의해 십자가에 못 박혔음을 알고 이제는 내가 원하는 삶이 아니라 예수님이 원하는 삶을 살기로 결단해야 합니다.

더불어 우리가 여전히 성령의 소욕에 저항하는 육체의 속성을 가지고 살아갈지라도 우리를 사랑하시는 예수 그리스도를 믿음으로 날마다 육체의 일을 버리고 근성의 변화를 이루어야 합니다. 우리 모두는 예수 그리스도의 십자가를 통해 근성의 변화를 이루어야 합니다. 그리고 승리하신 예수님을 따라 승리의 지름길로 달려 나가시기를 주님의 이름으로 축원합니다.

〈주님과 동행하는 기쁨 나누기〉

1. 승리를 위해 버려야할 근성들에 대해 아래에 기록돼 있습니다.

(　　) 안에 맞는 단어는 무엇입니까?

(1) (　　)근성을 버려야 합니다.

하나님을 믿어도 노예의식을 버리지 못하는 사람들은 하나님을 아바 아버지로 모시지 못하고, 무서운 주인으로 생각하며 늘 두려워합니다.

- 하나님 아버지를 생각할 때 드는 생각은 무엇입니까?

(2) (　　)근성을 버려야 합니다.

예수님을 믿어도 거지근성을 버리지 못하는 사람은 하나님 앞에서도 늘 자기가 받고 싶은 것만 구하고 하나님의 뜻을 이루는 삶에는 관심이 없습니다.

- 중보기도를 하며, 하나님이 주시는 복을 나누며 살고 있습니까?

(3) (　　)근성을 버려야 합니다.

자신을 제한할 뿐 아니라 다른 사람들을 인정하지 못하고 부정적으로 판단하면 그 결과 다른 사람들에게 상처를 주게 되고 스스로를 고립시키고 맙니다. 그럴 경우 교회는 하나로 연합하기 힘듭니다.

- 마음 속으로 남을 나보다 낫게 여깁니까, 아니면 낮게 여깁니까?

2. 아래 성구를 읽고 당신의 삶에 일어난 일을 나누십시오.

(1) 잠언 17장 3절 – "도가니는 은을, 풀무는 금을 연단하거니와 여호와는 마음을 연단하시느니라"

(2) 고린도후서 5장 17절 – "그런즉 누구든지 그리스도 안에 있으면 새로운 피조물이라 이전 것은 지나갔으니 보라 새 것이 되었도다"

(3) 베드로후서 1장 4절 – "이로써 그 보배롭고 지극히 큰 약속을 우리에게 주사 이 약속으로 말미암아 너희가 정욕 때문에 세상에서 썩어질 것을 피하여 신성한 성품에 참여하는 자가 되게 하려 하셨느니라"

3. 아래 성구의 (　　)에 맞는 단어를 넣고 암송합시다.

"(　　) 그리하면 너희에게 줄 것이니 곧 (　　) 되어 누르고 흔들어 넘치도록 하여 너희에게 안겨 주리라 너희가 헤아리는 그 (　　)으로 너희도 헤아림을 도로 받을 것이니라"(눅 6:38)

8. 우리를 변화시키는 복음

작사/작곡 이 순 희

♩ = 86

A Bm /C# D E
우 리 를 변 화 시 키 는 복 음

4 F#m E/C# D /B Bm/E E A
예 수 그 리 스 도 의 복 음

8 A Bm A/C# D E F#m E/G# A
너 희 는 이 세 대 를 본 받 지 말 고 오 직 마 음 을

12 Bm B/D# E D/F# E/G# F#m E
새 롭 게 함 으 로 변 화 를 받 아 하 나 님 의

16 D C#m7 Bm E/G# F#m /E D
기 뻐 하 시 고 온 전 하 신 뜻 이 무 엇 인

20 A/C# Bm E A E A
지 분 별 하 도 록 하 라 너 희 는 옛 자

24 Bm A/C# D E D/F# E/G# A
아 를 십 자 가 에 못 박 고 오 직 너 희 심

28 Bm E/G# E F#m E/G# Bm
령 이 새 롭 게 되 어 새 사 람 을 입 으 라 — 하 신 주 님 의 명 령 따

32 E D/F# E/G# Bm E A
라 주 님 께 내 인 생 맡 겨 드 렸 네

36 Bm A/C# D A(sus4)/E A
우 리 를 변 화 시 키 셨 네

제9장

우선순위와 영적 싸움

빌립보서 3장 18-21절

"내가 여러 번 너희에게 말하였거니와 이제도 눈물을 흘리며 말하노니 여러 사람들이 그리스도의 십자가의 원수로 행하느니라 그들의 마침은 멸망이요 그들의 신은 배요 그 영광은 그들의 부끄러움에 있고 땅의 일을 생각하는 자라 그러나 우리의 시민권은 하늘에 있는지라 거기로부터 구원하는 자 곧 주 예수 그리스도를 기다리노니 그는 만물을 자기에게 복종하게 하실 수 있는 자의 역사로 우리의 낮은 몸을 자기 영광의 몸의 형체와 같이 변하게 하시리라"

9
우선순위와 영적 싸움

신앙생활은 실천적인 영적 싸움입니다.

예수님을 구주로 영접함으로 하나님의 자녀가 된 성도는 하나님께서 기뻐하시는 삶을 살기 위해 어둠의 영들을 상대해서 싸워야 합니다. 진리를 따르기 위해 거짓의 영과 싸워야 하고, 사랑을 실천하기 위해 미움의 영과 싸워야 합니다. 겸손한 삶을 위해 교만의 영과 싸워야 하고 성결한 삶을 위해 탐욕의 영과 싸워야 합니다.

그리스도인은 영적 싸움에서 승리할수록 하나님의 뜻을 이루고 성령님의 열매를 맺으며 하늘의 복을 누리게 됩니다.

믿음을 방해하는 영들을 물리칠수록 견고한 믿음을 소

유하게 되고, 화평을 깨뜨리는 영들을 대적할수록 온전한 화평을 누리게 됩니다. 사명을 방해하는 영들을 몰아낼수록 사명의 열매를 맺고, 기쁨을 방해하는 영들을 이길수록 하늘로부터 임하는 기쁨을 누리게 됩니다. 영적 싸움의 결과가 생각과 마음, 행동으로 이어져 인생을 결정짓는 것입니다.

이처럼 영적 싸움은 우리의 삶과 직결되는 실천적인 것입니다. 그러므로 우리는 실천적인 영적 싸움의 실상을 바르게 깨닫고 하나님의 전신갑주로 악한 영들을 대적해야 합니다. 눈에 보이는 사람과의 싸움을 멈추고 사람의 배후에, 사건의 배후에, 장소의 배후에 역사하는 영적 세력을 분별하고 성령으로 악의 영들을 물리쳐야 합니다.

> "끝으로 너희가 주 안에서와 그 힘의 능력으로 강건하여지고 마귀의 간계를 능히 대적하기 위하여 하나님의 전신 갑주를 입으라 우리의 씨름은 혈과 육을 상대하는 것이 아니요 통치자들과 권세들과 이 어둠의 세상 주관자들과 하늘에 있는 악의 영들을 상대함이라"(엡 6:10-12)

영적 싸움에서 승리한 성도는 자유의지를 선용하여 자신의 지체를 하나님께 드리며 의의 무기가 되는 삶을 살 수 있습니다. 하나님은 인간에게 '자유의지'를 허락하셔서 자발적으로 하나님께 순종하며 하나님과 인격적인 관계를 맺게 하셨습니다. 그러나 죄로 인해 타락한 인간의 자유의지는 죄를 선택하고, 죄를 따르며, 죄의 노예가 된 삶을 선택하게 했습니다. 그러므로 우리는 죄와 싸워 죄를 다스릴 수 있는 권세를 통해 자유의지의 선 기능을 회복해야 합니다. 우리는 영적 싸움에서 승리한 만큼 하나님께 속하여 하나님의 말씀에 순종할 수 있습니다.

영적 싸움에서 승리할 때 성도는 영적 권세를 가지고 세상에 속한 것을 다스리고 상황과 문제를 초월할 수 있습니다. 그러나 영적 싸움에서 패배한 성도는 불의의 무기가 되어 죄를 짓고 상처를 입으며 하나님의 뜻을 거스르는 삶을 살게 됩니다. 영적 싸움에서 실패한 성도는 어둠의 영에게 자기 지체를 내어줌으로 죄의 지배를 받게 됩니다.

"그러므로 너희는 죄가 너희 죽을 몸을 지배하지 못하게 하여 몸의 사욕에 순종하지 말고 또한 너희 지체를 불의의 무기로 죄에게 내주지 말고 오직 너희 자신을 죽은 자 가운데서 다시 살아난 자 같이 하나님께 드리며 너희 지체를 의의 무기로 하나님께 드리라 죄가 너희를 주장하지 못하리니 이는 너희가 법 아래에 있지 아니하고 은혜 아래에 있음이라"(롬 6:12-14)

지금 우리는 어떤 삶을 살고 있습니까?
영적 싸움에서 승리하며 의의 무기로 살고 있습니까?
영적 싸움에서 패배하여 불의의 무기로 살고 있습니까?

악한 영에게 사로잡힌 눈은 교만한 눈이 되고, 어둠의 영에게 묶인 혀는 거짓된 혀가 됩니다. 악한 자에게 포로된 자는 무죄한 자의 피를 흘리는 손과 악한 계교를 꾀하는 마음과 빨리 악으로 달려가는 발을 가지고 죄의 꼭두각시로 살게 됩니다.

"여호와께서 미워하시는 것 곧 그의 마음에 싫어하시는 것이 예닐곱 가지이니 곧 교만한 눈과 거짓된 혀와 무죄한 자의 피를 흘리는 손과 악한 계교를 꾀하는 마음과 빨리 악으로 달려가는 발과 거짓을 말하는 망령된 증인과 및 형제 사이를 이간하는 자이니라"(잠 6:16-19)

우리는 영적 싸움에서 승리하여 마귀에게 빼앗겼던 지체를 되찾아야 합니다. 영적 싸움이 실제적인 우리의 삶과 직결되는 일임을 알고 실천적인 영적 싸움에서 승리해야 합니다. 영적 싸움에서 승리하여 우선순위를 바로 알고, 자기를 부인하며, 세상 풍조를 분별해야 합니다. 영적 싸움에서 승리함으로 영적 성장과 내적치유를 경험하고 제자를 양성하는 삶을 살아야 합니다. 이 시간 우리 모두에게 실제적인 삶을 결정짓는 실천적인 영적 싸움에서 승리할 수 있는 능력이 임하기를 소원합니다.

오스왈드 챔버스는 "모든 사람은 각각 영적 전쟁을 치러야 합니다. 이해할 수 없는 상황, 모순되어 보이는 모든 상황 속에서도 '하나님은 사랑이시라'는 것을 믿어야 합니다.

그리스도인에게 가장 중요한 것은 어떠한 상황에서든지 하나님의 사랑을 믿고 하나님을 향한 완벽한 신뢰를 유지하는 것입니다"라고 말했습니다.

"근신하라 깨어라 너희 대적 마귀가 우는 사자 같이 두루 다니며 삼킬 자를 찾나니 너희는 믿음을 굳건하게 하여 그를 대적하라 이는 세상에 있는 너희 형제들도 동일한 고난을 당하는 줄을 앎이라"(벧전 5:8-9)

오늘날 많은 성도들이 영적 싸움에 대해 막연한 거부감을 가지고 회의적인 자세를 취합니다. 성경에 명백하게 기록된 영적인 역사를 부인하고 영적 세계를 불신하는 사람들도 많습니다.

C.S. 루이스는 "마귀가 가장 다루기 쉬운 성도는 마귀의 존재를 믿지 않는 성도"라고 했습니다.

영적인 세계를 믿지 않는 사람은 박식한 성경 지식을 자랑하면서도 성경 속에 만연한 영적인 진리를 단순한 상징으로 치부하고 영적 실체를 인정하지 않습니다. 영적인 이야기를 뜬구름 잡는 것으로 여기고 무시합니다. 이들은 영이신 하나님께 예배하면서도 영으로 예배할 줄 모르고, 성령님의 감동으로 지어진 말씀을 영으로 깨달을 줄 모릅니다. 뿐만 아니라 음란, 불의, 악독, 교만, 탐욕 등의 죄에 파묻히는 삶을 살면서도 죄의 배후에서 역사하는 영적인 세력을 보지 못합니다.

자기도 모르는 사이에 악한 영이 주입한 생각에 동의하고 어둠의 영에게 자기 의지를 내어주면서도 전혀 눈치채지 못하고 마귀의 조종을 받는 인생에서 벗어나지 못합니다.

교회를 다녀도 영적 싸움을 싸우지 않는 사람은 사실상 예수님의 십자가 능력을 체험하지 못하는 무지한 사람입니다. 자신이 정해놓은 틀 안에 갇힌 종교 생활일 뿐입니다.

신앙생활의 진가는 영적 싸움에서 나타납니다. 영적 싸움을 싸워보지 않으면 하나님의 전능하심이 우리 삶에 실제적으로 나타나지 않습니다.

한편 영적 싸움에 대한 성경적인 이해 없이 잘못된 방법으로 영적 싸움에 임하는 성도들도 많습니다. 이들 중 상당수는 마귀와 그의 졸개들인 악한 영을 지나치게 두려워해서 영적 싸움 자체를 과도하게 힘겨워 합니다.

또 어떤 부류는 어둠의 세력들을 지나치게 무시합니다.

그래서 무모한 방식으로 영적 싸움을 시도합니다.

사람은 자기 힘과 지혜로 악한 영들을 상대할 수 없습니다. 사람이 제아무리 똑똑하고 힘이 있어도 영적인 존재인 악한 영을 상대해서 이길 수는 없습니다.

어둠의 영을 이길 수 있는 능력은 오직 예수 그리스도에게 있습니다. 어둠을 이기는 유일한 존재는 빛이듯이, 어둠의 영을 이기는 유일한 능력은 성령님께 있습니다. 그러므로 우리는 영적 싸움에서 승리하기 위해 육신의 옷을 입고 있지만 육신에 따라 싸워서는 안됩니다.

우리는 오직 하나님의 능력으로 담대하게 싸워야 합니다.

"우리가 육신으로 행하나 육신에 따라 싸우지 아니하노니 우리의 싸우는 무기는 육신에 속한 것이 아니요 오직 어떤 견고한 진도 무너뜨리는 하나님의 능력이라 모든 이론을 무너뜨리며 하나님 아는 것을 대적하여 높아진 것을 다 무너뜨리고 모든 생각을 사로잡아 그리스도에게 복종하게 하니 너희의 복종이 온전하게 될 때에 모든 복종하지 않는 것을 벌하려고 준비하는 중에 있노라"(고후 10:3-6)

거짓의 영인 악한 영들은 영적 무지와 혼란을 틈타서 마음껏 활동하며 성도의 영적 수동성을 노림으로 성도를 장악합니다. 다시 말해 영적 싸움에 대해 성경적으로 이해하지 못하는 성도들은 눈이 가려지고, 손이 묶여진 채 어둠의 영에게 공격당하고 거짓으로 유린당하기 쉬운 것입니다. 우리는 하나님이 허락하신 영적 싸움의 실상을 바로 알고 예수의 이름으로 당당하고 멋지게 싸우는 영적 군사로 우뚝 서야 합니다. 영적 싸움에서 승리하여 실천적인 승리의 열매를 거둬야 합니다.

"오직 너 하나님의 사람아 이것들을 피하고 의와 경건과 믿음과 사랑과 인내와 온유를 따르며 믿음의 선한 싸움을 싸우라 영생을 취하라 이를 위하여 네가 부르심을 받았고 많은 증인 앞에서 선한 증언을 하였도다"(딤전 6:11-12)

우리는 실천적인 영적 싸움에서 승리하여 우선순위를 구분하는 삶을 살아야 합니다.

사람들은 저마다 나름대로의 우선순위를 가지고 살아갑니다. 자신이 추구하는 우선순위에 시간, 물질, 노력을 쏟고 그 우선순위에 지대한 관심을 가집니다. 돈이 우선인 사람은 돈을 벌고 돈을 늘리는 일에 노력을 기울이고, 건강이 우선인 사람은 건강을 관리하고 지키는 일에 힘을 쏟습니다. 인기가 우선인 사람은 인간관계에 상당한 노력을 쏟고 사람들의 평판에 관심을 기울입니다.

당신은 무엇을 우선순위로 삼고 있습니까?

사람들은 자신이 우선순위로 삼는 대상을 믿고, 그 대상이 자신의 인생을 지탱해줄 것이라 생각합니다. 어려운 일을 만날 때마다 자신이 우선순위로 여기는 대상이 해결해줄 것이라고 여깁니다.

예를 들자면 세계 최대 유통업체인 월마트를 창업한 미국의 전설적인 경영가 샘 월튼[1]은 그야말로 막대한 부의 소유자였습니다. 그의 재산은 미국의 시애틀을 사고도 남을 정도였습니다. 그런 그가 죽기 전 "나는 인생을 잘못 살았다. 나는 인생의 우선순위를 잘못 정했다"라고 말했다고 합니다.

실제로 그는 자신의 자식들에 대해 아는 바가 거의 없었고 손자들의 이름을 절반도 외우지 못했습니다. 아내 역시 사랑이 아닌 의무감으로 자신의 곁에 있었다는 사실을 알게 되었습니다. 그제서야 그는 성공을 위해 소중한 큰 대가를 잃게 되었다는 것을 깨달았습니다. 죽음에 이르러서야 그는 자신의 인생을 돌아보며 후회했습니다. 인생의 우선순위를 잘못 정해 더욱 중요하고 본질적인 것을 놓친 것을 깨달은 것입니다. 당시 샘 월튼의 슬픈 유언은 전 세계 사람들에게 충격이었습니다.

인생의 지혜는 우선순위를 바로 아는 데 있습니다.

우리는 우선순위를 제대로 분별할 때 후회 없는 삶을 살 수 있습니다.

C.S. 루이스는 "제일 중요한 것을 먼저 하라. 그러면 두 번째 것은 저절로 따라온다. 두 번째로 중요한 것을 먼저 하라. 그러면 첫 번째 것과 두 번째 것을 모두 잃는다"라고 말했습니다.

우리는 하나님의 은혜로 영을 깨워 우선순위를 분별해야 합니다.

우리가 우선순위를 구분해야 하는 이유는 크게 세 가지입니다.

1. 우리의 삶에는 언제나 일이 많기 때문이고,
2. 우리가 쓸 수 있는 시간과 능력이 유한하기 때문이며,
3. 불필요하거나 비본질적인 일에 파묻히면 중요한 일을

놓칠 수 있기 때문입니다.

우선순위를 잘 분별할 수만 있어도 신앙생활이, 우리 인생이 혼미하지 않습니다. 무엇보다도 영적 우선순위가 바로 세워질 때 우리 내면의 질서가 제대로 세워지기 시작합니다.

우리는 영이 깨어나면 깨어날수록, 은혜를 많이 받으면 받을수록 무엇이 더 중요한지를 밝히 구분하게 됩니다. 영이 깨어날 때 현세보다 중요한 내세를 보게 되고, 겉사람보다 소중한 속사람을 인식하게 됩니다. 하나님의 은혜를 경험할 때 편안함보다 소중한 평안함을 추구하게 되고, 육보다 중요한 영을 구하게 되고 행복한 교환을 합니다. 즉 영적 우선순위를 잘 세우는 사람이 하나님의 다스림을 받을 수 있습니다.

하나님이 다스리시는 삶은 안정적이고 평강합니다.

그러나 하나님이 다스려주시지 않는 삶은 등이 따뜻하고 배가 불러도 불안합니다.

하나님은 이스라엘 백성들에게 처음 계명을 주실 때 하나님 외에 다른 신을 섬기지 말라고 했습니다. 그것이 하나님이 택하신 자녀들이 삶에서 지키고 살아야 할 가장 중요한 우선순위이기 때문입니다. 그렇기에 우리는 살아있는 동안 육의 시간, 물질, 노력을 가지고 영을 위해 쓰고 영의 풍성함을 구해야 합니다.

"하늘에 속한 형체도 있고 땅에 속한 형체도 있으나 하늘에 속한 것의 영광이 따로 있고 땅에 속한 것의 영광이 따로 있으니 해의 영광이 다르고 달의 영광이 다르며 별의 영광도 다른데 별과 별의 영광이 다르도다 죽은 자의 부활도 그와 같으니 썩을 것으로 심고 썩지 아니할 것으로 다시 살아나며 욕된 것으로 심고 영광스러운 것으로 다시 살아나며 약한 것으로 심고 강한 것으로 다시 살아나며 육의 몸으로 심고 신령한 몸으로 다시 살아나나니 육의 몸이 있은즉 또 영의 몸도 있느니라"(고전 15:40-44)

그런데 영이 잠들어 있으면 자꾸 중요하지 않을 것을 중요하게 여기게 됩니다. 비본질을 본질로 여기게 되고, 허상을 실상처럼 생각하게 됩니다. 그래서 영이 죽은 사람들은 어리석은 교환을 합니다. 영원한 것을 일시적인 것과 바꾸고, 아름다운 것을 추한 것과 바꾸며, 거룩한 것을 더러운 것과 바꿉니다. 이들은 하나님을 알아도 그 생각이 허망해져서 썩어지지 아니하는 하나님의 영광을 헛된 우상과 바꿉니다.

"하나님을 알되 하나님을 영화롭게도 아니하며 감사하지도 아니하고 오히려 그 생각이 허망하여지며 미련한 마음이 어두워졌나니 스스로 지혜 있다 하나 어리석게 되어 썩어지지 아니하는 하나님의 영광을 썩어질 사람과 새와 짐승과 기어다니는 동물 모양의 우상으로 바꾸었느니라"(롬 1:21-23)

우리는 우선순위를 구분하여 더 중요한 것을 구하며 살아야 합니다.

폴 틸리히[2)]는 "용기란 가치 있는 것을 얻기 위해 덜 가치 있는 것을 버릴 수 있는 것이다"라고 했습니다. 우리는 영원한 가치를 위해 일시적인 것을 포기할 줄 알아야 하고, 영원한 가치 있는 것을 위해 헛된 것을 버릴 줄 알아야 합니다.

한 교수가 특강을 했습니다.

그는 돌과 자갈과 모래를 탁자 위에 올려놓고 항아리에 이 모든 것을 채울 수 있는 방법을 학생들에게 물었습니다. 학생들은 여러 가지 방법을 제시했습니다.

'모래를 먼저 넣어야 합니다. 자갈을 먼저 넣어야 합니다' 등등. 당신은 어떻게 해야 한다고 생각하십니까?

이어서 교수가 정답을 제시했습니다.

교수는 항아리에 제일 큰 돌부터 집어넣기 시작했습니다. 항아리 위까지 돌이 차자, 그 다음에 자갈을 채웠습니다. 그리고 그 다음에 모래를 부었습니다. 그리고 학생들에게 말했습니다.

"자갈이나 모래를 먼저 넣으면 큰 돌은 집어넣을 수 없습니다. 여러분 삶 속의 큰 돌, 즉 가장 소중한 것을 우선적으로 마음의 항아리에 집어넣으십시오. 그리고 다음에 나머지 자갈, 모래를 집어넣으십시오."

초대교회 사도들은 우선순위를 알았습니다.

그래서 구제 문제로 다툼이 일어났을 때 기도와 말씀에

집중하여 영적인 문제를 바로잡고 나머지 문제는 저절로 풀어지도록 했습니다. 그들은 자신들의 사명의 우선순위인 기도하는 일과 말씀 사역에 전념하고 나머지 행정 제반 사항을 처리할 신실한 일곱 집사를 뽑아 해결하도록 했습니다.

> "그 때에 제자가 더 많아졌는데 헬라파 유대인들이 자기의 과부들이 매일의 구제에 빠지므로 히브리파 사람을 원망하니 열두 사도가 모든 제자를 불러 이르되 우리가 하나님의 말씀을 제쳐 놓고 접대를 일삼는 것이 마땅하지 아니하니 형제들아 너희 가운데서 성령과 지혜가 충만하여 칭찬 받는 사람 일곱을 택하라 우리가 이 일을 그들에게 맡기고 우리는 오로지 기도하는 일과 말씀 사역에 힘쓰리라 하니"(행 6:1–4)
>
> "하나님의 말씀이 점점 왕성하여 예루살렘에 있는 제자의 수가 더 심히 많아지고 허다한 제사장의 무리도 이 도에 복종하니라"(행 6:7)

사도들이 기도와 말씀에 전심전력하자 초대교회는 영적 기강이 바로잡혔고, 하나님의 말씀이 왕성하여 예루살렘에 있는 제자의 수가 더 심히 많아지고 허다한 제사장의 무리도 진리에 복종하는 역사가 일어났습니다(행 6:7).

우리의 삶에도 이러한 영적인 원리가 적용되어야 합니다.

우선순위를 구분하는 자체가 영적 싸움임을 알아야 합니다. 악한 영들은 늘 우리가 우선순위를 구분하는 것을 방해합니다. 이 시간 우리 모두가 우선순위 구분을 방해하는 악한 영의 간계를 파악하여 우선순위의 싸움에서 승리하시기를 소원합니다.

우선순위 구분을 방해하는 악한 영

1. 악한 영들은 영과 육의 우선순위 구분을 방해합니다.

우리 존재의 본질은 육이 아니라 영입니다.

영은 하나님의 형상과 하나님의 모양대로 지음 받은 우리의 속사람으로 영원불멸의 존재입니다.

"만일 땅에 있는 우리의 장막 집이 무너지면 하나님께서 지으신 집 곧 손으로 지은 것이 아니요 하늘에 있는 영원한 집이 우리에게 있는 줄 아느니라"(고후 5:1)

"또 내가 들으니 하늘에서 음성이 나서 이르되 기록하라 지금 이후로 주 안에서 죽는 자들은 복이 있도다 하시매 성령이 이르시되 그러하다 그들이 수고를 그치고 쉬리니 이는 그들의 행한 일이 따름이라 하시더라"(계 14:13)

우리의 영 안에는 하나님의 생명과 능력이 있고 하나님을 향한 갈급함이 있습니다. 그래서 우리는 영의 소욕을 따라 살 때 하나님과 깊은 사귐을 누리며 하나님의 뜻을 이루는 위대한 삶을 살 수 있습니다.

"아버지께 참되게 예배하는 자들은 영과 진리로 예배할 때가 오나니 곧 이 때라 아버지께서는 자기에게 이렇게 예배하는 자들을 찾으시느니라 하나님은 영이시니 예배하는 자가 영과 진리로 예배할지니라"(요 4:23-24)

우리는 영에 우선순위를 두고 살아야 합니다.

"너희가 육신대로 살면 반드시 죽을 것이로되 영으로써 몸의 행실을 죽이면 살리니 무릇 하나님의 영으로 인도함을 받는 사람은 곧 하나님의 아들이라"(롬 8:13-14)

우리는 영에 우선순위를 두고 영을 위해 육을 사용하고 육을 관리해야 합니다. 영은 육이 없이 이 땅에 거할 수 없습니다. 영은 우리의 육신이 생명이 있는 동안에 육신 안에 거합니다. 그러므로 우리는 풍성하고 활발한 영의 생활을 위해 육도 건강하고 아름답게 가꾸어야 합니다. 하나님이 기뻐하시는 영의 삶을 살기 위해 먹고 마셔야 하고, 영혼을 살리고 복음을 전파하는 삶을 위해 육신의 필요를 채워야 합니다.

"그런즉 너희가 먹든지 마시든지 무엇을 하든지 다 하나님의 영광을 위하여 하라"(고전 10:31)

악한 영들은 영과 육의 우선순위 구분을 방해해서 육을

영보다 더 중요하게 여기게 만듭니다. 육을 더 중요하게 생각하는 사람들은 당장 내 입에 즐거움이 되는 것, 내 배를 채울 수 있는 것, 내 몸을 따듯하게 해줄 수 있는 것에만 집착합니다. 당장 눈에 보이고 손에 잡히는 것만 따르며 이 세상 풍조에 빠져 살아갑니다. 그러나 세상 풍조는 우리 영혼에 참 만족을 주지 못합니다. 솔로몬은 참된 만족을 찾기 위해 세상의 모든 것을 찾고 구하고 누렸지만 결국 허무함을 느꼈습니다.

> "무엇이든지 내 눈이 원하는 것을 내가 금하지 아니하며 무엇이든지 내 마음이 즐거워하는 것을 내가 막지 아니하였으니 이는 나의 모든 수고를 내 마음이 기뻐하였음이라 이것이 나의 모든 수고로 말미암아 얻은 몫이로다 그 후에 내가 생각해 본즉 내 손으로 한 모든 일과 내가 수고한 모든 것이 다 헛되어 바람을 잡는 것이며 해 아래에서 무익한 것이로다"(전 2:10-11)

우리는 육을 영보다 중요하게 여기고 육신을 따라 살면 육체의 욕심에 미혹되어 어리석은 삶을 살게 된다는 것을 깨닫고 영에 속한 삶을 살아야 합니다.

> "오직 각 사람이 시험을 받는 것은 자기 욕심에 끌려 미혹됨이니 욕심이 잉태한즉 죄를 낳고 죄가 장성한즉 사망을 낳느니라 내 사랑하는 형제들아 속지 말라"(약 1:14-16)

육신의 욕망은 끝이 없습니다.

우리의 육신은 언제나 더 좋은 것, 더 큰 것, 더 새로운 것을 요구하고 편안한 것, 맛있는 것, 즐거운 것을 추구합니다. 그래서 육신을 따라 사는 사람들은 희생과 포기를 싫어하고 섬김과 나눔을 기뻐하지 않습니다. 사도 바울은 육체의 일을 분명한 죄악의 여러 항목으로 정리하면서, 육체의 일을 행하는 사람은 하나님의 나라를 유업으로 받을 수 없다고 했습니다.

> "육체의 일은 분명하니 곧 음행과 더러운 것과 호색과 우상 숭배와 주술과 원수 맺는 것과 분쟁과 시기와 분냄과 당 짓는 것과 분열함과 이단과 투기와 술 취함과 방탕함과 또 그와 같은 것들이라 전에 너희에게 경계한 것 같이 경계하노니 이런 일을 하는 자들은 하나님의 나라를 유업으로 받지 못할 것이요"(갈 5:19-21)

이것이 우리 그리스도인이 영적 싸움을 통해 육적인 속성을 제거해야 하는 이유입니다. 하나님의 나라를 유업으로 얻기 위해서는 반드시 영적 우선순위를 세우고 내 안에 잠재되어 있는 육적인 속성을 무너뜨려야 합니다. 영과 육은 긴밀한 연결성을 가지고 있어서 눈에 보이지 않는 영적인 원리가 육체의 행동과 움직임, 삶의 방향을 결정합니다. 그래서 우리의 육적인 모습을 다듬기 위해 영적인 차원에서 수술해야 합니다.

"속에서 곧 사람의 마음에서 나오는 것은 악한 생각 곧 음란과 도둑질과 살인과 간음과 탐욕과 악독과 속임과 음탕과 질투와 비방과 교만과 우매함이니 이 모든 악한 것이 다 속에서 나와서 사람을 더럽게 하느니라"(막 7:21-23)

육에 우선순위를 둔 사람들은 교회를 다니고 예배를 드려도 명목상의 그리스도인에 지나지 않습니다. 육에 우선순위를 두면 하나님을 섬기는 것이 아니라 자기 욕심을 신으로 섬기게 됩니다.

"그러므로 너희가 그리스도와 함께 다시 살리심을 받았으면 위의 것을 찾으라 거기는 그리스도께서 하나님 우편에 앉아 계시느니라 위의 것을 생각하고 땅의 것을 생각하지 말라 이는 너희가 죽었고 너희 생명이 그리스도와 함께 하나님 안에 감추어졌음이라 우리 생명이신 그리스도께서 나타나실 그 때에 너희도 그와 함께 영광 중에 나타나리라 그러므로 땅에 있는 지체를 죽이라 곧 음란과 부정과 사욕과 악한 정욕과 탐심이니 탐심은 우상 숭배니라"(골 3:1-5)

육신의 정욕, 안목의 정욕, 이생의 자랑을 쫓아 살면서 하나님의 뜻과 관계없는 삶을 살게 됩니다. 그래서 사도 바울은 오늘 본문을 통해 교회 안에서 육에 우선순위를 둔 자들을 경계했습니다.

오늘 본문인 빌립보서는 사도 바울이 감옥에서 빌립보 교인들에게 쓴 서신입니다. 본래 빌립보 교회는 바울이 세운 많은 교회 중에 가장 바울의 마음을 흡족하게 했던 교회요, 큰 자랑이 되었던 교회였습니다. 그래서 바울은 빌립보 성도들을 향해 '나의 기쁨이요 면류관'이라고 불렀습니다.

"그러므로 나의 사랑하고 사모하는 형제들, 나의 기쁨이요 면류관인 사랑하는 자들아 이와 같이 주 안에 서라"(빌 4:1)

바울이 2차 전도여행을 아시아로 가려고 했으나 예수의 영이 그의 길을 가로막아서 바울의 일행을 유럽으로 인도하신 적이 있었습니다. 그때 그는 마게도냐 사람 하나가 나타나 "마게도냐로 건너와서 우리를 도우라"(행 16:9)라고 요청하는 환상을 보고 전도여행의 행로를 바꾸어 에게해를 건너 마게도냐의 첫 번째 성에 도착했는데 그곳이 바로 빌립보였습니다.

그런데 빌립보에서의 전도는 쉽지 않았습니다.

수일을 거했지만 복음에 진보가 없었습니다.

여러 날 동안 복음전파의 기회를 잡지 못한 바울은 안식일에 유대인들의 기도처가 있는 성문 밖으로 나갔습니다. 성문 밖 강가에서 바울은 옷감 장사 루디아를 만나게 되었고 그에게 복음을 전했습니다. 루디아와 그의 온 가족은 모두 세례를 받고 자신의 집을 제공하여 빌립보 교회가 세워지도록 했습니다.

그리고 얼마 후 바울과 실라는 빌립보 성에서 귀신들려 점치는 여인을 예수 그리스도의 이름으로 고쳐준 일 때문에 누명을 쓰고 심하게 매를 맞고 감옥에 갇혔습니다. 하지만 바울과 실라는 감옥 속에서도 힘차게 찬양했고, 이를 통해 하나님은 모든 죄수들의 묶인 것이 풀어지고 감옥 문이 열리는 기적이 일어나게 하셨습니다. 이때 자결하려고 하던 간수장에게 바울은 "주 예수를 믿으라 그리하면 너와 네 집이 구원을 얻으리라"(행 16:31)라고 복음을 선포했고, 이 말을 들은 간수와 그의 온 식구들이 또 빌립보 교인이 되었습니다.

이렇게 빌립보 교회는 상황을 역전시키시는 하나님의 은혜로 세워진 교회였습니다. 바울은 이 빌립보 교인들을 그리스도의 심장으로 사모했고, 또 빌립보 교인들도 그러한 사랑으로 바울을 사랑했습니다. 그래서 바울은 빌립보 교인들의 사랑을 기뻐하며 그들을 생각할 때마다 하나님께 감사했습니다.

그런데 이런 빌립보 교회 안에도 우선순위의 영적 싸움에서 실패해서 영보다 육에 우선순위를 둔 사람들이 있었습니다. 바울은 육에 우선순위를 둔 자들을 향해 전에도 여러 번 경고했었고, 이제도 눈물을 흘리면서 비통한 심정으로 말하면서 그들이 십자가의 원수로 행한다고 했습니다.

"내가 여러 번 너희에게 말하였거니와 이제도 눈물을 흘리며 말하노니 여러 사람들이 그리스도의 십자가의 원수로 행하느니라 그들의 마침은 멸망이요 그들의 신은 배요 그 영광은 그들의 부끄러움에 있고 땅의 일을 생각하는 자라"(빌 3:18-19)

십자가의 정신은 자기를 부인하고 그리스도를 따르며 십자가 외에는 자랑할 것이 없는 것입니다. 그러므로 십자가의 원수로 행한다는 것은 자기애의 정신으로 자기 의를 내세우는 것을 뜻합니다. 십자가의 원수는 자기 배를 신으로 섬깁니다. 자기 배를 신으로 섬기는 사람들은 자기 육체를 섬기기 위한 삶을 살아갑니다. 육체의 배부름을 위해 영혼의 배고픔을 무시하고, 육체의 아름다움을 위해 영혼의 추함을 잊습니다. 그러면서도 자신의 영적인 상태를 깨닫지 못합니다.

"네가 이같이 미지근하여 뜨겁지도 아니하고 차지도 아니하니 내 입에서 너를 토하여 버리리라 네가 말하기를 나는 부자라 부요하여 부족한 것이 없다 하나 네 곤고한 것과 가련한 것과 가난한 것과 눈 먼 것과 벌거벗은 것을 알지 못하는도다 내가 너를 권하노니 내게서 불로 연단한 금을 사서 부요하게 하고 흰 옷을 사서 입어 벌거벗은 수치를 보이지 않게 하고 안약을 사서 눈에 발라 보게 하라 무릇 내가 사랑하는 자를 책망하여 징계하노니 그러므로 네가 열심을 내라 회개하라 볼지어다 내가 문 밖에 서서 두드리노니 누구든지 내 음성을 듣고 문을 열면 내가 그에게로 들어가 그와 더

불어 먹고 그는 나와 더불어 먹으리라"(계 3:16-20)

이들은 '어떻게 하면 더 맛있는 음식을 먹을까, 더 좋은 차를 탈까, 더 좋은 집에서 살까'에 관심을 두고 세상 풍조를 따릅니다. 신앙생활을 해도 하나님께는 관심이 없고 사람들의 인정을 구하는데 초점을 맞춥니다. 이렇게 육을 따르는 사람들은 고의적으로 혹은 무의식적으로 하나님을 대적하고 십자가의 원수로 행하게 됩니다. 육신에서 나오는 생각은 그 자체로 악하기 때문입니다.

"육신을 따르는 자는 육신의 일을, 영을 따르는 자는 영의 일을 생각하나니 육신의 생각은 사망이요 영의 생각은 생명과 평안이니라 육신의 생각은 하나님과 원수가 되나니 이는 하나님의 법에 굴복하지 아니할 뿐 아니라 할 수도 없음이라 육신에 있는 자들은 하나님을 기쁘시게 할 수 없느니라"(롬 8:5-8)

그러므로 오늘 우리는 영보다 육에 우선순위를 두게 하는 악한 영과의 싸움에서 승리하여 먼저 영을 살찌우고, 영을 아름답게 하는 삶을 살아야 합니다.

"사랑하는 자여 네 영혼이 잘됨 같이 네가 범사에 잘되고 강건하기를 내가 간구하노라"(요삼 1:2)

육에 우선순위를 두면 일시적으로 육의 일이 잘 풀리는 것처럼 보여도 결국에는 영육이 같이 죽게 됩니다. 돈 버느라 예배를 멀리하고, 세상일에 분주해서 하나님을 떠나면 영이 죽게 되고, 영이 죽으면 육의 일도 형통할 수 없는 것입니다. 혹시 육의 일이 잘된다 해도 하나님이 없는 형통은 징계보다 무서운 심판입니다.

징계는 아프고 힘들어도 회복의 기회를 포함하고 있지만 하나님이 없는 형통에는 깨달음의 기회가 없기 때문입니다. 그러므로 우리는 먼저 영을 구하고 영으로 살아야 합니다.

먼저 예배하고 영성훈련에 힘쓰며 속사람을 살리면 결국 영육으로 다 살게 됩니다. 영이 살면 인생이 살아나고 가정이 살아나며 사업이 살아나고 모든 것이 살아납니다. 또 영이 강건하면 모든 상황과 환경을 초월하여 하나님이 기뻐하시는 삶을 살게 됩니다.

"우리가 이 보배를 질그릇에 가졌으니 이는 심히 큰 능력은 하나님께 있고 우리에게 있지 아니함을 알게 하려 함이라 우리가 사방으로 우겨쌈을 당하여도 싸이지 아니하며 답답한 일을 당하여도 낙심하지 아니하며 박해를 받아도 버린 바 되지 아니하며 거꾸러뜨림을 당하여도 망하지 아니하고 우리가 항상 예수의 죽음을 몸에 짊어짐은 예수의 생명이 또한 우리 몸에 나타나게 하려 함이라"(고후 4:7-10)

이 시간 우리 모두가 명확하게 영적 우선순위를 두시고

먼저 영적 형통을 구하시기를 소원합니다.

2. 악한 영들은 현세와 내세의 우선순위 구분을 방해합니다.

우리 믿는 성도들은 더욱 깨어서 현세의 삶 속에서 내세를 준비하여 살아가야 합니다. 내세 신앙은 한 마디로 영원한 저 천국을 바라보는 신앙입니다. 힘들고 어려워도 천국을 바라보고, 욕심이 생겨도 저 천국을 한 번 더 바라보고 다스리고 이기며 전진하는 신앙생활입니다.

내세 신앙을 가진 사람은 마음이 풍요로운 사람입니다. 이 땅에 연연하지 않고 영적 우선순위에 다시금 마음을 집중합니다.

"그러므로 우리가 낙심하지 아니하노니 우리의 겉사람은 낡아지나 우리의 속사람은 날로 새로워지도다 우리가 잠시 받는 환난의 경한 것이 지극히 크고 영원한 영광의 중한 것을 우리에게 이루게 함이니 우리가 주목하는 것은 보이는 것이 아니요 보이지 않는 것이니 보이는 것은 잠깐이요 보이지 않는 것은 영원함이라"(고후 4:16-18)

현세의 삶은 길어야 120년이지만, 내세의 삶은 영원합니다. 그러므로 우리는 현세보다 내세에 우선순위를 두고 내세를 위한 현세를 살아야 합니다. 성육신 하신 예수님은 우리에게 천국에 우선순위를 둘 것을 가르치셨습니다.

"이 때부터 예수께서 비로소 전파하여 이르시되 회개하라 천국이 가까이 왔느니라 하시더라"(마 4:17)

"예수께서 온 갈릴리에 두루 다니사 그들의 회당에서 가르치시며 천국 복음을 전파하시며 백성 중의 모든 병과 모든 약한 것을 고치시니 그의 소문이 온 수리아에 퍼진지라 사람들이 모든 앓는 자 곧 각종 병에 걸려서 고통 당하는 자, 귀신 들린 자, 간질하는 자, 중풍병자들을 데려오니 그들을 고치시더라"(마 4:23-24)

예수님이 병을 고치고, 죽은 자를 살리고, 소경의 눈을 뜨게 하고, 앉은뱅이를 일으키신 것은 천국을 깨닫도록 만들기 위함이었습니다. 그런데 우선순위의 영적 싸움에서 실패한 많은 사람들이 육신의 문제를 해결 받고, 병 고치는 데만 관심을 가지고 천국에는 관심을 두지 않습니다. 이들은 예수님이 관심을 두시지 않으셨던 이 땅의 축복만 구하며 영혼의 복은 사모하지 않습니다. 이들은 마치 천국과 지옥이 없는 것처럼 살아갑니다. 그래서 죄를 지으면서도 두려움이 없고, 선을 행하는 일에 열정이 없습니다.

오늘 우리는 영의 눈을 밝히 떠서 내세를 바라보고 내세에 우선순위를 두고 살아야 합니다. 힘이 있을 때, 생명이 있을 때, 기회가 있을 때 회개함으로 구원을 얻고 천국을 준비해야 합니다. 또 영혼 구원에 힘쓰고 복음을 증거하며 살아가야 합니다. 하나님의 나라를 우선적으로 구할 때 우리는 모든 것을 더함 받게 됩니다.

"그런즉 너희는 먼저 그의 나라와 그의 의를 구하라 그리하면 이 모든 것을 너희에게 더하시리라 그러므로 내일 일을 위하여 염려하지 말라 내일 일은 내일이 염려할 것이요 한 날의 괴로움은 그 날로 족하니라"(마 6:33-34)

우리 인생의 마지막 때가 오기 전에 사명을 감당해야 하고, 우주의 종말이 오기 전에 하나님의 뜻대로 살아야 합니다. 마지막 때에 우리는 모두 심판대 앞에 서게 됩니다.

"또 내가 크고 흰 보좌와 그 위에 앉으신 이를 보니 땅과 하늘이 그 앞에서 피하여 간 데 없더라 또 내가 보니 죽은 자들이 큰 자나 작은 자나 그 보좌 앞에 서 있는데 책들이 펴 있고 또 다른 책이 펴졌으니 곧 생명책이라 죽은 자들이 자기 행위를 따라 책들에 기록된 대로 심판을 받으니 바다가 그 가운데에서 죽은 자들을 내주고 또 사망과 음부도 그 가운데에서 죽은 자들을 내주매 각 사람이 자기의 행위대로 심판을 받고 사망과 음부도 불못에 던져지니 이것은 둘째 사망 곧 불못이라 누구든지 생명책에 기록되지 못한 자는 불못에 던져지더라"(계 20:11-15)

믿지 않았던 자들이 심판의 부활로 나와서 영원한 형벌에 처해질 때에, 예수님을 따르던 우리들에게는 또 다른 심판이 행하여집니다. 그 심판은 '생명 심판'이 아닌 '공로 심판' 입니다. 이것은 예수님을 따른 사람들이 자신이 행한 대로 하나님 나라에서의 상급과 삶을 결정짓는 심판입니다.

"이 닦아 둔 것 외에 능히 다른 터를 닦아 둘 자가 없으니 이 터는 곧 예수 그리스도라 만일 누구든지 금이나 은이나 보석이나 나무나 풀이나 짚으로 이 터 위에 세우면 각 사람의 공적이 나타날 터인데 그 날이 공적을 밝히리니 이는 불로 나타내고 그 불이 각 사람의 공적이 어떠한 것을 시험할 것임이라 만일 누구든지 그 위에 세운 공적이 그대로 있으면 상을 받고 누구든지 그 공적이 불타면 해를 받으리니 그러나 자신은 구원을 받되 불 가운데서 받은 것 같으리라"(고전 3:11-15)

그러므로 우리는 천국의 심판대 앞에서 후회가 없도록 지금 내세에 우선순위를 두며 살아야 합니다. 많은 성도들이 내세에 우선순위를 두면 현세에 자신이 누릴 수 있는 것이 줄어든다고 착각합니다. 그러나 하나님은 내세에 우선순위를 두고 물질, 시간, 노력, 재능을 투자하는 자의 삶을 축복하셔서 이 땅에서도 부유한 삶을 살게 하십니다. 영육의 풍요를 허락하셔서 이 땅의 것에 매이지 않게 하십니다. 그러므로 우리는 힘써 내세를 준비해야 합니다. 공적을 쌓아도 불타지 않을 공적을 쌓고, 재물을 쌓아도 천국에 재물을 쌓아야 합니다.

조나단 에드워즈[3]는 18세부터 20세에 걸쳐 하나님 앞에서 70개의 결심문을 작성하고 매일, 매주, 매달, 그리고 매해 그 결심문에 의해 자신의 삶을 점검하면서 평생을 살려고 했습니다. 그 결심문에는 "가능한 모든 힘과 능력과 활력과 열심과 적극성을 다하여, 내세에서 나를 위해 최대한 많은 행복을 획득할 수 있도록 노력하자"라는 결심이 적혀있었다고 합니다.

그는 청년 시절부터 내세를 위해 준비한 것입니다. 우리도 조나단 에드워즈처럼 내세를 위해 준비하길 소망합니다.

"너희를 위하여 보물을 땅에 쌓아 두지 말라 거기는 좀과 동록이 해하며 도둑이 구멍을 뚫고 도둑질하느니라 오직 너희를 위하여 보물을 하늘에 쌓아 두라 거기는 좀이나 동록이 해하지 못하며 도둑이 구멍을 뚫지도 못하고 도둑질도 못하느니라 네 보물 있는 그 곳에는 네 마음도 있느니라 눈은 몸의 등불이니 그러므로 네 눈이 성하면 온 몸이 밝을 것이요 눈이 나쁘면 온 몸이 어두울 것이니 그러므로 네게 있는 빛이 어두우면 그 어둠이 얼마나 더하겠느냐 한 사람이 두 주인을 섬기지 못할 것이니 혹 이를 미워하고 저를 사랑하거나 혹 이를 중히 여기고 저를 경히 여김이라 너희가 하나님과 재물을 겸하여 섬기지 못하느니라"(마 6:19-24)

사도 바울은 오늘 본문을 통해 우리가 천국 시민권자임을 강조했습니다. 천국 시민권자인 우리는 천국에 집을 두고, 천국의 보호를 받으며, 천국의 특권을 누리고 살고 있습니다.

"그러나 우리의 시민권은 하늘에 있는지라 거기로부터 구원하는 자 곧 주 예수 그리스도를 기다리노니"(빌 3:20)

현세에 우선순위를 두는 사람들은 멸망과 수치의 결론에 이르게 됩니다. 그러나 내세에 우선순위를 두고 천국 시민권자로 사는 사람들은 현세에서도 천국의 절대 보호, 절대 기쁨, 절대 자유를 누리고 내세에서 천국의 영생을 누립니다.

"예수께서 이르시되 내가 진실로 너희에게 이르노니 나와 복음을 위하여 집이나 형제나 자매나 어머니나 아버지나 자식이나 전토를 버린 자는 현세에 있어 집과 형제와 자매와 어머니와 자식과 전토를 백 배나 받되 박해를 겸하여 받고 내세에 영생을 받지 못할 자가 없느니라"(막 10:29-30)

그러므로 우리는 천국의 소망을 확실히 가지고 천국을 위한 삶을 살아야 합니다. 본문 21절을 통해 바울은 예수님을 믿는 우리가 누릴 부활의 영광을 증거했습니다.

"그는 만물을 자기에게 복종하게 하실 수 있는 자의 역사로 우리의 낮은 몸을 자기 영광의 몸의 형체와 같이 변하게 하시리라"(빌 3:21)

예수님은 천국 시민권자들에게 예수님의 부활에 참예할 수 있는 영광을 주십니다. 천국 시민권자들은 욕되고 약한 몸이, 예수님의 영광의 몸의 형체와 같이 썩지 아니할 거룩하고 강한 영광의 몸으로 변화하는 영광을 누리게 됩니다. 그러므로 우리는 부활을 믿고 내세를 위해 살아야 합니다. 부활을 믿는 사람에게는 영의 눈이 열립니다. 부활을 확신할수록 천국의 안목을 가지고 내세를 준비하며 살게 됩니다. 부활로 말미암는 천국의 안목이 세상 사람과 전혀 다른 가치를 바라보게 하고, 세상 사람과 전혀 다른 고민을 하면서 세상이 흉내 낼 수 없는 절제와 인내를 하게 만들기 때문입니다.

부활을 믿는 사람에게 중요한 것은 이 땅의 부귀, 명예, 권세가 아니라 부활 후의 영원한 삶입니다. 그래서 부활을 믿는 사람들은 영생의 부활을 얻기 위해, 영원한 상급을 얻기 위해 하나님의 뜻을 이루고 선한 일을 하는데 전심전력하게 됩니다.

"이 썩을 것이 썩지 아니함을 입고 이 죽을 것이 죽지 아니함을 입을 때에는 사망을 삼키고 이기리라고 기록된 말씀이 이루어지리라 사망아 너의 승리가 어디 있느냐 사망아 네가 쏘는 것이 어디 있느냐 사망이 쏘는 것은 죄요 죄의 권능은 율법이라 우리 주 예수 그리스도로 말미암아 우리에게 승리를 주시는 하나님께 감사하노니 그러므로 내 사랑하는 형제들아 견실하며 흔들리지 말고 항상 주의 일에 더욱 힘쓰는 자들이 되라 이는 너희

수고가 주 안에서 헛되지 않은 줄 앎이라"(고전 15:54-58)

3. 악한 영들은 하나님과 세상의 우선순위 구분을 방해합니다.

우리는 그 누구보다 하나님을 사랑해야 하고, 그 어떤 것보다 하나님을 의지해야 합니다. 하나님을 일순위로 사랑하고 그 다음에 자기 자신같이 이웃을 사랑하는 것이 온 율법과 선지자의 강령입니다.

"예수께서 이르시되 네 마음을 다하고 목숨을 다하고 뜻을 다하여 주 너의 하나님을 사랑하라 하셨으니 이것이 크고 첫째 되는 계명이요 둘째도 그와 같으니 네 이웃을 네 자신 같이 사랑하라 하셨으니 이 두 계명이 온 율법과 선지자의 강령이니라"(마 22:37-40)

참되고 영원한 사랑은 하나님께만 있기 때문에 하나님을 우선적으로 사랑하지 않으면 그 누구도 진실하게 사랑할 수 없습니다.

믿음은 인생의 우선순위를 하나님께 두는 힘입니다.

진정으로 하나님을 믿을 때 우리는 예배 일순위, 말씀 일순위, 기도 일순위의 삶을 살게 됩니다. 모든 삶의 일순위를 하나님을 기쁘시게 하는 일에 두고 다른 모든 일보다 우선적으로 하나님을 먼저 섬깁니다. 그러나 우선순위의 싸움에서 실패한 사람은 하나님을 뒷전으로 제쳐두고 세상의 것을 구합니다.

하나님의 일을 뒤로 미루고 세상의 것을 구하는 사람은 결코 참된 만족을 얻을 수 없습니다. 세상을 먼저 구하는 사람은 먹어도 배고프고 마셔도 갈증 나는 인생을 살게 됩니다. 입어도 춥고 돈을 벌어도 번 돈을 잃는 삶을 살게 됩니다.

"그러므로 이제 만군의 여호와가 이같이 말하노니 너희는 너희의 행위를 살필지니라 너희가 많이 뿌릴지라도 수확이 적으며 먹을지라도 배부르지 못하며 마실지라도 흡족하지 못하며 입어도 따뜻하지 못하며 일꾼이 삯을 받아도 그것을 구멍 뚫어진 전대에 넣음이 되느니라 만군의 여호와가 말하노니 너희는 자기의 행위를 살필지니라"(학 1:5-7)

이 말씀은 하나님의 성전은 황폐한 채로 놔둔 채 자신들의 육체적 안위에만 심취해 있던 이스라엘 백성에게 학개를 통해 경고한 하나님의 말씀입니다.

"만군의 여호와가 이같이 말하여 이르노라 이 백성이 말하기를 여호와의 전을 건축할 시기가 이르지 아니하였다 하느니라 여호와의 말씀이 선지자 학개에게 임하여 이르시되 이 성전이 황폐하였거늘 너희가 이 때에 판벽한 집에 거주하는 것이 옳으냐"(학 1:2-4)

우선순위의 영적 싸움에서 실패한 사람은 '하나님을 믿는다'면서 정작 세상을 추구합니다. 하나님보다 자녀를 더 사랑하고 물질을 더 의지하며 세상의 지식과 인기를 더 추종합니다. 이들은 입술로는 하나님을 신뢰한다고 하면서 정작 두 마음을 품고 살아갑니다.

> "오직 믿음으로 구하고 조금도 의심하지 말라 의심하는 자는 마치 바람에 밀려 요동하는 바다 물결 같으니 이런 사람은 무엇이든지 주께 얻기를 생각하지 말라 두 마음을 품어 모든 일에 정함이 없는 자로다"(약 1:6-8)

악한 영의 미혹을 받아 두 마음을 품게 되는 것은 결국 자기 자신의 육적인 이익을 구하기 때문입니다. 엄밀한 의미에서 두 마음을 품은 사람은 하나님도, 우상도 사랑하지 않습니다. 그저 어느 쪽을 통해서라도 자신의 이득을 취하고 싶을 뿐입니다. 다시 말해 두 마음을 품는 것은 하나님을 이용하려는 마음입니다.

우리는 숨은 의도를 잘 파악해야 합니다.

입술로는 하나님의 영광을 위해서라고 말하며, 경건의 모양은 따르지만 그 안에 내 영광, 내 욕심, 내 자존심을 세우고 싶은 마음이 있지 않은지 살펴봐야 합니다. 그러므로 우리는 우리 안에서 세상을 향하도록 역사하는 악한 영들을 몰아내고 오직 하나님 한 분만을 사랑해야 합니다. 세상을 구하는 마음, 세상을 사랑하는 마음을 가지고 있으면 하나님을 사랑할 수 없습니다.

> "이 세상이나 세상에 있는 것들을 사랑하지 말라 누구든지 세상을 사랑하면 아버지의 사랑이 그 안에 있지 아니하니 이는 세상에 있는 모든 것이 육신의 정욕과 안목의 정욕과 이생의 자랑이니 다 아버지께로부터 온 것이 아니요 세상으로부터 온 것이라 이 세상도, 그 정욕도 지나가되 오직 하나님의 뜻을 행하는 자는 영원히 거하느니라"(요일 2:15-17)

우리는 하나님을 순전하게 사랑할 때 가장 담대하고 아름다운 삶을 살 수 있습니다. 하나님을 뜨겁게 사랑할 때 가장 자유하고 열정적인 삶을 살 수 있습니다. 우리는 오직 하나님께 우선순위를 두고 힘을 다해 하나님을 사랑하는 심령을 소유해야 합니다.

'만종'을 그린 밀레[4]가 파리로 공부하러 갈 때 그의 할머니는 다음과 같이 말씀하셨다고 합니다.

"나는 네가 하나님의 뜻을 어긴다든지 믿음이 없어진다든지 하는 것보다 오히려 죽는 것이 낫다고 생각한다. 이것을 잊지 말아라. 너는 화가가 되기 전에 먼저 올바른 크리스천이 되어라. 그릇된 일에 떨어지지 않도록 조심하라. 그림을 그리려거든 영원을 위해서 그릴 것이며 늘 하나님의 심판의 나팔소리가 들려올 것을 생각하고 살아라."

"비록 무화과나무가 무성하지 못하며 포도나무에 열매가 없으며 감람나무에 소출이 없으며 밭에 먹을 것이 없으며 우리에 양이 없으며 외양간에 소가 없을지라도 나는 여호와로 말미암아 즐거워하며 나의 구원의 하나님으로 말미암아 기뻐하리로다 주 여호와는 나의 힘이시라 나의 발을 사슴과 같게 하사 나를 나의 높은 곳으로 다니게 하시리로다 이 노래는 지휘하는 사람을 위하여 내 수금에 맞춘 것이니라"(합 3:17-19)

하나님은 우리가 얼마나 많은 물질을 가지고 있는지, 얼마나 탁월한 실력을 가지고 있는지에 관심이 없으십니다. 하나님은 우리가 하나님을 얼마나 사랑하는지를 보십니다.

부활하신 예수님도 자신을 배신한 베드로에게 세 번이나 거듭 "네가 나를 사랑하느냐"라고 물으셨습니다.

"그들이 조반 먹은 후에 예수께서 시몬 베드로에게 이르시되 요한의 아들 시몬아 네가 이 사람들보다 나를 더 사랑하느냐 하시니 이르되 주님 그러하나이다 내가 주님을 사랑하는 줄 주님께서 아시나이다 이르시되 내 어린 양을 먹이라 하시고 또 두 번째 이르시되 요한의 아들 시몬아 네가 나를 사랑하느냐 하시니 이르되 주님 그러하나이다 내가 주님을 사랑하는 줄 주님께서 아시나이다 이르시되 내 양을 치라 하시고 세 번째 이르시되 요한의 아들 시몬아 네가 나를 사랑하느냐 하시니 주께서 세 번째 네가 나를 사랑하느냐 하시므로 베드로가 근심하여 이르되 주님 모든 것을 아시오매 내가 주님을 사랑하는 줄을 주님께서 아시나이다 예수께서 이르시되 내 양을 먹이라"(요 21:15-17)

하나님을 사랑함으로 주님의 눈에 발견되어 간절히 찾고 구하는 모든 것을 응답받으시기 바랍니다.

"나를 사랑하는 자들이 나의 사랑을 입으며 나를 간절히 찾는 자가 나를 만날 것이니라"(잠 8:17)

우리는 영보다 육에, 내세보다 현세에, 하나님보다 세상에 우선순위를 두게 하는 악한 영들의 간계를 분별하고 물리쳐야 합니다. 그리고 영적 우선순위, 천국 우선순위, 하나님 우선순위를 두고 천국 시민권자답게 살아갑시다.

우선순위가 무너지면 모든 것이 무너집니다.

그러나 우선순위가 바로 잡히면 모든 것이 세워집니다.

이 시간 우리 모두가 우선순위의 영적 싸움에서 승리하여 영적 원리를 따라 늘 승리하는 삶을 살고 영원한 복을 누리시기를 주님의 이름으로 축원합니다.

〈주님과 동행하는 기쁨 나누기〉

1. 우선순위 구분을 방해하는 악한 영에 대해서입니다.

(　　) 안에 맞는 단어는 무엇입니까?

(1) 악한 영들은 (　　)과 (　　)의 우선순위 구분을 방해합니다.
하나님의 나라를 유업으로 얻기 위해서는 반드시 영적 우선순위를 세우고 내 안에 잠재되어 있는 육적인 속성을 무너뜨려야 합니다.

- 영적 우선주의 생활을 하고 있다면 어떤 행동을 하십니까?

(2) 악한 영들은 (　　)와 (　　)의 우선순위 구분을 방해합니다.
예수님을 따르던 우리들의 심판은 생명심판이 아닌 공로심판입니다. 이것은 예수님을 따른 사람들이 자신이 행한 대로 하나님 나라에서의 상급과 삶을 결정짓는 심판입니다.

- 주님을 위해 심고 있는 것이 상급이라는 확신이 있습니까?

(3) 악한 영들은 (　　)과 (　　)의 우선순위 구분을 방해합니다.
믿음은 인생의 우선순위를 하나님께 두는 힘입니다.

- 평소 하나님의 나라와 그 의를 먼저 구하며 생활 합니까?

2. 아래 성구를 읽고 당신의 삶에 일어난 일을 나누십시오.

(1) 요한복음 4장 23, 24절 – "아버지께 참되게 예배하는 자들은 영과 진리로 예배할 때가 오나니 곧 이 때라 아버지께서는 자기에게 이렇게 예배하는 자들을 찾으시느니라 하나님은 영이시니 예배하는 자가 영과 진리로 예배할지니라"

(2) 고린도전서 10장 31절 – "그런즉 너희가 먹든지 마시든지 무엇을 하든지 다 하나님의 영광을 위하여 하라"

(3) 야고보서 1장 14–16절 – "오직 각 사람이 시험을 받는 것은 자기 욕심에 끌려 미혹됨이니 욕심이 잉태한즉 죄를 낳고 죄가 장성한즉 사망을 낳느니라 내 사랑하는 형제들아 속지 말라"

3. 아래 성구의 (　　)에 맞는 단어를 넣고 암송합시다.

"그런즉 너희는 먼저 그의 (　　)와 그의 (　　)를 구하라 그리하면 이 모든 것을 너희에게 더하시리라 그러므로 내일 일을 위하여 (　　)하지 말라 내일 일은 내일이 염려할 것이요 한 날의 괴로움은 그 날로 족하니라"(마 6:33–34)

9. 삶의 우선순위

작사/작곡 이 순 희

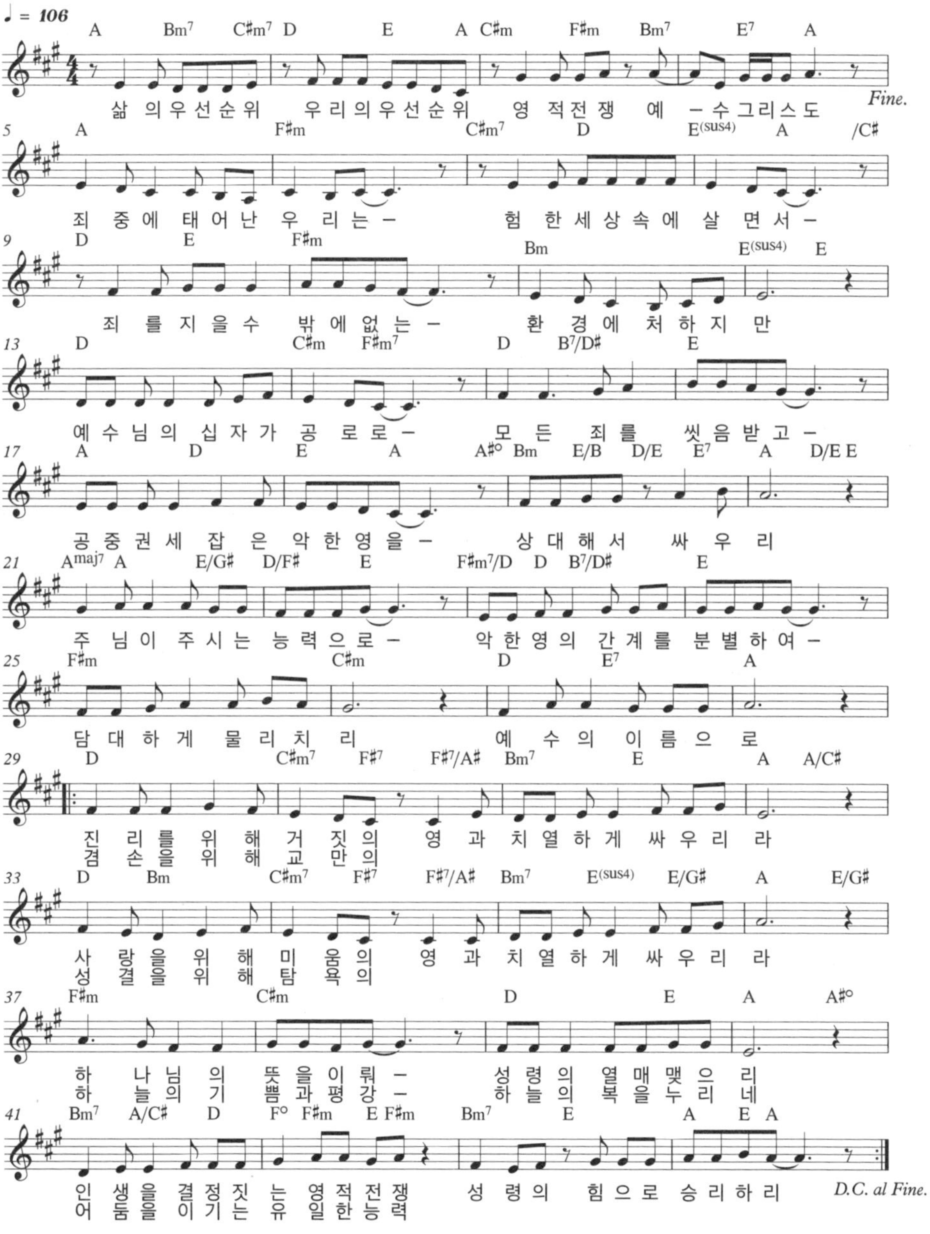
♩ = 106
A Bm7 C♯m7 D E A C♯m F♯m Bm7 E7 A
삶 의우선순위 우리의우선순위 영 적전쟁 예 ㅡ수그리스도
Fine.
5 A F♯m C♯m7 D E(sus4) A /C♯
죄 중에 태어난 우 리는ㅡ 험 한세상속에 살 면서ㅡ
9 D E F♯m Bm E(sus4) E
죄 를지을수 밖에없는ㅡ 환 경에 처하지 만
13 D C♯m F♯m7 D B7/D♯ E
예수님의 십자가 공 로로ㅡ 모 든 죄를 씻음받고ㅡ
17 A D E A A♯° Bm E/B D/E E7 A D/E E
공중권세 잡 은 악한영을ㅡ 상대해서 싸 우 리
21 Amaj7 A E/G♯ D/F♯ E F♯m7/D D B7/D♯ E
주 님이 주시는 능력으로ㅡ 악한영의 간계를 분별하여ㅡ
25 F♯m C♯m D E7 A
담대하게 물리치 리 예 수의 이름으 로
29 D C♯m7 F♯7 F♯7/A♯ Bm7 E A A/C♯
진 리를 위 해 거 짓의 영 과 치열하게 싸우리 라
겸 손을 위 해 교 만의
33 D Bm C♯m7 F♯7 F♯7/A♯ Bm7 E(sus4) E/G♯ A E/G♯
사 랑을 위 해 미 움의 영 과 치열하게 싸우리 라
성 결을 위 해 탐 욕의
37 F♯m C♯m D E A A♯°
하 나님의 뜻을이뤄ㅡ 성령의 열매맺으 리
하 늘의기 쁨과평강ㅡ 하늘의 복을누리 네
41 Bm7 A/C♯ D F° F♯m E F♯m Bm7 E A E A
인 생을 결정짓 는 영적전쟁 성 령의 힘으로 승리하리
어 둠을 이기는 유 일한능력
D.C. al Fine.

제10장

빛의 담대함을 주는 복음

시편 27편 1-4절

"여호와는 나의 빛이요 나의 구원이시니 내가 누구를 두려워하리요 여호와는 내 생명의 능력이시니 내가 누구를 무서워하리요 악인들이 내 살을 먹으려고 내게로 왔으나 나의 대적들, 나의 원수들인 그들은 실족하여 넘어졌도다 군대가 나를 대적하여 진 칠지라도 내 마음이 두렵지 아니하며 전쟁이 일어나 나를 치려 할지라도 나는 여전히 태연하리로다 내가 여호와께 바라는 한 가지 일 그것을 구하리니 곧 내가 내 평생에 여호와의 집에 살면서 여호와의 아름다움을 바라보며 그의 성전에서 사모하는 그것이라"

10
빛의 담대함을 주는 복음

지금 우리는 어둠의 계략과 빛의 역사가 공존하는 세상에서 살고 있습니다.

육의 세계를 결정짓는 영의 세계에는 어둠의 세력과 빛의 세력이 있습니다. 어둠의 세력은 교만하여 하나님을 대적하다가 심판을 받고 사탄이 된 루시퍼의 수하들이고, 빛의 세력은 영존하시는 하나님과 하나님이 부리시는 천사들입니다.

어둠의 영들은 태초부터 지금까지 어둠의 나라를 장악하면서 하나님을 대적해 왔습니다. 그리고 빛의 영들은 모든 어둠의 일을 초월하여 하나님의 일을 이루며 어둠을 지배해 왔습니다. 빛의 나라를 다스리시는 하나님은 경륜적인 구속사역을 이루시기 위해 한시적으로 어둠의 역사를 허용하시고 결정적인 때에 빛으로 어둠을 심판하십니다. 그러므로 우리는 어둠의 계략을 분별하여 대적하고 빛의 역사를 따라야 합니다.

빛이신 하나님은 하나님의 자녀된 우리를 빛으로 부르셨습니다. 하나님의 빛을 받아 빛을 발함으로 어둠을 이기게 하셨고, 어둠으로 가득 찬 세상을 다스리게 하셨습니다.

> "너희는 세상의 빛이라 산 위에 있는 동네가 숨겨지지 못할 것이요 사람이 등불을 켜서 말 아래에 두지 아니하고 등경 위에 두나니 이러므로 집 안 모든 사람에게 비치느니라 이같이 너희 빛이 사람 앞에 비치게 하여 그들로 너희 착한 행실을 보고 하늘에 계신 너희 아버지께 영광을 돌리게 하라"(마 5:14-16)
>
> "그러나 너희는 택하신 족속이요 왕 같은 제사장들이요 거룩한 나라요 그의 소유가 된 백성이니 이는 너희를 어두운 데서 불러 내어 그의 기이한 빛에 들어가게 하신 이의 아름다운 덕을 선포하게 하려 하심이라"(벧전 2:9)

아담과 하와의 범죄 이후에 모든 인간은 원죄를 가지고 어둠의 자녀로 태어납니다. 우리도 빛이신 예수 그리스도를 영접하기 이전에 어둠이었습니다. 예수님을 알기 전에 우리는 흑암에 행하던 백성이었고, 사망의 그늘진 땅에 살던 사람들이었습니다. 어둠 속에서 태어나서 어둠을 당연하게 여기고 어둠에 눈과 귀가 멀었던 사람들이었습니다. 어둠 속에서 나오는 죄와 상처에 속수무책으로 당하는 삶을 살았고, 사망의 어둠에 짓눌리는 인생을 살았습니다.

"그는 허물과 죄로 죽었던 너희를 살리셨도다 그 때에 너희는 그 가운데서 행하여 이 세상 풍조를 따르고 공중의 권세 잡은 자를 따랐으니 곧 지금 불순종의 아들들 가운데서 역사하는 영이라 전에는 우리도 다 그 가운데서 우리 육체의 욕심을 따라 지내며 육체와 마음의 원하는 것을 하여 다른 이들과 같이 본질상 진노의 자녀이었더니"(엡 2:1-3)

그러나 예수 그리스도는 십자가에 죽으시고 부활 승천하심으로 모든 어둠의 권세를 물리치시고 이 땅 위에 공의로운 빛을 비추어 주셨습니다.

"긍휼이 풍성하신 하나님이 우리를 사랑하신 그 큰 사랑을 인하여 허물로 죽은 우리를 그리스도와 함께 살리셨고(너희는 은혜로 구원을 받은 것이라) 또 함께 일으키사 그리스도 예수 안에서 함께 하늘에 앉히시니"(엡 2:4-6)

"참 빛 곧 세상에 와서 각 사람에게 비추는 빛이 있었나니 그가 세상에 계셨으며 세상은 그로 말미암아 지은 바 되었으되 세상이 그를 알지 못하였고 자기 땅에 오매 자기 백성이 영접하지 아니하였으나 영접하는 자 곧 그 이름을 믿는 자들에게는 하나님의 자녀가 되는 권세를 주셨으니"(요 1:9-12)

이제 누구든지 예수 그리스도의 빛을 받고 그 빛을 따르는 자는 어둠의 나라에서 구원받고 빛의 나라로 들어가게 되었고, 빛의 삶을 살게 되었습니다.

"예수께서 또 말씀하여 이르시되 나는 세상의 빛이니 나를 따르는 자는 어둠에 다니지 아니하고 생명의 빛을 얻으리라"(요 8:12)

"우리가 그에게서 듣고 너희에게 전하는 소식은 이것이니 곧 하나님은 빛이시라 그에게는 어둠이 조금도 없으시다는 것이니라 만일 우리가 하나님과 사귐이 있다 하고 어둠에 행하면 거짓말을 하고 진리를 행하지 아니함이거니와 그가 빛 가운데 계신 것 같이 우리도 빛 가운데 행하면 우리가 서로 사귐이 있고 그 아들 예수의 피가 우리를 모든 죄에서 깨끗하게 하실 것이요"(요일 1:5-7)

"전에 고통 받던 자들에게는 흑암이 없으리로다 옛적에는 여호와께서 스불론 땅과 납달리 땅이 멸시를 당하게 하셨더니 후에는 해변 길과 요단 저쪽 이방의 갈릴리를 영화롭게 하셨느니라 흑암에 행하던 백성이 큰 빛을 보고 사망의 그늘진 땅에 거주하던 자에게 빛이 비치도다"(사 9:1-2)

"너희가 전에는 어둠이더니 이제는 주 안에서 빛이라 빛의 자녀들처럼 행하라 빛의 열매는 모든 착함과 의로움과 진실함에 있느니라"(엡 5:8-9)

빛의 자녀가 된 우리는 마땅히 모든 어둠의 일을 벗고 빛의 열매를 맺어야 합니다. 그런데 어둠의 옷을 입고 이 땅에 태어난 우리가 어둠의 나라에서 완전히 빠져나오는 것은 그리 쉬운 일이 아닙니다. 예수님을 믿고 빛의 자녀가 되어도 뼛속 깊이 스며들어 있는 어둠의 속성을 버리는 것은 결코 호락호락한 일이 아닙니다.

우리는 온전한 빛된 삶을 살기 위해 영적 전쟁을 치러야 합니다. 매일의 삶을 통해 어둠의 생각, 어둠의 언어, 어둠의 태도, 어둠의 마음, 어둠의 행실을 버리고 빛으로 거듭나야 하며, 날마다 말씀의 빛, 성령의 빛을 받아 더욱 밝은 빛 가운데로 나아와야 합니다.

> "너희는 유혹의 욕심을 따라 썩어져 가는 구습을 따르는 옛 사람을 벗어 버리고 오직 너희의 심령이 새롭게 되어 하나님을 따라 의와 진리의 거룩함으로 지으심을 받은 새 사람을 입으라"(엡 4:22-24)
>
> "밤이 깊고 낮이 가까웠으니 그러므로 우리가 어둠의 일을 벗고 빛의 갑옷을 입자 낮에와 같이 단정히 행하고 방탕하거나 술 취하지 말며 음란하거나 호색하지 말며 다투거나 시기하지 말고 오직 주 예수 그리스도로 옷 입고 정욕을 위하여 육신의 일을 도모하지 말라"(롬 13:12-14)

온전한 빛의 삶을 살기 위해 치러야 할 영적 전쟁은 죄의 경향성을 지니고 있는 자아를 부인하여 자아를 십자가에 못박는 일이요, 어둠의 계략을 분별하여 대적하는 일입니다. 우리는 정신을 차리고 근신하여 빛을 위한 영적 전쟁을 치러야 합니다. 죄와 싸우기를 피 흘리기까지 할 각오를 가지고 영적 전쟁에 임해야 합니다. 어둠의 계략은 상당히 간사하고 끈질깁니다. 어둠의 영들은 사력을 다해 영혼들을 미혹하고, 한번 붙잡은 영혼은 쉽사리 놓아주지 않습니다.

"근신하라 깨어라 너희 대적 마귀가 우는 사자 같이 두루 다니며 삼킬 자를 찾나니 너희는 믿음을 굳건하게 하여 그를 대적하라 이는 세상에 있는 너희 형제들도 동일한 고난을 당하는 줄을 앎이라"(벧전 5:8-9)

사탄의 수하들인 악한 영들은 온갖 거짓과 탐욕, 음란과 위선이 가득한 어둠의 일을 행하며 사람들의 영혼을 깊은 어둠 속으로 유인합니다. 사람들의 생각과 마음, 행위를 어둠으로 덮고 어둠 속에서 나오는 죄와 상처로 그들을 결박합니다. 어둠의 무정함과 무분별로 사람들의 가치관을 지배하고, 어둠의 탐욕과 교만으로 사람들의 태도를 조종합니다. 그래서 어둠의 나라에서 사는 사람들은 어둠의 속성대로 살아갑니다. 그들은 어둠의 속성대로 차갑고 음침하며, 무엇 하나 제대로 보고 분별하지 못하면서도 어둠이 만드는 착각에 빠져 오만한 삶을 살아갑니다.

사망의 어둠이 자신의 영혼육을 뒤덮고 생기 없는 삶을 살게 만들어도 깨닫지 못하고 어둠의 일을 당연하게 여기며 살아갑니다. 깊고 까마득한 어둠 속에서 끊임없는 고통을 느끼지만 해결할 방도를 찾지 못하고, 어둠 속에서 몸부림치는 자신의 삶을 깨닫지도 못하는 경우가 허다합니다. 이들의 삶은 살았다 하나 죽은 인생이요, 어둠의 노예가 되어 더 깊은 어둠으로 향하는 인생입니다.

그러나 빛의 나라에서 사는 사람들은 빛의 속성대로 살며 의와 평강과 희락을 누립니다. 빛의 나라에서 사는 사람들은 밝고 환한 마음과 생각을 가지고 정직하게 살며, 전인적인 건강과 근본적인 평안을 누립니다. 뿐만 아니라 빛의 나라에서 끊임없이 공급되는 생명력을 누리며 무한한 자유를 만끽합니다. 빛이신 하나님이 통치하시는 빛의 나라에는 두려움이 없고 거짓이 없습니다. 억압이 없고 압제도 없습니다. 빛이신 하나님이 다스리시는 빛의 나라에는 담대함과 진실, 사랑과 자비가 가득합니다.

지금 어둠의 나라에 살고 계십니까?
빛의 나라에 살고 계십니까?

"빛 가운데 있다 하면서 그 형제를 미워하는 자는 지금까지 어둠에 있는 자요 그의 형제를 사랑하는 자는 빛 가운데 거하여 자기 속에 거리낌이 없으나 그의 형제를 미워하는 자는 어둠에 있고 또 어둠에 행하며 갈 곳을 알지 못하나니 이는 그 어둠이 그의 눈을 멀게 하였음이라"(요일 2:9-11)

이 시대의 너무도 많은 사람들이 빛 가운데 있다 하면서도 어둠의 나라에서 살아가고 있습니다.

어거스틴은 그의 오랜 역사철학의 결실의 산물로 『하나님의 도성』을 썼는데, 그 책에서 그는 "아담 이후에 인류는 거대한 두 개의 도시로 나뉘어 왔다"라고 말합니다.

첫 번째 도시는 하나님의 충성스러운 천사들과 더불어 하나님을 섬기지만 두 번째 도시는 반역하는 천사와 그를 따르는 악마를 섬기는 도시입니다. 이 두 도시는 역사와 사회 안에, 심지어 교회 안에서까지 풀리지 않을 만큼 미묘하게 뒤섞여 있지만 최후의 심판에서 분리된다고 말합니다.

바벨론과 예루살렘으로 상징되는 이 두 도시는 인간의 삶의 현실입니다. 다시 말해 육적인 눈으로 보면 같은 대한민국의 국민일지라도 영의 눈으로 보면 그의 현주소가 어둠의 나라인 사람이 있고, 빛의 나라인 사람이 있다는 것입니다.

영적 소속은 육적 세계에도 그 영향력을 드러냅니다.

어둠의 나라에 소속된 사람은 현실 세계에서도 어둠의 영에 의해 지배를 받으며 어둠의 삶을 삽니다. 그러나 빛의 나라에 속한 사람은 현실 세계에서도 빛의 영의 인도를 받아 빛의 삶을 삽니다.

영의 눈을 열어 영적 소속을 확인해 보십시오.

예수를 믿는다 하면서도 삶 가운데 어둠의 열매가 맺힌다면 아직 어둠의 나라에 속한 것입니다. 우리는 빛이신 예수 그리스도를 의지하여 모든 어둠의 일을 떨쳐내고 빛 가운데로 나아와야 합니다. 빛으로 어둠을 이기고 물리쳐야 합니다.

"의인의 길은 돋는 햇살 같아서 크게 빛나 한낮의 광명에 이르거니와 악인

의 길은 어둠 같아서 그가 걸려 넘어져도 그것이 무엇인지 깨닫지 못하느니라"(잠 4:18–19)

더불어 어둠의 계략과 빛의 역사를 분명하게 구분하고 어둠의 계략에 속지 말아야 합니다. 어둠의 계략을 물리치고 빛의 역사를 따라야 합니다.

어둠은 두려움을 조성하고 빛은 담대함을 만듭니다.

어둠은 시험에 빠지게 하고 빛은 분별하여 이기게 합니다.

어둠은 음란하게 하고 빛은 경건하게 합니다.

어둠은 고립시키지만 빛은 연합하게 하고,

어둠은 박해에 처하게 하지만,

빛은 박해 속에서도 기쁨을 누리게 합니다.

또 어둠은 나태하게 하지만 빛은 근신하여 깨어있게 합니다.

우리 모두에게 어둠의 계략과 빛의 역사를 구분하는 분별력이 있기를 원합니다. 더불어 어둠의 계략을 물리치고 빛의 역사를 따를 수 있는 능력이 있기를 바랍니다.

"이는 우리 하나님의 긍휼로 인함이라 이로써 돋는 해가 위로부터 우리에게 임하여 어둠과 죽음의 그늘에 앉은 자에게 비치고 우리 발을 평강의 길로 인도하시리로다 하니라"(눅 1:78–79)

우리는 두려움을 조성하는 어둠의 세력들을 물리치고, 담대하게 만드는 빛을 따라가야 합니다. 두려움은 형벌, 재앙, 고통 등에 대해 우리의 내면에서 야기되는 고통스러운 감정, 혹은 불쾌하고 힘겨운 상황에 대한 부정적인 반응입니다. 이러한 두려움은 단순한 감정이나 심리 차원을 넘어서는 영적인 특징으로 어둠의 나라의 주된 속성입니다.

어둠은 그 자체가 두려움입니다.

어둠 속에 있는 사람은 아무 것도 볼 수 없기 때문에 두렵고, 아무것도 할 수 없기 때문에 두렵습니다. 그야말로 어둠 속에서는 갑자기 무엇이 출현할지 예상할 수 없습니다. 전혀 예측하지 못한 곳에서 사나운 맹수가 덤벼들 수도 있고, 깊은 웅덩이나 수렁이 나타날 수도 있습니다. 뜻하지 않은 곳에서 날카로운 물건을 만날 수도 있고, 낭떠러지나 절벽을 만날 수도 있습니다. 뿐만 아니라 어둠 속에서는 그 누구도 믿을 수 없습니다.

어둠 속에 사는 사람들은 서로를 볼 수 없기 때문에 끊임없이 서로를 의심합니다. 캄캄한 어둠 속에서 자신들의 속마음을 숨긴 채 서로 긴장하며 경쟁과 다툼을 이어나갑니다. 어둠 속에 빠진 사람들은 어둠 자체에서 나오는 두려움에 장악되어 거대한 고통 속에 시달립니다. 그러므로 우리는 스스로 느끼고 있는 두려움의 크기를 통해 내면에 어둠이 틈 타 있음을 인지해야 합니다. 성도가 두려움에 빠지는 근본적인 이유는 상황과 환경, 관계나 물질 때문이 아닙니다.

바로 내면의 어둠 때문입니다.

내면의 어둠은 하나님을 바라보지 못하게 하고 온갖 불안한 생각과 마음에 집중하게 하여 정작 아무것도 아닌 일에도 두려움을 느끼게 합니다.

"하나님이 우리에게 주신 것은 두려워하는 마음이 아니요 오직 능력과 사랑과 절제하는 마음이니"(딤후 1:7)

어둠의 나라에 인생의 뿌리를 둔 사람은 결코 두려움을 피할 수 없습니다. 돈이 많아도, 지식이 많아도, 대단한 명예와 권력을 가지고 있어도 두려움을 피할 수 없습니다.

"내 사전에 불가능은 없다"라고 외쳤던 나폴레옹[1)]은 극도로 고양이를 두려워했고, 고대 그리스의 웅변가로서 명성이 높았던 데모스테니스[2)]는 병적으로 계단을 두려워했습니다. 인류 역사를 대표하는 천재 예술가라 불리는 레오나르도 다 빈치는 숫자 공포증이 있었고, 로마의 통치자 시저[3)]는 어둠을 두려워했습니다. 조선 영조[4)]의 아들 사도세자는 새 옷으로 갈아입는 것을 너무도 두려워하여 한 가지 옷을 다 해질 때까지 입었다고 합니다.

사실 어둠의 나라에 종속된 사람에게 두려움은 필연적인 것입니다. 그래서 어둠의 영에 의해 지배당하는 세상 사람들은 끊임없이 두려움에 시달립니다.

죄악 중에 잉태되는 인간은 엄마 뱃속에서부터 두려움을 느끼다가 거대한 두려움 속에 세상에 태어납니다. 세상에 갓 태어난 아기는 여러 가지 두려움을 본능적으로 느끼고, 5개월부터 10개월까지는 아는 사람과 모르는 사람을 구분하며 처음 보는 사람을 두려워하기 시작합니다.

또 유아들은 상당 기간 분리불안에 시달립니다.

분리불안을 느끼는 아이는 부모에게서 떨어지는 것을 두려워하고, 자신이 애착을 느끼는 대상이 사라지는 것을 무서워합니다. 이후에 아이들은 두 살에서 네 살이 될 때까지 세상에 대해 배우고 환상과 현실의 차이점에 대해 알게 됩니다. 이 시기에는 어둠에 대해 막연한 공포심을 갖게 됩니다. 그래서 많은 아이들이 어두운 침대 밑이나 닫힌 옷장 안에 괴물이 살고 있다고 믿으며 무서워합니다.

좀 더 자란 아이들은 학교에 다니면서 시험, 발표, 다른 아이들에게서 거부당하는 것, 망신 당하는 것, 이성에게 놀림 당하는 것 등 사회적 상황에 대한 두려움을 느끼게 됩니다.

장성한 어른도 두려움에서 자유로울 수 없습니다.

오히려 어른이 되면 더 많은 두려움을 구체적으로 느끼면서 두려움에 의해 상당한 제약을 받기 쉽습니다.

예일대학교의 존 도널드(John Donald) 교수의 연구에 의하면, 사람에게는 일반적으로 실패에 대한 두려움, 이성에 대한 두려움, 약점이 공개되는 것에 대한 두려움, 불신으로 인한 두려움, 생각 속에서 스스로 만들어내는 두려움, 말실수에 대한 두려움, 혼자 있는 것에 대한 두려움 등 일곱 가지 두려움이 있다고 합니다.

세상의 많은 사람들은 이러한 두려움을 인간이 어찌할 수 없는 당연한 감정으로 치부하고 삶의 부분으로 받아들입니다. 그러나 우리는 두려움이 어둠의 역사임을 알고 대적해야 합니다. 특히 하나님의 빛을 받고 빛을 따르려는 사람들은 두려움을 몰아내야 합니다. 두려움은 그 자체가 어둠의 영인 사탄에게 공격당한 상태입니다.

"그러나 두려워하는 자들과 믿지 아니하는 자들과 흉악한 자들과 살인자들과 음행하는 자들과 점술가들과 우상 숭배자들과 거짓말하는 모든 자들은 불과 유황으로 타는 못에 던져지리니 이것이 둘째 사망이라"(계 21:8)

"강하고 담대하라 너는 내가 그들의 조상에게 맹세하여 그들에게 주리라 한 땅을 이 백성에게 차지하게 하리라 오직 강하고 극히 담대하여 나의 종 모세가 네게 명령한 그 율법을 다 지켜 행하고 우로나 좌로나 치우치지 말라 그리하면 어디로 가든지 형통하리니 이 율법책을 네 입에서 떠나지 말게 하며 주야로 그것을 묵상하여 그 안에 기록된 대로 다 지켜 행하라 그리하면 네 길이 평탄하게 될 것이며 네가 형통하리라 내가 네게 명령한 것이 아니냐 강하고 담대하라 두려워하지 말며 놀라지 말라 네가 어디로 가

든지 네 하나님 여호와가 너와 함께 하느니라 하시니라"(수 1:6-9)

두려움을 통한 어둠의 영들의 계략

1. 어둠의 영들은 두려움을 통해 인생의 생명력과 재능을 빼앗아갑니다.

실제로 두려움에 장악된 사람들은 두려워하는 만큼 생각이 마비되고, 마음이 굳은 채로 살고 영혼의 기운을 상실한 채로 살아갑니다. 그래서 제아무리 능력 있는 사람도 두려움의 올무에 묶여버리면 자신의 능력을 발휘할 수 없고, 무기력과 우울에 빠지게 됩니다. 마치 마취제를 맞은 것처럼 영혼육이 마비되어 활력 있는 삶을 살아갈 수 없습니다.

2. 어둠의 영들은 두려움을 통해 인생의 열정과 꿈을 빼앗아 갑니다.

두려움에 빠진 사람들은 열정을 품을 수 없고 꿈을 꿀 수 없습니다. 두려움이 미래와 희망을 집어삼키기 때문입니다. 두려움이 많은 사람들은 꿈과 소망의 자리에 비관주의와 염세주의를 심고 매사를 부정적으로 생각합니다. 늘 가능성보다 실패 요인을 생각하고, 있는 것보다 없는 것을 생각하며 괴로워합니다. 그리고 아무리 애쓰고 노력해도 나아질 것이 없다고 생각해서 게으르고 나태한 삶을 살아갑니다. 근본적인 두려움이 고질적인 무기력을 만들어서 매사에 의욕이 없고 자신이 없습니다.

3. 어둠의 영들은 두려움을 통해 인생의 용기와 소신을 빼앗아갑니다.

두려움에 빠진 사람들은 깊은 열등감과 낮은 자존감에 매여 그 어떤 일에도 도전하려 하지 않습니다. 또 두려움이 많은 사람들은 진실한 사랑을 할 수 없습니다. 이들은 버림받거나 거절당하는 것이 두려워서 고립을 자초하고, 다른 사람들의 호의나 친절을 열린 마음으로 받아들이지 못합니다. 이타적인 마음을 가지고 다른 사람을 배려하거나 섬기지 못하고, 순수한 마음으로 소통하지 못합니다. 또한 두려움은 지혜로운 자의 삶을 마비시켜 무지한 삶을 살게 하고, 유능한 자의 재능을 마비시켜 무능한 삶을 살게 합니다. 즉 두려움은 총체적으로 우리의 인생을 묶는 사탄의 올무입니다.

레츠[5]는 “사람이 소유한 감정 중 두려움만큼 판단력을 흐리게 하는 것은 없다”라고 말했습니다. 그러므로 오늘 우리는 두려움의 배후에서 역사하는 어둠의 영의 계략을 간파하고 모든 두려움을 몰아내야 합니다. 어둠의 영이 만드는 모든 두려움은 예수 그리스도의 빛을 따르는 우리에게는 연기와 부지깽이에 지나지 않습니다.

"그에게 이르기를 너는 삼가며 조용하라 르신과 아람과 르말리야의 아들이 심히 노할지라도 이들은 연기 나는 두 부지깽이 그루터기에 불과하니 두려워하지 말며 낙심하지 말라"(사 7:4)

이스라엘 백성이 출애굽 하여 광야를 지날 때, 신실하신 하나님은 이스라엘 백성이 어둠에 대한 두려움으로 고통당하지 않게 하기 위하여 불기둥으로 그들을 인도하셨습니다. 불기둥은 뚝 떨어진 기온으로부터 그들의 몸을 보호해 주었고, 어딘가에 숨어 눈을 부라리며 먹잇감을 찾아다니는 들짐승의 위협으로부터 그들을 보호해 주었습니다.

"여호와께서 그들 앞에서 가시며 낮에는 구름 기둥으로 그들의 길을 인도하시고 밤에는 불 기둥을 그들에게 비추사 낮이나 밤이나 진행하게 하시니 낮에는 구름 기둥, 밤에는 불 기둥이 백성 앞에서 떠나지 아니하니라"(출 13:21-22)

가나안을 향하는 그들의 발걸음은 하나님이 허락하신 은혜, 불기둥을 의지하여 어두운 밤에도 계속될 수 있었습니다. 어둠이 주는 두려움은 빛 앞에서 힘을 쓰지 못합니다.

그런데 현대를 살아가는 수많은 사람들이 좀처럼 두려움에서 벗어나지 못하고 병적인 두려움에 매여 있습니다.

최첨단 기술문명 속에 살면서도 속사람은 오히려 연약해진 많은 현대인들이 공황장애, 불안장애에 시달리며 두려움에 고통을 당하고 있습니다. 의학기술이 발달해서 수많은 난치병을 고치는 시대이지만 갈수록 두려움에 의한 정신질환은 급증하고 있고, 우울증으로 인한 자살률이 높아지고 있습니다. 시간이 흐를수록 두려움의 종류는 더 다양해지고 있고, 점점 더 많은 사람들이 여러 가지 두려움에 시달리며 공포증을 앓고 있습니다.

비행기 타는 것에 대한 두려움(고소공포증), 닫혀 있는 공간에 대한 두려움(폐소공포증), 깃털로 간지럼 태우는 것에 대한 두려움(간지럼공포증), 대중 앞에서 말하는 것에 대한 두려움(연설공포증), 아름다운 여성에 대한 두려움(비너스공포증), 거미공포증, 고양이공포증, 독신공포증, 치과공포증 등 사람들을 괴롭게 하는 공포증은 끝이 없습니다.

수많은 이름을 붙여 공포증의 종류를 나누었지만 사실 공포의 뿌리는 같습니다. 내면에 두려움을 이길 강한 빛이 없는 것입니다. 예수를 믿는 사람들도 예외가 아닙니다. 어둠과의 영적 전쟁을 제대로 치르지 못한 성도들은 여전히 어둠의 옷을 입고 어둠이 주는 두려움에 매입니다.

오스왈드 챔버스는 "이 세상에서 어두움의 세력이 역사하는 것을 겪게 되면 우리는 두려움으로 인하여 마비되고 절망한다. 그러나 만일 우리가 모든 것을 주관하시는 하나님을 믿는다면 전혀 그럴 필요가 없다"라고 말했습니다.

오늘 우리는 두려움을 어쩔 수 없는 것이라 여기며 방치해서는 안 됩니다. 적극적으로 두려움의 어둠과 싸우고 담대하게 하는 빛을 따라야 합니다. 그리스도 예수로 말미암는 사랑의 빛, 진리의 빛 안에 거하는 사람은 어떤 경우에도 두려워할 수 없습니다.

> "누가 우리를 그리스도의 사랑에서 끊으리요 환난이나 곤고나 박해나 기근이나 적신이나 위험이나 칼이랴 기록된 바 우리가 종일 주를 위하여 죽임을 당하게 되며 도살 당할 양 같이 여김을 받았나이다 함과 같으니라 그러나 이 모든 일에 우리를 사랑하시는 이로 말미암아 우리가 넉넉히 이기느니라 내가 확신하노니 사망이나 생명이나 천사들이나 권세자들이나 현재 일이나 장래 일이나 능력이나 높음이나 깊음이나 다른 어떤 피조물이라도 우리를 우리 주 그리스도 예수 안에 있는 하나님의 사랑에서 끊을 수 없으리"라(롬 8:35-39)

두려움이 떠난 자리에는 빛의 담대함이 임합니다.

어둠을 물리치는 빛은 우리를 담대하게 합니다.

빛 안에서 우리는 사방전후를 환하게 통찰함으로 담대하고, 빛으로 임하는 사랑의 지지를 받아서 담대할 수 있습니다. 빛을 받을 때 우리는 전지전능하신 하나님의 보호와 인도를 받음으로 흔들리지 않는 담대함을 소유할 수 있습니다.

"악인은 쫓아오는 자가 없어도 도망하나 의인은 사자 같이 담대하니라"(잠 28:1)

빛이신 하나님은 빛을 따르는 성도들에게 담대함의 능력과 근거를 주시고, 그들에게 담대할 것을 명령하십니다. 그러므로 우리는 빛의 역사를 따라 모든 두려움을 몰아내고 담대해야 합니다.

"여호와를 바라는 너희들아 강하고 담대하라"(시 31:24)
"너희는 강하고 담대하라 두려워하지 말라 그들 앞에서 떨지 말라 이는 네 하나님 여호와 그가 너와 함께 가시며 결코 너를 떠나지 아니하시며 버리지 아니하실 것임이라 하고 모세가 여호수아를 불러 온 이스라엘의 목전에서 그에게 이르되 너는 강하고 담대하라 너는 이 백성을 거느리고 여호와께서 그들의 조상에게 주리라고 맹세하신 땅에 들어가서 그들에게 그 땅을 차지하게 하라 그리하면 여호와 그가 네 앞에서 가시며 너와 함께 하사 너를 떠나지 아니하시며 버리지 아니하시리니 너는 두려워하지 말라 놀라지 말라"(신 31:6–8)

빛으로 말미암아 두려움을 치료받으면 영혼육이 살아나고, 재능이 개발됩니다. 빛으로 인한 담대함을 얻으면 어둠이 그 빛을 이길 방법이 없습니다.

나폴레온 힐(Napoleon Hill)[6]은 "공포는 모든 논리를 무력하게 하고, 모든 상상을 파괴하며, 모든 자신감을 꺾어 버리고, 모든 열성을 지워버리며, 모든 의욕을 없애 버리는 힘을 지니고 있다. 그리고 사람들을 나태와 비참과 불행에 빠뜨리고 마는 것이다"라고 하였습니다.

이런 두려움이 떠나갈 때 진심 어린 소망과 꿈이 생겨나고, 정직하고 진솔한 인간관계가 시작되며, 뜨겁고 열정적인 도전을 하게 됩니다. 빛으로 말미암아 담대함을 소유한 사람들은 뜨거운 가슴과 냉철한 머리를 가지고 하나님의 뜻을 분별하고, 어려움과 난관을 만나도 차분하게 대응하며 문제를 해결합니다.

우리 모두에게 빛으로 말미암은 담대함이 임하여 영적 성숙을 이루기를 원합니다. 담대함은 믿음의 담력입니다. 믿음이 큰 사람은 담대함으로 충만하고, 믿음이 약한 사람은 담대하지 못하여 소심하고 연약합니다. 우리는 빛으로 나아가 확실한 믿음을 소유하고, 믿음으로 말미암은 담대함을 지녀야 합니다. 예수님은 믿음이 없어서 두려워하는 제자들을 꾸짖으셨습니다.

"이에 제자들에게 이르시되 어찌하여 이렇게 무서워하느냐 너희가 어찌 믿음이 없느냐 하시니"(막 4:40)

믿음이 연약한 곳에는 반드시 두려움이 증식합니다.

상실에 대한 두려움, 죽음에 대한 두려움, 실패에 대한 두려움 등 수많은 두려움이 믿음을 위협합니다. 그러므로 우리는 모든 두려움에 맞서서 믿음으로 싸워야 합니다.

"두려워하지 말라 내가 너와 함께 함이라 놀라지 말라 나는 네 하나님이 됨이라 내가 너를 굳세게 하리라 참으로 너를 도와 주리라 참으로 나의 의로운 오른손으로 너를 붙들리라"(사 41:10)

성령이 충만한 사람들은 두려움이 없습니다.

십자가의 도와 성령으로 말미암아 담대했던 초대교회 성도들은 거센 박해도 두려워하지 않았습니다. 그들은 성령 충만하여 담대하게 복음을 전했습니다.

"주여 이제도 그들의 위협함을 굽어보시옵고 또 종들로 하여금 담대히 하나님의 말씀을 전하게 하여 주시오며 손을 내밀어 병을 낫게 하시옵고 표적과 기사가 거룩한 종 예수의 이름으로 이루어지게 하옵소서 하더라 빌기를 다하매 모인 곳이 진동하더니 무리가 다 성령이 충만하여 담대히 하나님의 말씀을 전하니라"(행 4:29–31)

담대한 초대교회 성도들은 예수를 위해 박해받는 것을 기뻐했습니다. 그들은 극심한 환란 속에서 예수님을 위해 박해받는 것을 자랑스럽게 여겼습니다.

"사도들은 그 이름을 위하여 능욕 받는 일에 합당한 자로 여기심을 기뻐하면서 공회 앞을 떠나니라 그들이 날마다 성전에 있든지 집에 있든지 예수는 그리스도라고 가르치기와 전도하기를 그치지 아니하니라"(행 5:41-42)

"의를 위하여 박해를 받은 자는 복이 있나니 천국이 그들의 것임이라 나로 말미암아 너희를 욕하고 박해하고 거짓으로 너희를 거슬러 모든 악한 말을 할 때에는 너희에게 복이 있나니 기뻐하고 즐거워하라 하늘에서 너희의 상이 큼이라 너희 전에 있던 선지자들도 이같이 박해하였느니라"(마 5:10-13)

우리도 극심한 환란 속에서 예수님을 위해 박해받는 것을 자랑스럽게 여기며 이와 같은 담대함을 소유해야 합니다. 세상은 갈수록 어두워지지만 우리는 빛의 역사를 따라 담대히 일어나 빛을 발해야 합니다. 하나님의 역사는 담대함을 통해 이루어집니다.

종교개혁을 일으킨 마틴 루터는 종교개혁을 이루기 위해 수많은 위협과 핍박을 받아야 했습니다. 그중에 큰 핍박은 당시 교황 측으로부터 온 것이었습니다. 교황은 루터에게 소환장을 보내서 보름즈 의회에서 심문을 받도록 했습니다. 보름즈 의회에서의 재판 결과가 잘못되면 루터는 화형을 당해야 했었습니다.

마틴 루터는 주변의 만류에도 불구하고 보름즈 의회에 당당하게 서서 다음과 같은 유명한 말을 남겼습니다.

"내가 성경의 증거나 명백한 이성에 의해 납득되지 않는다면 나는 단지 교황이나 교회 회의만을 신뢰할 수 없습니다. 그들은 반복적으로 잘못을 범하며 서로 모순되었다는 점이 분명하기 때문입니다. 나는 내 자신이 성서의 증거에 의해 판결을 받고 있다고 생각합니다. 이것이 나의 근거입니다. 나의 양심은 하나님의 말씀에 사로잡혀 있습니다. 그러므로 나는 철회할 수도 없고 철회하지도 않겠습니다. 사람의 양심에 반하여 행동하는 것은 안전하지도 않고 분별력 있는 태도도 아니기 때문입니다."

"여호와께서 이와 같이 말씀하시니라 무릇 사람을 믿으며 육신으로 그의 힘을 삼고 마음이 여호와에게서 떠난 그 사람은 저주를 받을 것이라 그는 사막의 떨기나무 같아서 좋은 일이 오는 것을 보지 못하고 광야 간조한 곳, 건건한 땅, 사람이 살지 않는 땅에 살리라 그러나 무릇 여호와를 의지하며 여호와를 의뢰하는 그 사람은 복을 받을 것이라 그는 물 가에 심어진 나무가 그 뿌리를 강변에 뻗치고 더위가 올지라도 두려워하지 아니하며 그 잎이 청청하며 가무는 해에도 걱정이 없고 결실이 그치지 아니함 같으리라"(렘 17:5-8)

본문을 기록한 다윗은 하나님은 자신의 빛이라 고백하며 담대했습니다. 그에게 빛이신 하나님은 생명의 능력이었습니다. 전지전능하시고 생사화복을 주장하시는 하나님이 친히 자신의 빛이 되어주심을 고백했던 다윗은 그 어떤 것도 두려워하지 않았습니다.

"여호와는 나의 빛이요 나의 구원이시니 내가 누구를 두려워하리요 여호와는 내 생명의 능력이시니 내가 누구를 무서워하리요"(시 27:1)

많은 학자들이 압살롬의 반역 때 다윗이 시편 27편을 기록했다고 보고 있습니다. 당시 많은 신하들과 백성들이 압살롬 쪽으로 기울었습니다.

다윗은 사랑하는 아들 압살롬의 쿠데타에 의해 예루살렘을 떠나서 피난을 갔습니다. 너무도 비극적이고 가슴 아픈 이 순간에 다윗은 지금까지 자신을 도우신 하나님을 기억하였습니다. 다윗은 여호와가 빛이시고 구원이시기에 그 누구도 자신을 공포와 두려움, 절망에 빠뜨릴 수 없음을 이 말씀을 통해 고백하고 있습니다.

하나님을 향한 절대적인 신뢰에 근거하여 결코 두려워하지 않는 다윗의 담대함을 볼 수 있습니다. 그는 인생의 가장 처참한 순간에 빛 되신 하나님을 기억하며 하나님의 빛을 통해 분별력과 지혜를 얻었습니다. 빛을 통해 순결하고 진실한 길을 발견했고, 기쁨과 평안을 공급받았으며. 영구적인 생명력을 얻었습니다. 환경을 초월한 절대적 능력을 주는 빛으로 인해 다윗은 두려워할 수밖에 없는 상황 속에서도 두려워하지 않았습니다.

"악인들이 내 살을 먹으려고 내게로 왔으나 나의 대적들, 나의 원수들인 그들은 실족하여 넘어졌도다"(시 27:2)

실제로 다윗의 적대세력들은 다윗을 넘어뜨리고 죽이기 위해 발톱을 드러내며 총공격을 퍼부었습니다.

다윗이 사랑한 아들 압살롬과 다윗이 신뢰했던 부하 아히도벨은 무서운 간계로 다윗을 공격했고, 다윗의 왕권뿐만 아니라 생명까지 위협했습니다.

다윗은 이러한 적들의 공격을 맹수들의 움직임으로 묘사했습니다. 호랑이나 사자와 같은 맹수가 살을 먹으려고 달려드는 것처럼 그의 대적들, 원수들이 그를 공격했다고 했습니다. 하지만 다윗은 그러한 무서운 공격을 받는 절체절명의 순간에도 빛이신 하나님의 조명을 받아 악인들은 스스로 실족하여 넘어진다는 사실을 알았습니다. 그는 모든 역사를 주장하시는 하나님을 믿었고, 악인을 심판하고 의인을 승리로 인도하시는 하나님의 인도를 믿었습니다.

"그런즉 그들을 두려워하지 말라 감추인 것이 드러나지 않을 것이 없고 숨은 것이 알려지지 않을 것이 없느니라 내가 너희에게 어두운 데서 이르는 것을 광명한 데서 말하며 너희가 귓속말로 듣는 것을 집 위에서 전파하라 몸은 죽여도 영혼은 능히 죽이지 못하는 자들을 두려워하지 말고 오직 몸과 영혼을 능히 지옥에 멸하실 수 있는 이를 두려워하라 참새 두 마리가 한 앗사리온에 팔리지 않느냐 그러나 너희 아버지께서 허락하지 아니하시면 그 하나도 땅에 떨어지지 아니하리라 너희에게는 머리털까지 다 세신 바 되었나니 두려워하지 말라 너희는 많은 참새보다 귀하니라"(마 10:26-31)

그래서 다윗은 군대가 자신을 에워싸서 진을 쳐도 두렵지 않다고 했습니다.

"군대가 나를 대적하여 진 칠지라도 내 마음이 두렵지 아니하며 전쟁이 일어나 나를 치려 할지라도 나는 여전히 태연하리로다"(시 27:3)

보통 사람들은 한 사람만 자신을 죽이려고 해도 안절부절못하며 공포에 떨게 됩니다. 그런데 다윗은 지금 무수히 많은, 훈련된 군사들로 이루어진 군대가 자신을 대적하여 진을 쳐도 두렵지 않다고 했습니다. 다윗을 두렵게 했던 자들이 실질적으로 힘이 없었기 때문에 두렵지 않다고 고백한 것이 아닙니다.

다윗은 자신이 신뢰하고 있는 하나님이 이 세상보다 크시고, 자신을 두렵게 하는 세력보다 훨씬 강하신 분이심을 믿었기 때문에 두려워하지 않을 수 있었습니다. 그들이 본격적으로 전쟁을 일으켜 자신을 치려해도 오히려 여전히 태연하겠다고 했습니다. 본래도 태연했는데 계속해서 태연하겠다는 것입니다. 그 어떤 사람이 자신을 죽이려고 해도 이미 소유하고 있는 평강과 담대함을 잃지 않겠다는 것입니다.

그는 시편 3편을 통해서도 같은 맥락의 시를 쓰며 자신의 신앙을 고백했습니다.

"여호와여 나의 대적이 어찌 그리 많은지요 일어나 나를 치는 자가 많으니이다 많은 사람이 나를 대적하여 말하기를 그는 하나님께 구원을 받지 못한다 하나이다(셀라)여호와여 주는 나의 방패시요 나의 영광이시요 나의 머리를 드시는 자이시니이다 내가 나의 목소리로 여호와께 부르짖으니 그의 성산에서 응답하시는도다(셀라) 내가 누워 자고 깨었으니 여호와께서 나를 붙드심이로다 천만인이 나를 에워싸 진 친다 하여도 나는 두려워하지 아니하리이다 여호와여 일어나소서 나의 하나님이여 나를 구원하소서 주께서 나의 모든 원수의 뺨을 치시며 악인의 이를 꺾으셨나이다 구원은 여호와께 있사오니 주의 복을 주의 백성에게 내리소서 셀라"(시 3:1-8)

다윗의 담대함은 빛이신 하나님을 향한 사랑에서 나오는 것이었습니다. 다윗은 어려서부터 하나님이 얼마나 위대하고 강하신 분인지 잘 알고 있었습니다.

그런 다윗에게 하나님은 늘 일순위였습니다.

그는 늘 하나님을 찬양하고 경배했고, 하나님으로 인해 담대했습니다. 이스라엘의 온 군대가 거인 골리앗에 의해 놀라고 두려워했을 때에도 다윗은 전혀 무서워하지 않았습니다.

"사울과 온 이스라엘이 블레셋 사람의 이 말을 듣고 놀라 크게 두려워하니라"(삼상 17:11)

훈련받은 군인들도 무서워서 이리저리로 숨고 있는 상황에서 다윗은 오히려 더욱 담대했습니다. 하나님을 사랑하는 다윗의 눈에 골리앗은 거인이 아니었습니다. 그저 그가 사랑하는 하나님의 이름을 모독하는 할례받지 못한 이방인일 뿐이었습니다.

다윗은 골리앗을 향해 이렇게 담대히 말했습니다.

> "다윗이 블레셋 사람에게 이르되 너는 칼과 창과 단창으로 내게 나아 오거니와 나는 만군의 여호와의 이름 곧 네가 모욕하는 이스라엘 군대의 하나님의 이름으로 네게 나아가노라"(삼상 17:45)

그리고 다윗은 돌멩이 5개만 가지고 담대하게 골리앗에게 달려들었습니다. 다윗은 하나님을 온전히 사랑했기에 무모해 보일만큼 담대한 믿음을 가지고 골리앗을 상대했습니다. 그리고 조금도 두려워하지 않았기에 골리앗의 급소를 정확히 명중시켜 쓰러뜨릴 수 있었습니다.

그런데 이스라엘 군대들은 왜 골리앗을 두려워했습니까?

그들도 하나님을 섬기는 이스라엘 선민들인데 왜 그들은 다윗처럼 담대하지 못했습니까? 이유는 그들이 하나님을 사랑하지 않았기 때문입니다. 그들은 하나님을 알았지만 감정 없이, 무의미하게 알아왔습니다. 절기를 지켰지만, 예배를 드렸지만 하나님을 마음으로 알지 않았습니다.

하나님과 진정으로 교감하지 않았습니다.

하나님과 친밀하지 못했던 그들의 마음에는 다른 것들이 가득 차 있었습니다. 그들의 마음은 두려움으로, 비겁함으로 가득 차 있었습니다. 하나님과의 친밀함을 잃어버린 그들의 마음은 골리앗이 나타날 때 그저 골리앗을 받아들이는 공간이 되어버렸습니다.

기억하십시오.

형식적인 종교생활은 우리가 하나님을 알고 있다고, 믿고 있다고, 사랑하고 있다고 착각하게 합니다. 그러나 현실은 그렇지 않습니다. 형식적인 종교생활은 오히려 하나님을 사랑하는 마음이 더 굳어지게 만들 수 있습니다. 그렇기 때문에 우리는 날마다 하나님과의 친밀한 교제를 더 깊이 이어나가도록 관심을 기울여야 합니다. 친밀함 즉, 주님과의 교제는 환난과 두려움을 이기게 하는 유일한 방법입니다.

하나님과 친밀함을 누리는 일을 인생 최우선의 가치로 삼았던 다윗의 인생에는 두려움이 없었습니다. 비록 다윗도 한때 육신의 정욕에 치우쳐서 밧세바를 범하고 그의 남편인 우리아를 죽이는 무서운 죄를 지었지만, 그는 통렬히 회개하며 하나님을 향한 사랑을 회복했습니다. 그래서 오늘 본문 속에서 극박한 상황에 처해도 하나님을 향한 뜨거운 사랑을 가지고 담대함을 드러낼 수 있었습니다.

"사랑 안에 두려움이 없고 온전한 사랑이 두려움을 내쫓나니 두려움에는

형벌이 있음이라 두려워하는 자는 사랑 안에서 온전히 이루지 못하였느니라"(요일 4:18)

미국 여성 최초의 노벨 문학상 수상자인 펄 벅[7] 여사는 선교사인 아버지를 따라 중국에서 어린 시절을 보냈습니다.

어느 해 심한 가뭄이 들었을 때입니다. 아버지가 먼 여행으로 집을 비운 사이 마을에는 백인인 펄 벅의 어머니가 신을 분노하게 만들어서 가뭄이 계속된다는 소문이 돌았습니다. 사람들의 불안은 점점 분노로 변해 어느 날 밤 사람들은 펄 벅의 집으로 몰려왔습니다.

이 소식을 들은 어머니는 집안에 있는 찻잔을 모두 꺼내 차를 따르게 하고 케이크와 과일을 접시에 담게 했습니다. 그리고 대문과 집안의 모든 문을 활짝 열어 두고는 아이들과 함께 거실에 앉아 있었습니다. 마치 오늘을 준비한 것처럼 어린 펄 벅에게 장난감을 가지고 놀게 하고 어머니는 바느질감을 들었습니다.

잠시 뒤 거리에서 함성이 들리더니 몽둥이를 든 사람들이 열린 대문을 통해 단숨에 거실로 몰려왔습니다. 사람들은 굳게 잠겨 있을 것이라고 여겼던 문이 열려 있자 어리둥절한 얼굴로 방안을 들여다보았습니다.

그때 어머니는 "정말 잘 오셨어요. 기다리고 있었습니다. 어서 들어와서 차라도 한잔 드세요"라며 정중하게 차를 권했습니다. 그들은 멈칫거리다가 못 이기는 척 방으로 들어와 차를 마시고 케이크를 먹었습니다. 천천히 차를 마시며 그들은 구석에서 천진난만하게 놀고 있는 아이와 어머니의 얼굴을 한참 바라보다가 그냥 돌아갔습니다.

그리고 그날 밤 그토록 기다리던 비가 내렸습니다.

훗날 어머니는 어른이 된 펄 벅 여사에게 그날 밤의 두려움을 들려주었습니다. 그러고는 만약 도망칠 곳이 없는 막다른 골목이 아니었다면 그런 용기가 나지 않았을 것이라고 말했습니다. 펄 벅은 이 체험 때문에 언제나 절망 속에서 용기를 가질 수 있었다고 고백했습니다.

본문 속에서 다윗이 하나님께 구하는 것은 하나님을 더욱 사랑하는 것이었습니다. 그는 모든 것을 잃을 수 있는 상황 속에서도 흔들리지 않고 하나님을 더욱 사랑하기를 바랐습니다.

"내가 여호와께 바라는 한 가지 일 그것을 구하리니 곧 내가 내 평생에 여호와의 집에 살면서 여호와의 아름다움을 바라보며 그의 성전에서 사모하는 그것이라"(시 27:4)

다윗에게 있어서 여호와의 집, 그의 성전은 하나님의 아름다움을 바라보는 곳이고, 하나님을 사모하는 곳입니다. 그는 하나님의 임재 안에 있기를 원했고, 은혜와 사랑, 풍성함과 충만함이 가득한 하나님의 아름다움을 바라보기를 원했습니다.

하나님의 빛을 경험한 다윗은 하나님의 아름다움을 바라보는 것 자체가 능력임을 알았습니다. 그래서 그는 오직 하나님 한 분만을 집중적으로 사랑하기를 원했습니다.

다윗에게 있어서 유일한 사랑과 경외의 대상은 오직 하나님 한 분이었습니다. 그래서 그는 그 누구도, 그 무엇도 두렵지 않았습니다.

오스왈드 챔버스는 "모든 사람은 각각 영적 전쟁을 치러야 합니다. 이해할 수 없는 상황, 모순되어 보이는 모든 상황 속에서도 '하나님은 사랑이시라'는 것을 믿어야 합니다. 그리스도인에게 가장 중요한 것은 어떠한 상황에서든지 하나님의 사랑을 믿고 하나님을 향한 완벽한 신뢰를 유지하는 것입니다"라고 말하고, "하나님을 두려워하면 아무것도 두려운 게 없지만, 하나님을 두려워하지 않으면 모든 것이 두려워집니다"라고 말했습니다.

"내가 아뢰는 날에 내 원수들이 물러가리니 이것으로 하나님이 내 편이심을 내가 아나이다 내가 하나님을 의지하여 그의 말씀을 찬송하며 여호와를 의지하여 그의 말씀을 찬송하리이다 내가 하나님을 의지하였은즉 두려워하지 아니하리니 사람이 내게 어찌하리이까 하나님이여 내가 주께 서원함이 있사온즉 내가 감사제를 주께 드리리니 주께서 내 생명을 사망에서 건지셨음이라 주께서 나로 하나님 앞, 생명의 빛에 다니게 하시려고 실족하지 아니하게 하지 아니하셨나이까"(시 56:9-13)

다윗은 빛이신 하나님을 알고, 경외했고, 사랑했기에 전쟁이 일어나도 태연할 수 있었습니다. 이렇게 하나님을 사랑하는 사람은 오직 하나님의 법을 따르며 하나님만을 섬깁니다. 하나님을 두려워하는 사람은 다른 신을 겸하여 섬길 수 없고 세상을 사랑할 수 없습니다. 그런데 하나님을 온전히 두려워하지 않는 사람은 사람 눈치를 보며, 많은 우상을 섬깁니다. 우상은 의지의 대상이자 두려움의 대상입니다.

하나님을 온전히 두려워하지 않는 사람은 두 마음을 가지고 물질을 섬기고, 자존심을 섬기며, 사람을 섬깁니다. 이렇게 두 마음을 품는 사람은 두려움의 대상이 많기 때문에 피곤하고 불안한 인생을 살게 됩니다.

오늘 우리는 어떤 삶을 살고 있습니까?

가장 담대한 인생은 예수 그리스도만을 사랑하는 인생입니다.

오직 예수 그리스도만을 사랑하고 그의 빛을 받으며 그 빛을 따를 때 우리는 가장 담대한 인생을 살아갈 수 있습니다.

"여호와는 내 편이시라 내가 두려워하지 아니하리니 사람이 내게 어찌할까 여호와께서 내 편이 되사 나를 돕는 자들 중에 계시니 그러므로 나를 미워하는 자들에게 보응하시는 것을 내가 보리로다"(시 118:6-7)

어둠은 두려움을 조성하고 빛은 담대함을 만듭니다.

죄와 상처가 가득한 어둠의 나라에 소속되어 있을 때 우리는 끊임없는 두려움에 시달려 죽음을 향하는 삶을 살게 되지만, 예수 그리스도로 말미암아 빛의 나라로 옮겨지면 강한 담대함을 소유하게 됩니다.

이 시간 빛으로 두려움의 어둠을 몰아냅시다.

두려움의 어둠이 떠나간 자리에 빛의 담대함이 임하여 생명력과 분별력, 지혜와 지식, 열정과 꿈이 살아납니다.

다윗은 빛이신 하나님을 알고 사랑했기에 절체절명의 위기 속에서도 담대했습니다. 빛이신 하나님을 향한 사랑과 구원이신 하나님을 향한 신뢰는 군대가 자신을 에워싸서 죽이려고 하는 상황 속에서도 태연할 수 있는 담대함이 되었고, 하나님을 더욱 사모하고자 하는 순결한 소망으로 발전했습니다.

우리 모두가 어둠의 두려움을 몰아내고 빛의 담대함을 받아 어두운 세상 속에서도 천국의 권세를 누리고 하나님의 뜻을 이루시기를 주님의 이름으로 축원합니다.

〈주님과 동행하는 기쁨 나누기〉

1. 두려움을 통한 어둠의 영들의 계략에 대해서입니다.

(　　) 안에 맞는 단어는 무엇입니까?

(1) 어둠의 영들은 인생의 생명력과 (　　)을 빼앗아갑니다.
제 아무리 능력 있는 사람도 두려움의 올무에 묶여버리면 자신의 능력을 발휘할 수 없고, 무기력과 우울에 빠지게 됩니다.
- 두려움없이 주님 안에서 항상 기뻐하며 의욕이 넘칩니까?

(2) 어둠의 영들은 인생의 열정과 (　　)을 빼앗아갑니다.
두려움이 많은 사람들은 매사를 부정적으로 생각하며, 늘 가능성보다 실패 요인을 생각하고, 있는 것보다 없는 것을 생각하며 괴로워합니다.
- 당신의 생각은 대체로 긍정적 입니까, 부정적 입니까?

(3) 어둠의 영들은 인생의 용기와 (　　)을 빼앗아갑니다.
두려움은 지혜로운 자의 삶을 마비시켜 무능한 삶을 살게 합니다. 즉 두려움은 총체적으로 우리의 인생을 묶는 사탄의 올무입니다.
- 무슨 일을 생각하거나 시작할 때 두려움보다 자신감이 많습니까?

2. 아래 성구를 읽고 당신의 삶에 일어난 일을 나누십시오.

(1) 요한복음 8장 12절 – "예수께서 또 말씀하여 이르시되 나는 세상의 빛이니 나를 따르는 자는 어둠에 다니지 아니하고 생명의 빛을 얻으리라"

(2) 베드로전서 5장 8,9절 – "근신하라 깨어라 너희 대적 마귀가 우는 사자 같이 두루 다니며 삼킬 자를 찾나니 너희는 믿음을 굳건하게 하여 그를 대적하라 이는 세상에 있는 너희 형제들도 동일한 고난을 당하는 줄을 앎이라"

(3) 시편 31편 24절 – "여호와를 바라는 너희들아 강하고 담대하라"

3. 아래 성구의 (　　)에 맞는 단어를 넣고 암송합시다.

"(　　)는 나의 빛이요 나의 구원이시니 내가 누구를 두려워하리요 (　　)는 내 생명의 능력이시니 내가 누구를 무서워하리요"(시 27:1)

10. 어둠에서 빛으로

작사/작곡 이 순 희
♩ = 80
어 둠 에 서 빛 으 로 – 빛 으 로 인 도 하 신 주
하 나 님 은 자 녀 된 우 릴 빛 으 로 보 내 시 네 하 나
님 의 빛 을 받 아 어 둠 을 이 기 게 하 시 고
어 둠 으 로 가 득 찬 세 상 을 다 스 리 게 하 시 네
두 렴 을 만 드 는 어 둠 을 – 담 대 함 의 빛 으 로 물 리 치 네
죄 와 상 처 의 어 둠 의 나 라 에 서 예 수 님 의 – 빛 의 나 라 로
– 빛 의 나 라 는 생 명 력 분 별 력 지 혜 와 열 정 과 꿈 이
살 아 나 는 나 라 라 네 빛 이 신 주 로 인 해 강 한 담 대 함 을 소 유 하
네 어 둔 세 상 속 에 서 천 국 의 권 세 를 누 리 고
빛 이 신 하 나 님 을 향 한 – 영 원 한 사 랑 돌 려 드 리 리

〈인물 인덱스〉

1장

1. 팀 켈러: (Timothy J. Keller, 1950년 9월 23일 –)는 미국의 목사, 신학자 및 기독교 변증가이다. 그는 뉴욕시 리디머 장로 교회(Redeemer Presbyterian Church)의 설립 목사이다. 펜실베이아 알렌타운에서 태어난 켈러는 버크넬 대학, 고든 콘웰 신학교, 그리고 웨스트민스터 신학교에서 목회학 박사를 받았다. 주요 저서로는 〈마르지 않는 사랑의 샘〉, 〈기도〉, 〈내가 만든 신〉, 〈고통에 답하다〉, 〈하나님을 말하다〉, 〈결혼을 말하다〉, 〈살아 있는 신〉 등이 있다.

2. 마틴 루터: (Martin Luther, 1483년 11월 10일 – 1546년 2월 18일) 독일의 종교 개혁가. 아우구스티누스 수도회의 수도사이며 비텐베르크 대학교의 교수였던 그는 1517년 10월 31일 로마 카톨릭 교회의 부패와 타락을 비판하는 내용의 95개조 반박문을 발표하고, 오직 성경(sola scriptura), 오직 은혜(sola gratia), 오직 믿음(sola fide)을 강조함으로써 종교개혁을 촉발시켰다. 로마 가톨릭교회의 면죄부 판매가 회개 없는 용서, 거짓 평안(예레미야 예언자의 가르침을 인용)이라고 비판했으며, 믿음을 통해 의롭다 함을 얻는 '이신칭의'를 주장했다.

3. 찰스 스펄전: (Charles Haddon Spurgeon, 1834년 6월 19일 – 1892년 1월 31일) 영국의 침례교 목사. "설교의 왕자"라고 불리는 그는 청교도적 명설교로 유명하다. 그가 가장 많이 인용한 사람은 존 번연이었고, 그의 작품인 〈천로역정〉을 가장 많이 인용하였다. 스펄전은 설교 이외에도 탁아 사업과 성경 보급 등 사회사업에도 많은 관심을 가지고 있었고, 1887년 은퇴하는 순간까지 성실하게 말씀을 연구하며 복음과 구원문제에 복음주의적인 입장을 고수했다.

4. 썬다싱: (Sadhu Sundarsingh, 1889년 9월 3일 - 1929년) 힌두교 가정의 강력한 반대를 이겨내고 그가 경험했던 그리스도의 말씀과 인격을 따라 살았고, 힘을 다해 복음을 전했던 신비가이다. 13세기 에크하르

트, 18세기 임마누엘 스웨덴볼그와 더불어 교회사의 3대 신비주의자로 간주된다. 인도에서는 타고르와 간디와 더불어 인도가 낳은 위대한 삼인 중 하나로 꼽힌다. 그는 36세에 예수를 증거하러 히말라야 산맥의 얼음길을 넘다가 실종되고 말았다.

5. 파스칼: (Pascal, Blaise, 1623–1662) 프랑스의 수학자이자 물리학자로서 '파스칼의 정리, 파스칼 삼각형, 파스칼 라인, 파스칼의 실험, 유체정역학' 등의 탁월한 업적을 남겼고, 철학과 신학에도 많은 노력을 기울여 신앙적인 변증과 문학에서 뛰어난 업적을 남겼다. 그의 주요 저서에는 〈팡세〉, 〈시골 친구에게 보내는 편지〉 등이 있다.

6. 조셉 루프트(Joseph Luft, 1916-2014)와 해리 잉햄(Harry Ingham, 1916-1995): 미국의 심리학자들로써 "조해리의 창"을 만듦. 조해리의 창은 자신에 대해 자신과 타인이 얼마나 알고 있는지를 기준으로 대인관계의식을 나타내는 모형으로, 두 심리학자의 이름을 합하여 '조해리(Joe+Harry)'라고 이름을 지었다.

7. 어거스틴: (St. Augustine, 354년 11월 13일 – 430년 8월 28일), 히포의 아우구스티누스, 또는 성 아우렐리우스 아우구스티누스 히포넨시스(라틴어: Sanctus Aurelius Augustinus Hipponensis)라고 불린다. 4세기 북아프리카인 알제리 및 이탈리아에서 활동한 기독교 보편교회 시기의 신학자이자 성직자, 주교로 개신교, 로마 가톨릭교회 등 서방 기독교에서 교부로 존경받는 인물이다. 그의 신학과 사상은 마틴 루터, 존 칼빈, 존 웨슬리 등에게 지대한 영향을 미쳤다.

2장

1. 도스토옙스키: 표도르 미하일로비치 도스토옙스키(Fyodor Mikhailovich Dostoevsky, 1821년 10월 30일 – 1881년 1월 28일)는 러시아 문학의 최고 거장 가운데 한 명으로 불리며 20세기 소설에 지대한 영향을 끼쳤다. 대표작중 하나인 〈죄와 벌〉을 1866년에 완성하였고 1880년 그의 최후의 걸작인 장편 〈카라마조프의 형제들〉을 탈고하였

다. 그의 기독교 사상은 기독교의 교리와 사상을 변증하는 호교론이 아니라, 오히려 하나님의 이름으로 종교재판을 행한 기독교의 폭력을 비판함으로써 교회가 그리스도의 가르침으로 돌아갈 것을 요구하는 것이었다.

2. 레오나르도 다 빈치: 레오나르도 디 세르 피에로 다 빈치(이탈리아어: Leonardo di ser Piero da Vinci, 1452년 4월 15일 – 1519년 5월 2일)는 이탈리아 르네상스를 대표하는 석학(polymath)으로 화가이자 조각가, 발명가, 건축가, 기술자, 해부학자, 식물학자, 도시 건설가, 천문학자, 지리학자, 음악가였다. 대표작으로는 〈최후의 만찬〉(1498년경), 〈성 안나와 성 모자〉(1510년경), 〈세례자 요한〉(1514년경)등이 있다.

3. 피에코 단기멜릭: (삐에트로 빤지넬리) 레오나르도 다빈치의 〈최후의 만찬〉에서 예수님의 모델이 되었던 인물이다. 레오나르도가 "최후의 만찬"을 그릴 당시에 피에코 단기멜릭을 모델로 예수님을 먼저 완성하고, 최후로 가룟유다의 모델로 추악한 형상을 하고 있는 배반자의 모습으로 모델을 찾던 중 예수님의 모델과 동일인이었던 그를 또 유다의 모델로 우연히 세우게 되었다는 일화가 있다.

4. 토마스 아 켐피스: (Thomas à Kempis, 1380년 ~ 1471년 7월 25일)는 독일의 신비사상가이다. 라인 강 하류의 켐펜에서 태어나, 92년 동안의 일생을 거의 즈볼러에 가까운 아그네텐베르크 수도원에서 보냈다. 여기서는 네덜란드의 신비사상가 헤르트 호르테 및 제자 플로렌티우스 라데빈스가 창설한 '공동생활의 형제회'(Brethren of the Common Life)가 활동하고 있었으며, 토마스 아 켐피스도 이 회에 가담하여 모범적인 경건한 생활을 보냈다. 그보다 더 경건한 사람은 없다는 말까지 들은 토마스 아 켐피스는, 1425년 이후 부원장으로서 후진 지도에 진력했다. 그래서 후진 지도를 위한 지도서를 몇 가지 썼는데, 그 중 〈준주성범〉, 또는 〈그리스도를 본받아〉는 기독교 세계에서 널리 애독되는 책이 되었다.

5. 빅토르 위고: 빅토르 마리 위고(Victor-Marie Hugo, 1802년 2월 26일 – 1885년 5월 22일)는 프랑스의 시인·소설가·극작가이다. 그의 대표작

으로는 〈노트르담 드 파리〉, 〈레미제라블〉이 있다.

6. 로랜드 힐: (Rowland Hill, 1744–1833) 영국의 유명한 부흥사, 열정적인 복음주의자이자,영국 종교 요로 학회 회장을 역임했다.
7. 워너 메이커: 존 워너 메이커(John Wanamaker (1838년 7월 11일 - 1922년 12월) 미국 백화점 창시자이자 '백화점 왕'이라 불린다. 그는 청년 시절 제일독립교회 주일학교와 베다니 주일학교 등을 설립하고 교사로 60년 넘게 활동했다. 1898년 베다니는 학급이 1200여 개, 학생이 6000명을 넘어 설 정도로 커졌다. 그는 미국·인도·일본·한국 등에 YMCA 건물을 짓는 데에도 기여했다.

3장

1. A. W. 토저: 에이든 윌슨 토저(Aiden Wilson Tozer, 1897년 4월 21일 – 1963년 5월 12일)는 미국의 개신교 목사이자 설교가, 저자이다. 미국의 대표적인 복음주의 목회자 중 한 명이었으며 교회의 부패한 현실을 비판하고 인기에 영합하지 않는 태도를 보여 이 시대의 예언자라는 평을 받았다.
2. 최인석: (崔仁碩, 1953년 9월 17일–)은 대한민국의 극작가이자 소설가이다. 1980년 희곡 〈벽과 창〉 〈한국문학〉 신인상을 받으며, 극작가로 등단했으며, 1986년 〈소설문학〉 장편소설 공모에 〈구경꾼〉이 당선되면서 소설가로 데뷔하였다. 최인석의 소설은 그로테스크한 인물들을 통해 부조리한 현실의 모습을 보여주며, 인간다운 삶에 대한 아웃사이더의 열망을 그려내는 것이 큰 특징이다.
3. 아우구스투스: 임페라토르 카이사르 디비 필리우스 아우구스투스(Imperator Caesar divi filius Augustus, 기원전 63년 9월 23일 ~ 서기 14년 8월 19일)는 로마 제국의 초대 황제(재위 기원전 27년 ~ 서기 14년)이다. 또한 로마 제국의 첫 번째 황조인 율리우스–클라우디우스 왕조의 초대 황제이기도 하다. 본명은 가이우스 옥타비우스 투리누스(Gaius Octavius Thurinus)였으나, 카이사르의 양자로 입적된 후 가이우

스 율리우스 카이사르 옥타비아누스(Gaius Julius Caesar Octavianus)로 불렸다. 아우구스투스의 통치는 로마의 평화(팍스 로마나)라 불리는 태평성대를 이루었다. 계속되는 변방에서의 전쟁과 황위를 둘러싼 1년의 내전(기원후 69년)에도 불구하고, 지중해 세계는 두 세기가 넘게 평화를 지속할 수 있었다. 아우구스투스는 로마 제국의 영토를 넓혔으며 제국의 국경과 동맹국을 보호하였고 파르티아와 평화 협정을 맺었다. 아우구스투스는 로마의 황제 가운데 가장 위대한 인물로 평가받는다.

4장

1. 헨리 모즐리: (Henry Maudsley, 1835년 ~ 1918년)는 영국의 정신과 의사이다. 그는 "슬플 때 울 수 없으면 우리 몸의 다른 장기가 대신 운다" 라고 했다. 영국 런던의 Maudsley 병원에서 선구적인 정신과 의사였으며, 영국 왕립 정신과 대학에서 강의하였다.
2. 데이비드 씨맨즈: (David Semands) 인도 출생으로 에즈베리, 드류, 하트포드 신학교에서 수학. 인도 선교사였던 부모님의 뒤를 이어 인도에서 16년간 선교 사역을 하였다. 에즈베리 신학교에서 목회학을 가르쳤었다. 상한 심령을 치유하는 데 탁월한 은사를 갖고 있는 그는 〈상한 감정의 치유〉 〈치유하시는 은혜〉 등, 스테디셀러의 작가로써 신실한 하나님의 일꾼으로 살아가고 있다.
3. 존 오웬: (John Owen, 1616년 – 1683년 8월 23일) 청교도의 황태자라 불리는 영국의 비국교도 교회지도자이고 신학자이며 옥스포드 대학교의 학장이었다. 청교도 시대의 신학과 신앙을 연구하는 많은 이들이 존 오웬을 가리켜 '최후의 청교도 신학자'로, 그리고 종교 개혁 이후 오늘에 이르기까지 가장 심오한 신학 저서를 방대하게 내놓은 저술가로 평가하기를 주저하지 않는다. 대표 저서로는 〈죄 죽이기〉가 있다.
4. D. 슐츠: (Duane P. Schultz) 미국의 심리학자. Publisher weekly는 "그는 전쟁 소설가이면서 역사가의 세심한 연구와 소설가의 최면 산문을 결합한다"라고 평가했다. 8살 때 전쟁 이야기를 쓰기 시작했지만 아무

도 출판하지 않았기 때문에 대신 심리학자가 되었다. 대학원에서 박사 학위를 취득한 초반에 6개월 동안 미군에서 현역으로 복무했고 1년은 미사일 시스템에 대한 주요 방위 계약 업체에서 일했으며, 그 후 1년간 워싱턴 펜타곤에서 "Think tank"로써 일을 했었다. 도전적이지 않은 직업에 지루했던 슐츠는 버지니아 주 프레 더 릭스 버그에 있는 메리 워싱턴 칼리지에서 시작하여 버지니아 대학교의 여성 분과에서 강의를 시작했다. 그 후에 18권의 군사 역사책을 더 썼으며, 몇몇은 New York Times 올해의 책이 되었고, 그 중 두 권은 TV 다큐멘터리로 제작되었다. 또한 23개의 군사 잡지 기사를 작성했다. "A HISTORY OF MODERN PSYCHOLOGY"는 포괄적인 보도와 전기적 접근 방식으로 찬사를 받았다.

5. 톰 모너건: (Tom Monaghan,1937–): 도미노 피자의 창업자인 그는 세계 최초로 피자를 일반 가정에 배달하는 서비스를 고안해 낸 인물이다. 1960년에 미국 미시간 주에서 첫 번째 점포를 만들어 성공한 후, 1973년에는 세계 최초로 '30분 배달 보증제도'를 도입하여 고객 만족을 실현시켰고, 현재 64개국 7,200여 매장을 운영하고 있으며, 한국에도 1990년에 진출한 세계적인 피자회사의 경영자이다.

5장

1. 지그문트 프로이트: (Sigmund Freud, 1856년 5월 6일 – 1939년 9월 23일) 오스트리아의 정신과 의사이자 정신분석학의 창시자. 프로이트는 무의식과 억압의 방어 기제에 대한 이론, 그리고 환자와 정신분석자의 대화를 통하여 정신 병리를 치료하는 정신분석학적 임상 치료 방식을 창안한 것으로 매우 유명하다.
2. 제럴드 잘트먼: (Gerald Zaltman) 하버드 경영대학원(HBS) 경영학과 명예교수로서 마케팅과 행동과학에 기여한 공로를 인정받아 많은 상을 수상했다. HBS 산하 마음시장조사연구소의 공동 소장을 지냈고, 하버드대학의 '생각, 두뇌, 행동 학제 간 프로그램' 회원이었다. 또한 연구 중

심의 컨설팅회사인 올슨잘트먼연구소의 공동 설립자이기도 하다. 존스 홉킨스대학에서 사회학 박사학위를 받았으며, 시카고대학 MBA 과정을 밟았다. 그의 저서 〈How Customers Think: 소비자의 숨은 심리를 읽어라〉는 15개 언어로 번역되었고, 북미와 유럽에서 베스트셀러 자리에 올랐다.

3. 게오르크 헤겔: 게오르크 빌헬름 프리드리히 헤겔(Georg Wilhelm Friedrich Hegel, 1770년 8월 27일–1831년 11월 14일)은 관념철학을 대표하는 독일의 철학자이다. 칸트의 이념과 현실의 이원론을 극복하여 일원화하고, 정신이 변증법적 과정을 경유해서 자연·역사·사회·국가 등의 현실이 되어 자기 발전을 해가는 체계를 종합 정리하였다. 1770년 독일 뷔르템베르크에서 태어났으며, 1778년부터 1792년까지 튀빙겐 신학교에서 수학했다. 헤겔은 프로이센이라는 국가와 프로이센의 개신교 교리를 자신의 철학과 조화시키고자 했다. 주요 저서로 〈정신현상학〉, 〈대논리학〉, 〈엔치클로페디〉, 〈법철학 강요〉, 〈미학 강의〉, 〈역사철학강의〉등이 있다.

4. 모건 스콧 펙: (Morgan Scott Peck , 1936년 5월 22일–2005년 9월 25일)은 미국의 정신과 의사이었고 베스트셀러 작가였다. 그는 매사추세츠 주, 케임브리지에 있는 하버드 대학교에서 학사 학위를 취득했으며 뉴욕시에 있는 컬럼비아 대학에서 의학을 전공하였다. 그리고 오하이오 주, 클리브랜드에 있는 케이스 웨스턴 리저브 대학교에서 의학 학위를 받았다. 그는 미 육군에서 일했었으며 중령까지 올랐었다. 군 시절, 그는 일본 오키나와에 있는 군 메디컬 센터에서 심리학과장과 워싱턴에 있는 공중 위생국 내에서 정신의학과 신경학 차장을 맡았었다. 주요 저서로는 〈거짓의 사람들〉, 〈아직도 가야 할 길〉이 있다.

5. 존 웨슬리: (John Wesley, 1705년 8월 31일 – 1791년 8월 31일)는 18세기 영국에서 영적 대각성 운동을 일으킨 인물로 감리교 창시자이다. 영국국교회 (Church of England)에서 안수를 받았으며 신학자이며 사회운동가이기도하다. 그의 사역과 저술은 감리교의 활동만이 아니라 19세기 성결 운동과 20세기 오순절 운동 및 기독교 사회복지 운동에 큰 영향을 끼쳤다. 웨슬리의 사역은 조지 휫필드처럼 교회라는 울타리

밖으로 나가는 사역이었다. 하지만 휫필드가 예정론의 칼빈주의를 지향했던 것과 달리 웨슬리는 자유의지론을 바탕으로 하여 아르미니우스주의와 가까운 입장을 지니고 있었다. 웨슬리는 비록 조직신학자는 아니었지만 신학적으로 '그리스도인의 완전'에 대해 주장하였고, 칼빈주의의 이중예정론에 맞섰다.

6장

1. 백광훈: 목사이자 문화선교연구원장. '문화선교연구원은 다원주의와 소비 문화적인 가치관의 혼돈으로 인하여 발생하는 기독교 문화의 정체성에 대한 위협과 선교의 위기를 적극적으로 극복하기 위해 1998년 설립되었다' (문화선교연구원 홈페이지 중에서).
2. 한병철: (Byung-Chul Han, 1959년 ~)은 대한민국 출신으로 독일에서 활동하는 철학자이다. 2012년부터 2017년 까지 베를린 예술대학교에서 철학 및 문화연구학 교수를 맡았으며, 현재도 강사로 활동하고 있다. 대한민국에서는 2011년 12월 〈권력이란 무엇인가〉가 번역돼 출간되면서 처음으로 이름이 알려졌다. 2012년 3월에 주 저서인 〈피로사회〉가 한국어로 번역되어 출판되었다. 2021년에는 〈고통없는 사회〉가 출판되었다.
3. C. S 루이스: 클라이브 스테이플스 루이스(Clive Staples Lewis, 1898년 11월 29일 – 1963년 11월 22일)는 영국의 소설가이자 잉글랜드 성공회(Church of England)의 평신도이다. 또한 케임브리지 대학교에서 철학과 르네상스 문학을 가르쳤다. 북아일랜드의 벨파스트에서 태어났고, 부모의 사망을 계기로 무신론자가 되기도 했지만, 로마 가톨릭 신자인 J.R.R. 톨킨과 다른 친구들의 영향으로 30세 때인 1929년 성공회 신앙을 받아들여 성공회 홀리 트리니티 교회에서 평생 신앙생활을 했다. 옥스퍼드 대학교에서 문학과 철학 동아리인 잉클링스의 멤버였으며, 〈반지의 제왕〉의 저자인 톨킨과 우정을 유지했다. 그는 성공회 신자였지만 개신교, 로마 가톨릭교회 등 기독교의 교파를 초월한 교리를 설

명한 기독교 변증과 소설(대표적으로 나니아 연대기)로 유명하다. 루이스가 기독교인이 된 이후로 쓴 첫 번째 소설은 존 번연의 천로역정을 그의 기독교적 경험을 바탕으로 묘사한 〈순례자의 귀향〉(1933)이다.

4. 프란시스 파크맨: 프랜시스 파크 맨 주니어 (1823년 9월 16일 – 1893년 11월 8일) 플로레스–파크 맨 가문의 족장이자 가장 유명한 민족주의 역사가 중 한 명이다.

5. 파스퇴르: 루이 파스퇴르(Louis Pasteur, 1822년 12월 27일 – 1895년 9월 28일)는 프랑스의 생화학자이며 로베르트 코흐와 함께 세균학의 아버지로 불린다. 질병과 미생물의 연관관계를 밝혀냈고, 분자의 광학 이성질체를 발견했으며, 저온 살균법, 광견병, 닭 콜레라의 백신을 발명했다.

6. 밀턴: 존 밀턴(John Milton, 1608년 12월 9일–1674년 11월 8일)은 영국의 시인이자 청교도 사상가로 영국의 문호 셰익스피어에 버금가는 작가로 평가받고 있다. 프로테스탄트의 수호자를 자처했던 올리버 크롬웰 밑에서 외교 비서관을 지내면서 그를 오랫동안 보좌했다. 기독교 성격의 서사시인 〈실낙원〉의 작가로 유명하다. 밀턴은 위대한 예술가 이전에 고난과 인생 역경을 극복한 인생 자체로 위대한 작가로 평가받는다.

7. 프랭클린 루스벨트: 프랭클린 델러노 루스벨트(Franklin Delano Roosevelt, 1882년 1월 30일 – 1945년 4월 12일)는 미국의 32번째 대통령(재임 1933년 – 1945년)이다. 그는 임기 동안 대공황과 제2차 세계 대전을 모두 경험한, 20세기의 중심인물 중 한 사람이라고 할 수 있다. 루스벨트의 리더쉽은 뉴딜 정책을 통하여 미국이 대공황에서 벗어나도록 도왔으며, 제2차 세계 대전 때 연합군에 동참하여 나치 독일과 이탈리아 왕국, 그리고 일본 제국을 상대로 전쟁을 수행하여 승리로 이끌었다.

8. 존 파이퍼: 존 스테판 파이퍼(John Stephen Piper, 1946년 1월 11일–)는 미국의 칼빈주의 침례교 목사(American Calvinist Baptist pastor)이다. 휘튼 칼리지(Wheaton College)와 풀러 신학교(Fuller Theological Seminary)를 거쳐 뮌헨 대학교에서 신학 박사 학위를 받았으며, 베델

대학(Bethel College)에서 6년 동안 학생들을 가르쳤다. 미국 미네소타 주 미네아폴리스에 있는 베들레헴 침례교회에서 33년 동안 목회했다. 베르나드 엘러(Vernard Eller)가 최초로 사용했던 개념인 기독교 낙신주의(樂神主義), Christian hedonism)를 주장한다.

9. 칼빈: 존 칼빈(프랑스어: 장 칼뱅 Jean Calvin, 영어:John Calvin, 1509년 7월 10일 – 1564년 5월 27일)은 종교 개혁을 이끈 프랑스 출신의 개혁교회 신학자이자 종교개혁가이다. 하나님의 절대주권을 강조하는 것과 구원은 전적으로 하나님에 의해 주어지는 것이라는 독력주의를 강조하였고, 개혁주의라고도 불리는 기독교 사상 중 하나인 칼뱅주의를 개창함으로써 마틴 루터와 울리히 츠빙글리가 시작한 종교 개혁을 완성시켰다는 평가를 받는다. 현재 이러한 신학을 따르는 교회로는 회중 교회, 개혁 교회, 장로교회가 대표적이다.

10. 터툴리안: 퀸투스 셉티미우스 플로렌스 테르툴리아누스(Quintus Septimius Florens Tertullianus, 약 155년– 240년 경) 또는 터툴리안(Tertulian)은 기독교의 교부이자, 평신도 신학자이다. '삼위일체'라는 신학 용어를 가장 먼저 사용한 이로 알려져 있으며, 그의 라틴어 문체는 중세교회 라틴어의 표본으로 간주되고 있다. 터툴리안은 기독교 변증가로서 "순교자들의 피는 교회의 씨앗", "박해는 그리스도인의 무죄를 변증한다." 등의 문장으로 박해가 교회를 소멸시키지 못한다고 주장했다.

11. 빅터 E. 프랭클: 빅토르 에밀 프랑클(Viktor Emil Frankl, 1905년 3월 26일 - 1997년 9월 2일)은 오스트리아에서 태어난 유대인으로 신경학자이며 심리학자이다. 홀로코스트의 생존자였으며, 테레지엔슈타트, 아우슈비츠, 카우퍼링과 투르크맨 수용소에서 살아남았다. 빅토르 프랑클은 로고테라피의 창시자이며, 오스트리아 정신요법 제3학파인 로고테라피 학파를 창시했다. 빅토르 프랑클은 불안(고통)과 관련해서 인간의 삶과 죽음의 양면성으로부터 오는 유한함과 한계가 (지금 그리고 여기) 〈Here and Now〉에서 우리 인류 개개인이 저마다의 행동에 특별한 의미를 부여할 수 있는 근원이 된다고 지적한 바 있다.

7장

1. 존 뉴턴: (John Newton, 1725년 7월 24일 – 1807년 12월 21일)은 영국의 성공회 신부이자, 찬송가 작가이다. 노예선 선장이었던 그는 1748년 복음주의 설교자의 설교를 듣고 회심하였으며, 1755년 성공회에서 사제서품을 받았다. 그가 지은 대표적인 찬송가로는 '나같은 죄인 살리신'(Amazing Grace, 1779년작)이 있다.
2. 닉 부이치치: 니컬러스 제임스 "닉" 부이치치(영어: Nicholas James Vujicic, Nick Vujicic,1982년 12월 4일 –)는 오스트레일리아의 목사이자 동기부여 연설가이며 지체장애인들을 위한 기관인 사지없는 인생(Life Without Limbs)의 대표이다. 신체장애 뿐 아니라 희망에 관한 다양한 주제로 정규적으로 연설하고 있다. 닉의 첫 번째 책, 〈No Arms, No Legs, No Worries〉는 2009년 말에 출판되었다.
3. 빅토리아 여왕: (Alexandrina Victoria, 1819년 5월 24일 ~ 1901년 1월 22일)는 그레이트브리튼 아일랜드 연합 왕국의 왕 (재위 : 1837년 6월 20일 ~ 1901년 1월 22일)이다. 현 영국 국왕인 엘리자베스 2세의 고조모이다. 1837년, 큰아버지 윌리엄 4세가 서거하자 그 뒤를 이어 즉위하였다. 하노버 왕가는 여성의 상속권을 인정하지 않았기 때문에, 조지 1세 때부터 계속된 영국과 하노버의 동군 연합 관계는 그녀의 즉위와 함께 끝났고, 빅토리아 여왕은 영국의 왕위만 계승하여 64년간 재위하였다. 빅토리아의 재위 기간은 '빅토리아 시대(Victorian era)'로 통칭하며 '해가 지지 않는 나라'로 불렸던 대영 제국 최전성기와 일치한다.
4. 오스왈드 챔버스: (Oswald Chambers, 1874년 7월 24일 – 1917년 11월 15일)는 20세기 스코틀랜드 개신교 목사이며 교사. 묵상집 〈주님은 나의 최고봉, 부제: 최상의 주님께 나의 최선을 드립니다〉 (My Utmost for His Highest)의 저자이다. 챔버스는 찰스 스퍼전의 설교를 듣고 그리스도인이 되었고, 1911년에 런던 클랩햄에 성경 훈련 대학을 설립하고 총장이 되었다. 1915년에는 1차 세계 대전 중에 YMCA 군목이 되었다. .
5. 맥클라렌: 브라이언 맥클라렌 (1956 –). 이머징 교회 운동의 대표주자로 손꼽히는 강연가이며 목회자로, 기독교 지도자들과 사상가들 사이

에서 혁신적인 네트워킹 운동가로 맹활약하고 있다.

6. 로버트 버튼: (Robert Burton, 1577–1640) 성공회 목사, 〈우울증의 해부〉라는 책을 집필했고, 우울증을 인간의 모든 정신적 질환을 망라하여 살펴보았다.

8장

새로운 인물 없음.

9장

1. 샘 월튼: 새뮤얼 무어 "샘" 월턴(영어: Samuel Moore "Sam" Walton, 1918년 3월 29일–1992년 4월 6일)은 세계적인 유통 기업 월마트를 설립한 미국의 기업인이다.

2. 폴 틸리히: 폴 요하네스 틸리히(독일어: Paul Johannes Tillich 파울 요하네스 틸리히[*], 1886년 8월 20일~1965년 10월 22일)는 독일의 신학자이자 루터교 목사이다. 폴 틸리히는 "철학자의 신학자이자 신학자의 철학자"라고 불렸다. 1911년 신학 분야의 최고 권위인 신학전문직 학위를 받으면서 대학교에서 가르치게 되었다.틸리 히는 1948년부터 1963년까지 출판 활동에 몰두하여, 〈개신교 시대〉(The Protestant Era)의 영문판, 설교집 〈흔들리는 터전〉(The Shaking of Foundations), 〈조직신학〉 1권 등이 출판되었고, 특히 존재에로의 용기(The Courage to Be)는 독자들의 사랑을 받았다. 그의 설교집 흔들리는 터전, 영원한 지금, 새로운 존재는 김광남의 번역으로 한국에도 소개되었는데, 도덕 설교에 식상한 독자들로부터 신선하다는 좋은 평을 받았다. 그외 한국어로 번역되어 소개된 틸리히의 저서로는 교회사 강의문을 책으로 묶은 〈기독교 사상사〉(The Christian Throught)가 있는데, 신학자 송기득 신학비평 주간이 번역하고 대한기독교서회에서 책으로 만들었다.

3. 조나단 에드워즈: (Jonathan Edwards, 1703년 10월 5일 - 1758년 3월 22일) 18세기 영적대각성 운동을 주도한 신학자, 목회자, 설교자이다.

4. 밀레: 장 프랑수아 밀레(프랑스어: Jean-François Millet, 1814년 10월 4일 – 1875년 1월 20일)는 프랑스의 화가로, 프랑스의 한 지방에 위치한 바르비종파(Barbizon School)의 창립자들 중 한 사람이다. 그는 '이삭 줍기,' '만종,' '씨 뿌리는 사람' 등 농부들의 일상을 그린 작품으로 유명하며, 사실주의(Realism) 혹은 자연주의(Naturalism) 화가라 불리고 있다. 그는 데생과 동판화에도 뛰어나 많은 걸작품을 남겼다. 바르비종 화파의 창시자로 밀레의 그림은 19세기 후반의 전통주의로부터 모더니즘으로의 전환을 보여준다. 사실주의, 인상주의, 후기인상주의 화가들에게 영향을 미쳤다.

10장

1. 나폴레옹: 나폴레옹 보나파르트 (프랑스어: Napoléon Bonaparte, 1769년 8월 15일 – 1821년 5월 5일)는 프랑스 제1공화국의 군인이자 1804년부터 1814년, 1815년까지 프랑스 제1제국의 황제였다. 코르시카 섬의 하급 귀족 가문 출신의 군인으로, 프랑스 혁명 시기에 벌어진 전쟁에서 큰공을 세우며 국민적 영웅이 되었고, 쿠데타를 통해 제1통령이 된후 종신통령을 거쳐서 황제에 즉위했다. 그가 남긴 나폴레옹 법전은 전 세계의 민법에 많은 영향을 미쳤다. 또한 그는 군사적으로 현대전에까지 영향을 끼쳤고(클라우제비츠, 투하체프스키, 슐리펜 계획) 전술과 전략, 훈련, 조직, 군수, 의복과 포상제도를 발전시켰다. 그의 프랑스 육군은 효율적으로 조직된 군대로 평가된다. 프랑스 대혁명 이후 혁명 정부의 탄압을 받던 로마 가톨릭교회와의 화해도 모색한 나폴레옹은 1801년에 교황 비오 7세와 정치 및 정교협약을 맺어, 국내의 종교 간 대립을 완화했다

2. 데모스테니스: (그리스어: Δημοσθένης, 기원전 384년–기원전 322년) 고대 그리스 아테네의 저명한 정치가이자 웅변가였다. 아테네의 지

도자로 그리스의 여러 폴리스의 자립을 호소하며 패권을 추구하는 필리포스 2세에 대항하여 반 마케도니아 운동을 전개했지만 뜻을 이루지 못하고 자살로 생을 마쳤다. 비잔티온의 아리스토파네스와 사모트라케의 아리스타르코스가 수집한 알렉산드레이아 전집에서는 데모스테네스를 아티케의 위대한 웅변가와 연설문 작가 열 명 가운데 한 사람으로 꼽는다.

3. 시저: 임페라토르 율리우스 카이사르(라틴어: Imperator Julius Caesar: 기원전 100년 7월 12일 – 기원전 44년 3월 15일)는 로마 공화국의 정치가, 장군, 작가이다. 그는 로마 공화국이 로마 제국으로 변화하는 데 중요한 역할을 하였다. 정치적으로 카이사르는 민중파의 노선에 섰다. 기원전 60년대 말에서 50년대에 이르기까지 그는 마르쿠스 리키니우스 크라수스, 그나이우스 폼페이우스 마그누스와 소위 제1차 삼두 정치라는 초법적 정치 연대를 이루어 수년간 로마 정계를 장악하였다. 정권을 장악한 뒤 그는 로마의 사회와 정치에 광범위한 개혁을 실시하였다.

4. 영조: (英祖, 1694년 10월 31일(음력 9월 13일) – 1776년 4월 22일(음력 3월 5일))는 조선의 제21대 국왕(재위 : 1724년 10월 16일(음력 8월 30일) – 1776년 4월 22일(음력 3월 5일))이다. 성은 이(李), 휘는 금(昑)이며, 자는 광숙(光叔), 호는 양성헌(養性軒)이다. 숙종(肅宗)의 넷째 아들이며, 어머니는 숙빈 최씨(淑嬪 崔氏)이다. 경종의 이복 동생으로 숙종 시절부터 잠재적인 왕위 계승권자였으며, 경종이 즉위하자 왕세제(王世弟)로 책봉되었다. 신임사화 등의 숱한 정치적 위기를 넘기고 즉위하였다. 재위 기간 완론탕평을 주창하며, 노론과 소론의 당론을 중재하고 탕평책을 추진하였다. 또한 악형 폐지, 서적 간행 등을 추진하였으나, 탕평론은 실패하였고, 둘째 아들 사도세자와 갈등을 빚다가 결국 죽음에 이르게 하였다. 조선의 역대 국왕 중 가장 장수(81세 5개월)하였으며, 가장 오랜 기간(51년 7개월) 동안 재위하였다.

5. 레츠: (Cardinal de Rets, 1613.9.20. – 1697.8.24.) 17세기 프랑스 정치가, 파리 부주교–레츠 추기경이다. 1648년 '바리케이드의 날' 지도자로 유명하며, 저서로는 〈회상록〉이 있다. 〈회상록〉에 '자신을 믿지 못하는 자는 다른 누구도 진정으로 믿지 못한다'라고 남겼다.

6. 나폴레온 힐: (Napoleon Hill, 1883년 – 1970년)은 미국의 세계적인 성공학 연구자이다. 앤드류 카네기의 유지를 받들어 1908년부터 1928년까지 20년에 걸쳐서, 앤드루 카네기가 건네준 명단 507명을 직접 인터뷰와 조사를 하면서 성공의 원리를 정리하였다. 이를 통해, 성공학 역사의 위대한 걸작인 Law of Success (1928)를 완성하였고, 이후 일반인들을 위한 다이제스트 판으로 정리한 Think and Grow Rich (1937)은 성공학의 명작으로 알려져있다.

7. 펄 벅: 펄 사이든스트리커 벅(영어: Pearl Sydenstricker Buck, 중국어: 賽珍珠 싸이전주, 문화어: 펄 바크, 1892년 6월 26일 ~ 1973년 3월 6일)은 미국의 소설가이다. 〈대지의 집〉 3부작을 썼다. 대한민국을 방문하였을 때 스스로 박진주(朴眞珠)라는 한국어 이름도 지었다. 웨스트버지니아에서 태어나 생후 수개월 만에 미국 장로교 선교사인 부모를 따라 중국으로 어린 시절을 보냈다. 선교 관련 활동에만 열중한 아버지 때문에 집안일은 어머니가 도맡아야 했지만, 부모의 중국 선교활동은 펄 벅이 자신을 중국 사람으로 생각했었을 정도로 중국에 대한 애착을 갖게 하였다. 1964년에 사회복지법인 한국펄벅재단이 설립되었고 1968년에는 한국 혼혈아를 소재로 〈새해 The New Year〉이 출간되었다.

복음과 영적 전쟁

새 찬양들

01. 빛을 발하라
02. 고난의 밤에
03. 주의 영이 내게 임하셨으니
04. 빛의 옷을 입으라
05. 나의 사랑하는 자녀들아
06. 자다가 깰 때라
07. 위의 것을 생각하라
08. 받은 줄로 믿으라
09. 주의 빛
10. 영원토록 빛나리

1. 빛을 발하라

4집 빛을 발하라

2. 고난의 밤에

4집 빛을 발하라

작사/작곡 이 순 희

3. 주의 영이 내게 임하셨으니

4집 빛을 발하라

작사/작곡 이 순 희

♩ = 128

주 의 영 이 — 내 게 임 하 셨 — 으 니 나 의 죄 를 — 씻 어 주 시 리 —

주 의 영 이 — 내 게 임 하 셨 — 으 니 나 를 새 롭 — 게 — 해 주 시 리

주 의 영 이 — 내 게 임 하 셨 — 으 니 주 의 권 능 — 얻 으 리

주 의 영 이 — 내 게 임 하 셨 — 으 니 주 의 복 음 — 전 하 리 라

가 난 한 — 자 에 게 아 름 다 운 — 소 식 을

전 하 게 — 하 시 려 기 름 부 어 — 주 시 네

마 음 이 — 상 한 자 고 치 며 — 포 로 된 — 자 에 게 자 유 를 —

갇 힌 자 — 에 게 놓 임 을 — 선 포 하 — 겠 — 네 —

눈 먼 자 — 에 게 다 시 보 게 함 을 눌 린 자 — 를 — 자 유 롭 게 —

주 의 은 — 혜 의 해 를 전 파 하 — 리 라

4. 빛의 옷을 입으라

4집 빛을 발하라

작사/작곡 이 순 희

5. 나의 사랑하는 자녀들아

4집 빛을 발하라

작사/작곡 이 순 희

♩ = 86
나 의 사 랑 하 는 자 녀 들 아 주 님 의 뜻 이 루 어 라 하 나
님 이 미 워 하 시 는 것 예 닐 곱 가 지 이 니 교 만 한 눈 거 짓 된
혀 무 죄 한 자 의 피 를 흘 리 는 손 악 한 계 교 를 꾀 하 는 마 음 — 빨 리 악 으 로 달 려 가 는 발
거 짓 을 말 하 는 망 령 된 증 인 형 제 사 이 를 이 간 하 는 자 나 의
사 랑 하 는 자 녀 들 아 정 죄 하 지 마 라 그 리
하 면 너 희 가 정 죄 받 지 않 을 것 이 요 나 의
사 랑 하 는 자 녀 들 아 서 로 용 서 하 라 그 리
하 면 너 희 가 용 서 받 을 것 이 요 그 리
하 면 너 희 가 사 랑 받 을 것 이 라
D.S.

6. 자다가 깰 때라

4집 빛을 발하라

작사/작곡 이 순 희

7. 위의 것을 생각하라

4집 빛을 발하라

작사/작곡 이 순 희

8. 받은 줄로 믿으라

4집 빛을 발하라

작사/작곡 이 순 희

9. 주의 빛

4집 빛을 발하라

작사/작곡 이 순 희

10. 영원토록 빛나리

4집 빛을 발하라

작사/작곡 이 순 희

♩= 90
영 원 토 록 빛 나 리 영 원 토 록 빛 나 리
♩= 124
바 닷 – 가 의 모 래 같 이 – 많 고 많 은 사 람 중 에 –
나 를 – 택 해 연 단 하 여 – 쓰 시 려 고 하 시 네
징 계 하 고 연 단 하 여 – 성 결 하 게 만 들 어 서 –
하 나 님 과 동 역 하 여 – 주 님 의 뜻 이 루 시 려 –
불 러 주 신 나 의 주 님 명 령 따 라 순 종 하 리 –
하 나 님 과 동 역 하 여 – 복 음 들 고 나 아 가 서 –
지 친 – 영 혼 상 한 영 혼 – 주 님 께 로 인 도 하 여 –
저 하 – 늘 의 별 과 같 이 영 원 토 록 빛 나 리
D.S.

망망한 바다 한가운데서 배 한 척이 침몰하게 되었습니다.
모두들 구명보트에 옮겨 탔지만 한 사람이 보이지 않았습니다.
절박한 표정으로 안절부절 못하던 성난 무리 앞에 급히 달려 나온 그 선원이
꼭 쥐고 있던 손바닥을 펴 보이며 말했습니다.
"모두들 나침반을 잊고 나왔기에… "
분명, 나침반이 없었다면 그들은 끝없이 바다 위를 표류할 수 밖에 없을 것입니다.

우리는 삶의 바다를 항해하는 모든 이들을 위하여
그 나침반의 역할을 하고 싶습니다.
우리를 구원하신 위대한 주 예수 그리스도를 널리 전하고 싶습니다.

"하나님은 모든 사람이 구원을 받으며
진리를 아는 데에 이르기를 원하시느니라"
(디모데전서 2장 4절)

복음과 영적 전쟁

지은이 | 이순희 목사
발행인 | 김용호
발행처 | 나침반출판사

제1판 발행 | 2021년 9월 1일
제2판 발행 | 2021년 9월 15일

등 록 | 1980년 3월 18일 / 제 2-32호
본 사 | 07547 서울특별시 강서구 양천로 583
블루나인 비즈니스센터 B동 1607호
전 화 | 본사 (02) 2279-6321 / 영업부 (031) 932-3205
팩 스 | 본사 (02) 2275-6003 / 영업부 (031) 932-3207
홈 피 | www.nabook.net
이 멜 | nabook365@hanmail.net

일러스트 제공 | 게티이미지뱅크/pngtree
디자인 | 김한지

ISBN 978-89-318-1626-6
책번호 나-1037

값은 뒤표지에 있습니다.